丹尼遜健腦操®與我
——重拾學習的樂趣

創始人的自傳與心法秘笈

保羅‧丹尼遜博士（Paul E. Dennison, Ph.D.）著

何兆燦（Conrad S. C. Ho）、蔡慧明（Amy W. M. Choi）譯

身腦中心有限公司

中國香港

丹尼遜健腦操®與我——重拾學習的樂趣

作者：保羅·丹尼遜博士（Paul E. Dennison, Ph.D.）

翻譯：何兆燦、蔡慧明

身腦中心有限公司出版

中國香港旺角上海街638號旺角海景中心22樓

電話：(852) 2323-4927；傳真：(852) 2351-3960

電郵：info@brainbodycentre.com

網址：http://www.brainbodycentre.com; www.ikmms.com

中文翻譯原版 ©2022，出版：身腦中心有限公司（香港）

出版日期：2022年1月初版

ISBN：978-988-13240-1-6

英文原著：BRAIN GYM® and Me - Reclaiming the Pleasure of Learning

英文版權 ©2006, Paul E. Dennison 著

圖書設計：JLH Design

封面照片：Cheryl Mac, PureImagePhoto.com

照片：Laura Luongo Photography

BRAIN GYM®（丹尼遜健腦操®）是教育肌應學基金會的註冊商標：

+1 805-886-4718, info@breakthroughsinternational.org,

www.breakthroughsinternational.org

讀者須知

　　這本書只為提供資訊和作教育用途，而不應用作健康指南或自我治療手冊。在開始任何運動計劃之前，最好諮詢你的醫生或其他的專業醫護人員。

　　此外，這本書只是介紹了稱為教育肌應學的部分內容。教育肌應學是一個「運動為本的學習」系統，範圍廣泛，提供不同專題的多個課程，課時達數百小時。這些運動簡單卻有效，並在世界各地八十多個國家和地區使用。許可導師可以支持你去獲取這些運動的各種好處。如欲找尋就近區域的導師或顧問，請瀏覽教育肌應學基金會的網站 www.breakthroughsinternational.org，或大中華區官方支部的網站 www.ikmms.com。

鳴謝

我謹此向支持和引領我完成這本書的好友，致以最深切的感謝。他們對此書貢獻良多，毫不吝嗇，豐富本書的深度和內容。在此，讓我先逐一給他們熱情的擁抱。

任何答謝的方式，都不足以表達我對姬爾‧丹尼遜（Gail Dennison）的謝意——她是我的妻子與合作夥伴，和我一起創立教育肌應學和丹尼遜健腦操®課程計劃。姬爾一絲不苟地審閱和編輯本手稿，擴闊和發展了每一個章節的內容。她充滿愛意地詢問我的年輕生活，幫助我記起了早已遺忘的情景和往事，結果是形成了一個背景，襯托出本書的複雜性及多樣性。我愛你，姬爾。

接下來，我要感謝我情如手足的翟‧柯林斯（Jai Collins），他採訪了我和我的許多學員，協助我構想本書的可能性。

特別感謝卡拉‧韓納馥博士（Dr. Carla Hannaford）。這位神經生物學家解釋了運動與學習的關係，使我們的工作得以傳播更廣，到達數以百萬計的人。卡拉，謝謝你！因為你懂得欣賞丹尼遜健腦操®動作的簡單優雅，並讓人敞開心扉，用新的方式去聆聽。

我感謝我親愛的朋友和早期的導師，已故的施約翰（John Thie）。他的願景是讓大眾接觸到自助技術，他也鼓勵我發展我的教育工作，並與世界分享。

我熱切向約瑟夫‧切爾頓‧皮爾斯（Joseph Chilton Pearce）致敬，為了他對腦子的理解，尤其是他對腦幹的力量和額葉的熱忱之間的關係，如何讓人們轉而聚焦在學習樂趣上的深入洞察。約瑟夫，謝謝你的友誼和指導。

我還要感謝悉尼·哈里斯（Sydney Harris），他是我的亞歷山大技巧的老師和摯友，對我的工作抱着共同的願景。他認真地閱讀原稿及仔細地發問，引出我的最佳寫作。

熱烈地鳴謝索尼亞·諾登森（Sonia Nordenson）。自一九八三年以來，她一直是我們的朋友和編輯，我們稱她為「文字背後的女人」：你清晰而直接的作風，幫助了我詞可達意。如果說上帝藏身於細節中，那麼是你使這本書變得神聖。

鳴謝我的學員和朋友瑪莉蓮·魯伽路博士（Dr. Marilyn Lugaro）：二十五年前我們已經認識了，當時我連講解這門技術都感到困難，更遑論要寫出來了。你學了它、教了它、活出它，並持續啟發我做更多同樣的事情。

鳴謝理查德·帕爾默（Richard Palmer），他是詩人和社區建設者：謝謝你看到我的內心，示範了如何以非暴力的溝通方法與他人進行聯繫。明白內心是一回事，跟從內心節奏卻是另一回事。因此，我感謝你，理查德，你教曉我如何檢驗與內心的聯繫。

我也想感謝我的老師、導師、德國出版商和朋友。阿爾弗雷德·史察斯（Alfred Schatz）及他的合作夥伴碧媞·沃特斯（Beate Walters）和蘇珊·迪根多法（Susanne Degendorfer）捕捉到教育肌應學的獨特願景，於1983年便開始為德語世界翻譯相關材料，包括奧地利和瑞士。

我還要感謝法國的保羅·蘭頓（Paul Landon）；澳洲的嫩妮雅·麥格雷戈（Tania McGregor）；新西蘭的格蘭妮思·藍拔蒂（Glenys Leadbeater）和芭芭拉·瓦特斯（Barbara Wards）；南非的麗達·愛德華斯（Rita Edwards）；德國的蕾娜特·文納克（Renate

Wennekes）；英國的姬・麥卡羅爾（Kay McCarroll）；瑞士的露絲瑪莉・桑達瑞格（Rosmarie Sondregger）和伯恩赫特・斯特達（Bernhardt Studer）；澳洲的漢斯・巴特（Hans Barth）和俄羅斯及波蘭的絲維特蘭娜・馬斯戈杜瓦（Svetlana Masgutova）。在此僅列舉一直在開拓此技術的部分國際教務理事。

我還要感謝我們在北美的國際教務理事——歌蓮・卡羅爾・加德納（Colleen Carroll Gardner）、露絲・哈爾洛（Rose Harrow）、唐・維蘇（Don Wetsel）、帕米拉・居里（Pamela Curlee）、西爾維亞・蘇・格倫（Sylvia Sue Greene）、莎朗・巴拉斯克（Sharon Plaskett）及邦妮・赫爾斯（Bonnie Hershey）。他們的專注和奉獻，令教育肌應學的引出模型保持鮮活及純淨。

姬爾和我感恩於已故的朋友，來自台灣的劉儀（Olive Liu），感謝她在台灣和東南亞的開拓性工作。我們也感謝嘉璐・安・艾力遜（Carol Ann Erickson）的智慧，在體育世界方面驗證了我們的技術；瓊・斯伯丁（Joan Spalding）把我們的工作引進了俄羅斯；多羅茜・卡羅爾（Dorothy H.L. Carroll）、瑪莉蓮・魯伽路及朱迪・格蘭特（Judy Grant）領導及組織非牟利的基金會去傳播教育肌應學；朱莉・紐雯多普（Julie Newendorp）、露絲・哈爾洛和斯蒂芬妮・巴達斯基（Stephanie Badasci）最近期作為行政總監去監管着這門技術的發展，讓基金會持續以幾何倍數增長；對杰弗里・沙雷特（Jeffery Scharetg）對本書及教育肌應學在設計和技術上的貢獻非常感恩。

如果空間允許，我想再感謝多數百人。這些人知道我指的是他們。

目錄

前言

運動是達致學習之門

在過去的三十個年頭，我在世界各地做過數以千計的教育肌應學個案調和——一種運動為本的學習的進深系統，案主由嬰兒到長者，不分老幼。當中我們圍繞特定的意向和目的，去重組腦、心和運動的模式。我見證無數人的生命因此轉化。

我亦曾在十八個不同國家，對數以千計的教師講授教育肌應學以及其最廣為人知的部分——丹尼遜健腦操®，因為這些系統適用於不同文化。丹尼遜健腦操®由本人及我妻子姬爾（Gail）共同研發，現已被翻譯成四十多種語言，並且已在八十多個國家的家庭、學校及商業機構中運用。我和妻子永遠都是那麼高興，目睹個別導師帶着自己的熱忱和革新，去為這門技術作出貢獻，更為他們所獲得的顯著成果感到激動。

有很多人給我們來信，道出他們戲劇性效果的體驗，而他們只是依照我們在一九八五年出版的小著作《大腦體操——完全大腦開發手冊》，做了丹尼遜健腦操®的26式基本動作。

我將會在本書詳述丹尼遜健腦操®所帶來看似很神奇的效果，其實有着腦神經學及肌應學的穩固基礎，而肌應學就是研究運動的一門學問。

　　我一直都很想把我對運動及學習之間的關係的領悟寫成書，而《丹尼遜健腦操®與我》這本書具有雙重意義。首先，我想分享這門技術——我們如何鼓勵人們以簡單、直覺性與結構優雅的程序，達致新的可能性；另外，我亦想喚醒讀者們去理解運動、學習及腦部發展三者之間相互依存的關係。

　　我想傳達，把特定和有意識的運動融入生活的重要性。我想向每一位推薦搭建全腦神經網絡，以做決定，及獲得任何形式的個人成就，由孩童時代就開始，歷經整個生命周期。我想宣揚一個概念——學習不一定是困難的，而以運動帶動學習更加可以給我們帶來健康、智慧以及滿足感，這些都是我們夢想自己及孩子能擁有的東西。

　　享受學習樂趣而造就快樂人生是每人的生得權。我的願景是，有一天你（我的讀者）早上醒來時，以好奇、興奮的心情給自己肯定，說：「太好了！我的生命在發揮作用！」這句話對你有着特定的個人意義，而且每一遍你說出這句話的時候，都預示着另一個新開始！

　　根據我個人經驗，學習的樂趣牽涉到生活在邊緣上，在一個充滿對立的世界裏，當中我不斷地重新發現自己的平衡。我的自我意識在導航的同時，我感到安穩，因為我知道，當我不斷放手、信任，以及在紛繁中尋覓平衡時，無論生命帶來什麼，我總是向着目標進發。

　　我記得年少時因為卡爾·瓦倫達（Karl Wallenda）的話所感動。瓦倫達家族（The Great Wallendas）從事高空走鋼索表演，在

響鈴兄弟、巴爾嫩及貝利馬戲團（Ringling Brothers and Barnum and Bailey Circus）時成名，其後被冠以「飛天瓦倫達」之稱號。當瓦倫達被問及為何天天在高空鋼索上冒生命危險時，他回答：「走鋼索時我在活着，其餘都是在等待。」

學習的樂趣出現在類似上述的平衡點上——位於促使事情發生及隨遇而安之間。它牽涉到懷抱着等待、渴望、像孩童般期待的時候，踏入火中（打個比方）。在這種運動中學習的狀態裏，我們騰出了空間容納預期以外的未來。它比任何我們能想像到的，永遠更飽滿、更擴張性和更令人興奮。

學習的樂趣發源自身體，我們需要感受兩個極端之間的張力：來自左右兩側的拉力；往前及向後的拉力；地面的穩定或安全及在空中飛行的驚險。當我們在混亂中體驗到平衡時，我們可以立足於自己兩條腿上，同時繼續發展自己的性格及個性。

我仍清楚記得第一次去夏令營的情境。當時我十歲，在城市長大，並不會游泳。我跟其他男孩子去玩水，對他們濺起的水花、叫喊、甚至打鬧，一切都讓我感到不自在。我也討厭我的泳衣，它會鼓着氣，就像氣球一樣。

有一天我得悉早起床的人可以在早餐之前去裸泳。翌日便跑到湖裏去，一絲不掛地走進溫暖、怡人的湖水，開始游泳。那兒十分和平恬靜，陽光穿過樹蔭照耀在靜止的湖面上。湖水很神奇地把我浮起來。當我用上已學會的游泳動作在划水時，它們以前沒有把我帶到哪裏去，但那一刻我卻感到身體在操控了。我游了又游，湖水在我的主動運動下彷彿讓路般打開。游了兩圈時，我

聽到輔導員正在為我打氣。我不知道他一直在觀察我的進展,他嘉許我為「泳將」了!

從水裏走出來時,我感到一種新的喜悅⋯⋯面對學習的挑戰,成功超越自以為的限制而得到的那種。而就在同年的秋天,我學會了閱讀。

後來,我作為美國加州的長跑手,參加了比華利山的十公里賽。我聽說世界著名的馬拉松選手、波士頓馬拉松賽奪軍的比利‧羅傑斯(Billy Rogers),也會出席是次活動,並會在賽前演說。據聞比利跑步的時候,他的雙腳幾乎不會碰到地面。數以百計的人聚集在公園參加比賽,而我要在起跑槍聲響起前,在人群中選擇起步的位置,比賽開始後參加者便會沿途散開。

比利領着步伐,起跑時像子彈般飛出去。跑速如龜的我,挑選了一個適合兔子的起跑點。在其他跑手的推擠中,我被撞倒和踐踏。我重新站起來,在擦傷了的身體上掃一掃泥塵,並堅定不移地跑到終點。我開心於我知道,即使起步維艱,我仍可以跑完全程。

在一九七零年代,我身為河谷矯治性小組學習中心的東主,美國加州聖費爾南多谷社區視我為專業教育家及成功企業家,備受尊重。我幫助別人更好閱讀、書寫及拼寫,事業一片興旺。我於一九八一年寫了第一本著作之後,逐漸收到國際的演講邀請。從此,對我的培訓課程,以及更多的書籍和課程手冊,有了市場需求。

當我在中心開始研究運動對我的學生的顯著影響時,其他的教育工作者開始提議我把研究結果編寫成書,並教授這令人興奮的技術。當然,不久我便被邀請往歐洲教授這門技術了。

有些家人說：「你別瘋了！你不是運動的專家，憑什麼去教呢？」我曾經做過冒險的選擇，跌過痛過，但這次我內心呼喚着：「是！你可以做到的。這適合你。」我聽從並且相信心裏的聲音，去了歐洲，並且開始教授有關運動為本的學習。

我到了人生的十字路口，我需要決定放不放棄矯治性小組學習中心舒服安穩的工作，全職投入教授運動為本的學習，因我不能同時做好兩方面。最終我放棄熟悉的安全地帶，選擇了新的道路，踏上陌生的旅程。我感覺一股奇妙感包裹着我，好像被高舉起來及抱住，我對自己說：「對了！我就做這個。」

生活中的愉快學習，包含着認真處事但不致於過度認真，亦包括努力工作卻又不太工作；是關於人際關係、互敬互重、互相關懷，並非佔有、擁有及控制。由於我的生命永遠反映着我如何與它互動，因此我選擇了好好運用光陰，活在當下，及時行動，常存關懷之心。

我學到，當我踏實地活在自己身體裏時，我可以信任一種內心的知道，這種認知遠遠超越我的頭腦可以理解的。我當下越臨在，越可以更安全地冒險。當我可以停止及靜默，我才可以跳舞、呼叫、愛與被愛、感到疼痛及同理心。

丹尼遜健腦操®喚醒了我的好奇心及玩耍感的同時，它也幫助我放棄譴責、羞愧、恐懼，以及曾經拖累我表達個性的諸多限制。當我的生命更多是服務他人而不是自己時，我便知道自己是誰。現在我永遠瞄準一種內在的知道，就是自己已經用上了所有的資源，已盡力克服障礙，最充分地參與了生命遊戲，有需要時尋求了協

助，並感恩於宇宙抱我入懷，提供了我收到的一切。對我來說，這就是生命的其中一個最大喜悅：重拾與生俱來的學習樂趣，這是每個人的生得權。

引言

丹尼遜健腦操®的成功

在一九八六年，純粹意外的情況下，丹尼遜健腦操®成為了我生命中舉足輕重的一環。當時我被邀請到一所當地中學，跟進一組邊緣學生，進行九星期的先導計劃。身為夏威夷大學的生物學教授，我把「超級學習」技巧使用在我的大學生上，而該中學校長認為這可能對他的「邊緣學生全盤計劃」有幫助。我接受了這項有十九名學生參與的挑戰，因為它聽來十分有趣，即使我沒有任何輔導經驗，而且我沒再教導這種年齡的學生已經超過二十年了。

就在計劃快要開始之前，我參加了芙蘭・胡勒德（Fran Woollard, RN）的觸康健®課程，是她鼓勵我使用丹尼遜健腦操®在那些學生身上。她告訴我有關她十六歲兒子泰特（Todd）的故事，他非常聰敏可愛，但經常掙扎於學校學習上，尤其是閱讀。他個子高，被籃球隊招攬，但他身手笨拙，無法控球，盤球時經常會絆倒。

那年芙蘭參加了美國加州的一個觸康健®會議，保羅・丹尼遜博士在會中講及丹尼遜健腦操®。芙蘭帶着新的曙光回家。為了鼓勵泰特持續做這些簡單但不熟悉的丹尼遜健腦操®，她們全家每天早晚都陪着一起做丹尼遜健腦操®。泰特的閱讀能力在六週之內已達符合他級別的水平，並成為籃球隊的重要隊員。（順便一提，

泰特後來在一所赫赫有名的大學取得生物學位,期間一直運用着丹尼遜健腦操®)。

我決定運用丹尼遜健腦操®,試驗一下它在邊緣學生身上的作用。在我們學習一些困難學科之前,我在背景中播放着巴羅克音樂,去做「交叉爬行」、「翻揉耳廓」、「掛鈎」及「臥8」等動作。在兩星期之內,已經有老師跑來問我對學生做了什麼。他們很高興目睹學生在技巧上有進步,而且增強了自信心,比以前更熱衷參與。

先導計劃進行到一半,校長已經被打動。他邀請我為校內所有老師做在職培訓,並且把計劃的資助延長多四年!那年的春天,我受邀給所有島上的校長一個四小時的丹尼遜健腦操®演講。

在一九八六年十一月我首次參加了丹尼遜健腦操®的相關課程,是「深造丹尼遜健腦操®」課程,親眼見證參加者在神經系統上的改變。身為生物學家及神經生理學家,我「知道」那是不會發生的。我需要知道及理解其背後的生理學因素,這引領我做了研究,並後來寫了《運動促學:為何學習不止發生在頭顱內》(*Smart Moves: Why Learning is Not All in Your Head*)。較近期的研究則包含在《喚醒童心:環球教養學手冊》(*Awakening the Child Heart: Handbook for Global Parenting*)一書中。

說到底,如果我們不動的話,我們根本不需要有腦部。我們整個腦子的結構,與體內的運動機能緊密相關,由於它而成長起來。我們都是自然學習者,甚至在出生前,我們已通過運動及錯綜複雜

的感官系統，去探索及體驗我們的世界了。這環境的安全及挑戰，決定了我們怎樣吸收及整合所學。

因為我們存在中最重要的是存活下來，它是首要的變數。如果我們在存活狀態中（由於緊張、焦慮、沮喪），身體便會進入反應模式，只幫助我們求生。在這狀態下，部分的腦部會關機——就是看清及理解全局、籌劃複雜策略、感覺同理心和利他主義、與音樂及玩耍聯繫、創造新思維的那部分。在這關機狀態下，學習與記憶的能力大大減低，生命的喜悅及熱情也同時消退。

丹尼遜健腦操®這些簡單動作有力量去做的是，透過與身體運動的緊密聯繫，重新激活全腦功能。丹尼遜健腦操®包括了整合的、對側的、需要身體平衡的運動，通過運動及感官皮質機械性地激活左右腦半球，刺激前庭（平衡）系統以達致平衡點，並且減弱搏鬥／逃跑反應。在這個平衡的狀態裏，我們更容易進行思考、理解、構思新想法及解決方案。

我目睹人們由緊張及求存轉化為理解的現象；在一個十一歲患有唐氏綜合症的南非男孩身上，我看到戲劇性的表現。三個月內，老師每天教他由「1」至「10」的數目字。老師用了一張有十個數字的圖表，要求男孩把數字卡在圖表上配對。無論他如何努力，他仍無法做到。他會拿着一張「3」的卡，說出「7」，然後放在「10」的圖表上。當提示他那是「3」的時候，他會說那是「3」，但仍會放在「5」的圖表上。男孩和老師都因為這些練習感到沮喪和緊張。

我問男孩是否願意做丹尼遜兩側重塑（這程序有助於把視覺運動整合到關鍵的對側運動模式中，並讓學習者明白新學及已學在身體操作上的不同），他非常樂意接受並感到興奮，他的同學也有幫忙。整個過程變成了一個約十五分鐘的遊戲，每人都非常樂在其中並大笑起來。之後，男孩返回自己的坐位，面對着圖表，拿起一張「3」的卡，說出是「3」，然後放在「3」的圖表上面。他又馬上再拿起一張「7」的卡，說出是「7」，然後放在「7」的上面。如此類推，直至整個圖表的數字都正確地配對了。我轉身看到後面的老師，面頰上流着欣喜的大滴眼淚。

自一九八八年起，在我教授過丹尼遜健腦操®的三十多個國家中，我目睹過數以千計的類似改進，發生在教師、樂師、運動員、藝術家、舞蹈員、商業行政人員、學生及一些被標籤為「注意力缺乏及多動障礙症」或「讀寫障礙症」的人身上。

於一九八九年，在俄羅斯莫斯科城外發生了嚴重的火車爆炸。心理學院的主任絲維特蘭娜・馬斯戈杜瓦（Svetlana Masgutova）幫忙那些在意外中生還、但被嚴重燒傷及心理受創的兒童。她嘗試了很多方法，但沒什麼效果。三個月後，有超過一半的兒童生還者死亡，而其餘的亦有明顯的抑鬱癥狀。他們在參與藝術治療時，不斷地繪畫了很多黑暗及驚恐的圖畫。

就在這時候，絲維特蘭娜在莫斯科教育科學研究所裏，偶然看到一本橙色小巧的丹尼遜健腦操®著作。那本書是我在一九八八年，於俄羅斯人文心理學院擔任客席講師時留下的。

絲維特蘭娜馬上跟那些小朋友做書中的活動。在數星期內，小朋友們的繪畫開始改變，漸漸地看見以鮮艷的顏色描繪了彩虹、蝴蝶、甚至小孩子在草地上奔跑的景象。醫生們亦發現，接受了皮膚移植的小朋友亦漸漸康復。這令絲維特蘭娜、醫生們及家長們都非常驚訝，以至六個月後，絲維特蘭娜把她小心保存的資料進行編輯，寫成一份專業論文。這引起了俄羅斯專家們的興趣，紛紛邀請她去演講。

當我於一九九一年重返俄羅斯，這一次是教授丹尼遜健腦操®時，絲維特蘭娜已經集合了五十位心理學家及醫生，他們都是因為絲維特蘭娜的斐然成功而開始運用丹尼遜健腦操®的。他們來與我分享運用丹尼遜健腦操®的成功案例，包括不同年齡人士及可以想像到的各種難題。現在丹尼遜健腦操®在俄羅斯多個地區都被廣泛運用。

同年我被邀往博茨瓦納的博茨瓦納保險公司去，幫忙正在準備保險專業試的練習生。這個艱巨考試的合格率，只有少於30%。我給那些考生上六小時的丹尼遜健腦操®課堂，讓他們明白這些動作如何幫助他們的學習及考試成績。三個月後，他們考試了，而且全部合格。其中一位名叫「昂首挺胸走路」的學員，把考試的頭三十分鐘用來做丹尼遜健腦操®，着實讓監考官替他擔心。結果是，他成為了保險專業試考獲一百分的南非第一人。

其他的運動，例如瑜伽、太極、亞歷山大技巧、合氣道等，都是整合的對側運動，緩慢地、平衡地做，亦能以相同途徑達到激活腦部。丹尼遜健腦操®的精彩之處，在於它深刻地簡單，可以輕易

地在不太大的空間裏做，以玩耍的方式做，可以靈活地創新性運用。丹尼遜健腦操®的運動取材自各種學科（肌應學、職業治療、瑜伽、發育視光學及傳統中醫學的經絡系統等等），加以改良，設計來改善整個智力的、情緒的、社會的、物質的及精神的身體。在動作的基礎上，還外加了優雅的調和程序，助人跨越「卡住」的部分，進入最大潛能及喜悅的境界。

在一九九九年發表的一份重要腦部研究顯示：如果我們感到安穩，在豐富的環境裏經歷新奇的體驗，最重要的是有對側操作的肢體活動，我們腦子處理記憶的部分會不斷長出新的神經細胞，直至死亡當天為止。新的研究甚至提出，定期跳舞的長者，患上腦退化症的風險大減79%。舞蹈是完美的健腦活動，而配合動作的調和體驗，提供了安穩、豐富的環境來經歷自選的、有創意的新穎經驗。

通過教育肌應學，我不斷成長，使我在生命中少了「戲劇性」，而多年來變得更平和。在每一個新領悟中，我愈發感覺到，在我生命中擁有這工具所包含的祝福。

我十分榮幸能閱讀到這份手稿，講述丹尼遜博士是如何把丹尼遜健腦操®培育到開花結果的個人故事。我相信你在人生旅途的每一步，都會發現保羅・丹尼遜的著作的偉大價值。這本奇妙地易讀的書充滿着愛心、令人驚歎的蛻變和發揮潛能的故事，還有創始人對調和過程的深入了解。從中讀者窺探到一位非凡人物，衝破了諸多障礙，給予世界希望之光。

——韓納馥博士（Carla Hannaford, Ph.D.）

譯者序

　　基於一般非牟利機構常見的人力與財力資源不足的原因，丹尼遜兩夫妻及教育肌應學基金會在二十世紀七、八十年代，在何兆燦眼中並沒有做到足夠的資料整理和教材規劃。在九十年代我開始參加教育肌應學課程時，已經在用當時新版的基礎丹尼遜健腦操®教材，不過老實說依然遠不如我希望有的水平。

　　終於在二零零七年，教育肌應學基金會出版了重寫（不是修改舊有版本）後的基礎丹尼遜健腦操®課程手冊，情況才大為改觀。而且，這一個動作觸發了連串的更新項目，讓其他教育肌應學課程英文手冊的水平也得以提升。

　　在這個改造浪潮的背景上，蔡慧明老師和我決心把一整套教育肌應學課程中文手冊來一次大變身。這個項目一做，便花了我們十多年！到二零二零年底，我們把已有的中文課程手冊完成更新，原是沒有的則完成翻譯及出版，現來到最後一關了！就是把《丹尼遜健腦操®與我》中文版也公諸同好。

七個丹尼遜健腦操®相關課程手冊的新舊封面

這本書有什麼重要性？在二零零零年以前，丹尼遜健腦操®的材料都是相對零碎和散落，不同學員有不同理解，甚至連國際教務理事之間也有意見分歧。不是應該有分歧的個人心得啊！連不應該有分歧的基本資料也有。所以，丹尼遜博士花了大概十年的功夫，以他發展丹尼遜健腦操®的個人故事為經，以最重要概念的闡述為緯，寫下《丹尼遜健腦操®與我》這本書，英文版第一版面世在2006年。由此，很多曾經的誤解有了更正，多年的疑惑遇上釐清，不必發生的不懂也最終得到權威的解答。

在西方，當年不同背景的學員學了丹尼遜健腦操®，因為曾經的資料不全，大家以自己的知識與信念解讀丹尼遜健腦操®的原理。部分人用了自然療法裏關於能量與痊癒的方向詮釋，部分人以醫學與診斷的概念來理解，部分人採取日本仁神術和中醫的理論來解讀。讀者看這本書，千萬要先以「運動為本的學習」這個丹尼遜的角度出發，才可以準確收穫創始人的心得；其他角度只是參考及補充，並非作者原意。

首先，丹尼遜健腦操®是為了促進學習；它的運用有關於教育，不是治療，所以沒有診斷。通過丹尼遜健腦操®，課程導師或個案師營造了某種運動體驗，讓學習者獲得第一手資料，主動學習到面對某種情況或挑戰，自己能夠繼續以全腦操作的內環境狀態來最佳應對，從而最大機會拿到最好結果。至於什麼是「全腦操作」，並不只是現在很流行的左右腦協同論，還有上下腦和前後腦共三對腦中心的協同，才是。

　　第二，丹尼遜健腦操®發生作用的機理，在於一個生物學的科學事實，就是在地球生命進化上，神經系統的出現是為了協調運動。最容易為一般人明白的其中一個證據，是海鞘的生命故事。這種簡單的海洋生物，幼蟲時過着漂泊的生活，有一條尾巴在大海中游泳。可是，進入成蟲階段，牠會在礁石上著床，過上沒有運動的定點生活。這個時候，海鞘不再需要協調游泳運動，便把自己由數百神經元組成的腦子吃掉！腦子的最基本功能是協調運動，故此運動得宜，可以倒過來刺激腦子的學習功能。什麼才是激活學習功能的「得宜運動」，就是本書其中一個主要內容。這種提升效率的學習方式，便是「運動為本的學習」。

何兆燦

二零二一年十二月七日香港

第一章

龍的寶藏

在一九四零年的除夕早上，當一個又一個歐洲國家被納粹黨攻陷時，終於出現一件值得慶祝的事情。就是不列顛戰役完結，成功擊退了德國入侵英國。在香檳酒瓶軟木塞橫飛之時，沒有人會料到，一年後日本會偷襲珍珠港，從而展開一場新的戰爭。

此時，來自歐洲的消息都是好的，人們都期盼一九四一年會是一個更好的年頭。可是，這些好消息並沒能舒緩波士頓市民的恐懼。波士頓是位於美國東北岸的最大都會，與歐洲最接近，是最易受襲的海港。晚上燈火管制已超過六個月了，甚至連國會山莊的金色圓頂也塗黑了，作為保護色以防納粹的可能空襲。

但是對居於波士頓布萊頓區的一對年輕夫婦來說，確有件事是值得慶祝的。前一晚他們借了一輛車，沿查理斯河駕往劍橋一所醫院，在燈火管制中，這對夫婦的第一個小孩誕生了。

像每個初生兒一樣，這男嬰是造物的奇蹟，一雙明亮眼睛留意着新環境的聲音和景象。即使既幼小又無助，他的眼睛卻閃耀着一種深不可測的智慧，就像從每個初生兒眼中閃耀出來的一樣。男嬰的父母就如無數在他們之前成為雙親的夫婦一樣，滿懷敬畏地看着這種神秘的覺知。

戰事繼續拖延着，美國很快就會活躍地參與。男嬰的父親盡了應盡的責任，支持着國家。每天晚飯後，他穿上外衣，乘坐公車到船廠。他戴上眼罩及穿着燒焊工服，站在水面上的工作平台上，一整晚就做把鋼板固定在船外殼上的工作。翌日早上，他拖着疲倦身軀回到無窗的小單間去睡，同時妻兒在大部分的白天時間裏只能保持安靜。這種生活一直維持到戰事終於結束，那時小男孩已差不多六歲了。

一種信念系統的誕生

小男孩的其中一個初期記憶是，他拖着媽媽的手，沿着水泥樓梯爬到小單間正下面的鍋爐房，尋找那從下面傳上來的、低沉的隆隆怪聲來源。鍋爐房的黑暗、油膩的空氣、嘶嘶的蒸汽聲和鍋爐的金屬撞擊聲嚇壞了小男孩，然而他仍要去探索那些神秘的聲音。

母親緊握着他的手說：「在波士頓的貧困人口當中，我們是最幸運的……至少我們仍然得着溫暖！」然而，她的聲音不帶半點喜悅。在那一瞬間，小男孩開始形成一種信念系統。

男孩專心聆聽着這個神奇人物的每一句話，她是他的一切。他覺察到母親似乎經常疲累、寡歡，他迫切想回應她，但說不出話。（他四歲才開始結結巴巴地說話。）

男孩兩歲時，某晚的洗澡事件變成他另一個鮮明記憶。當母親走出小單間時，他正弄得水花四濺，舀水澆在浮着的肥皂上。有一

段時間他玩得太投入了，忘了自己是一個人。不久，水變冷了，他注意到手指頭變白而且皺起來。

他叫喚母親，但沒有反應。他再次叫喊，整個房子非常寂靜。在第三次叫喊之後，他含淚決定了要在沒有幫助下走出浴缸。若不能依靠母親，他唯有自己照顧自己。他爬出來，拿着毛巾包裹自己，走向父母的臥室，在那裏他驚奇地發現，母親已經睡着了。

他同時感到興奮和絕望的奇異混合情緒。他採取了自主和自給自足的第一步，但亦同時感到被遺棄的傷害。當他爬上床，依偎到他正在睡覺的母親時，他不知道，一股新思維剛剛湧入了他幼小的心靈，這些信念會一次又一次地在成年期影響着他：生命是無常的，在任何時刻我都可能被遺棄，我負責自己的存活。我不能確保別人會幫助我，我得依靠自己⋯⋯

上學了

當戰爭終於結束後，經濟開始好轉。男孩的父母決定把家（現在已經有了第二個兒子）搬到更高檔的布魯克林區，那裏的學校都是全國頂尖的。他們希望快將上學的長子，能在這種學術卓越的環境下茁壯成長，這裏的父母大部分是唸過大學的，當中有許多出自哈佛。他們的理念是，布魯克林區的教師肩負巨大壓力，輔導每個孩子獲得學業成功。他們的兩個兒子會得到這樣的教育，讓他們擺脫貧困。

在男孩六歲生日的三個月前，母親拉着他的手踏上艱巨的旅程，離開家的安全，開始第一天的學校生活。對於這個幾乎不說話的腼腆新丁來說，第一天就好像永無終結。

他希望能夠安靜地玩耍、聽老師朗讀故事、繪畫及做勞作等，就是那些他在家裏已很熟悉的事情。但其他孩子常常打架，互相喊着難聽的話；教師顯得煩惱和憤怒；在學校裏，每個小孩子似乎輪流地推撞他。作為新丁，這些他都無法理解。

過了幾年的校園生活，他完全崩潰了。當大多數同齡人能讀會寫，他算是勉強能正確握筆，或閱讀寫在黑板上的簡單句子。他想取悅老師，但無論多努力都失敗，無論誰是老師到最後都會因為他而不耐煩。他想跟其他男孩子交朋友，但沒有人想與他交朋友。當他三年級時，生命最佳時刻都只能用淒涼來形容，從學校走路回家途中經常默默飲泣。

一個奇怪的似非而是的現象發生了——戰後以來，他的家庭生活充滿了音樂、舞蹈和藝術。他們經常熱烈討論繪畫、設計、歌劇和戲劇。然而男孩覺得，在家人啟發他的創造性渴望及在學校裏難以捉摸的「學習」之間，沒法拉上任何關係。

有一天，三年級社會研究科的老師克利福特夫人主持口試，她問：「同學，第一個工具是什麼？」

男孩知道答案，並第一次在教室中舉起手來，老師詫異地請他回答。

男孩害羞但自信地回答：「拇指。」

其他的孩子哄笑起來，克利福特夫人把眼鏡脫下，慈悲地微笑說：「不好意思，這是不對的。」

即使感到難堪，不知為何，男孩知道他給克利福特夫人的答案是對的。只是他仍未知道，他的答案來自他身體的內在智慧。該信息只是給他的，讓他窺見自己的未來和人生目標。

超過三十年後，這事件將是啟發他畢生事業中兩個領域的鑰匙：書寫的身體技巧，和手的位置對眼睛和腦部的影響。

努力嘗試但失敗

學校的競爭環境，對這樣的一位渴望突破已久的男孩，並不是適合的地方。無法閱讀、書寫、算數，又很少說話的一個男孩，面對學校手足無措，並繼續跌進深淵。他的老師經常大聲責備他，而其他學生則緊張地咯咯笑起來。

男孩的母親感到徹底沮喪。某晚，當她的長子睡了，她走入他的房間。以為他已經熟睡了，她坐在他身旁哭了起來：「到底你將會變成怎樣呢？」她低聲地哭道。男孩緊緊地閉上雙眼，唯恐它們一張開，母親便知道他聽到她的話。他知道自己是優秀的人，當時機來了，他會懂得學習。在他默默地假裝熟睡的同時，他答應母親他會更努力地嘗試。

可是，他越努力嘗試，就越難成功，而他的四年級老師便越憤怒。一天，牛頓女士徹底沮喪了，以舊式教育家的態度抓住男孩的

肩。也許她跟同姓的艾薩克·牛頓爵士（Sir Issac Newton）一樣，願意宇宙就像瑞士手錶一樣，是一個精確的機械建構。不符合這個範式的小朋友，似乎會為她帶來折磨。她氣沖沖，手指深陷肉裏，並把他前後搖動起來。

「為什麼你不能學習呢？！」她大聲吼叫起來，她的臉距離男孩的只有十幾公分，嗅得出她口腔的咖啡味。「你到底哪裏出問題了？」

聽到其他孩子的笑聲，男孩慚愧不已、不知所措，並啜泣起來。就在這一刻，他在過去數年間已經漸漸引退的天賦，更完全躲藏起來。

那休眠的天賦到底本來是怎樣的？就是在他出生時，眼裏閃耀着的那種無限智慧和創造力，是他強烈的好奇心、對理解的飢渴、幽默感、獨創性及愛玩的心，都是那些宇宙賦予每一個嬰孩的各種氣質……，這些相同天賦的不同組合，塑造孩子們成為獨特的自己。簡而言之，就是男孩設計中的所有特質、他真正的潛能，若能充分發揮，便能讓他發現學習的樂趣以及生命的美好。

巨龍所守護着的

或許你已猜到，那男孩就是我了。我花了很多年才能重拾我的力量及天生的學習能力，至今仍未終斷。

我沒有後悔那創傷令我最優秀的部分躲藏起來。我發現，傷痛和天賦是藏在自我的深處，位置相當接近。神話裏，有一條巨龍在

滿載寶藏的山洞中，守護着我們存在的這兩方面。就像英雄必須跟妖怪搏鬥才可以得到黃金一樣，我們必須面對自己最黑暗的傷口，才可以發現自己的天賦。這對我來說肯定是千真萬確的。在傷痛中浮現出我的心血成果、我要傳遞的信息及我要完成的使命：為這地球村帶來一種新的教育方式，讓孩子們能夠順利學習，免於失敗。

去年夏天我去了一個三週的夏令營，參加了給低收入家庭的特別計劃。在美麗的樹冠下，在冰冷的湖裏，我學會了游泳。我發現了同時運動全身的奇妙感覺——當我協調呼吸及游泳姿勢時，帶着目標及跟着方向在水裏游動。那是我第一次經驗競技運動及身體活動，我學會了自己擁有身體，而且可以用它來學習。我學會了游泳這經驗非常深刻，而且對我在其他所有學習領域持續發揮有深遠影響。

在秋季時，因為在布魯克林區的悲慘一年，我的父母把我轉到別的學校去。在原校我未能通過考試，在新校我要重讀四年級，他們不想我帶着傷痛看到同學升級而自己卻留級。這個決定證實是我生命中其中一個最大的祝福，在新的學校裏，有一位下凡的天使來拯救我，而我亦準備好要對她的指引作出反應。

瑪莉‧帕奎特（Marie Paquette）對課堂中的孩子充滿暖意。她特別留意我這個沉默的鬈髮男孩，我更喜歡與比我年幼的孩子為伍，他們不會評判我。相比以前的學校，這裏的學習步伐比較慢。加上最近有了對我很有裨益的全身運動經歷，和在尊重及合作的氣氛下，我準備好學習了。當時我十歲，帕奎特夫人試着教導我閱讀。即使她的教導可能缺乏技巧，但仁慈及耐性已經足以彌補，而我作為一個學生也開始綻放了。

在年終，帕奎特夫人透露了一個秘密：她原來是我父親的其中一個表親，而他們自初中時已經是好友。知道這種關係，她把照看我變成她的個人任務。在那學年完結時，她帶着家人來探訪我父母，我記得母親擁抱着帕奎特夫人，並低聲地說：「謝謝。」我知道她在想：是你拯救了我的孩子，真的不知說什麼感激你。

隨着歲月流逝，我在家所接受的藝術及文化繼續薰陶着我，而我的成績中等。在沒有壓力或推動力爭取成功的情況下，我只懂得漸漸對各學科產生興趣，並以自己的步伐追趕上來。

高中時，我真的開始享受學習了。十五歲，高中一的中段時，我第一次在法文科考取了甲級，亦同時開始認定自己是有能力的學習者。好老師及輔導員開始認同我的天賦，並給予我鼓勵。

走過了中學的歲月，波士頓大學錄取了我，我有能力負擔得起在家附近的大學。我選取了童年時折騰我的閱讀經驗為論文題材，把我的學術事業推向高峰。我考取了南加州大學的課程設計和教學法博士學位（專門研究閱讀），同時因為研究語言與思想的關係如何影響幼兒階段的閱讀成效，獲得了美國辟·德爾塔·卡帕榮譽獎項（Phi Delta Kappa award）。

我的信念——自然地喜愛學習

我變成了教導小朋友閱讀的專家，並在洛杉磯北面的聖費爾南多谷開設了八間連鎖的閱讀中心。任何在波士頓那段不堪童年時已經認識我的人，尤其是我母親，都很難相信我現在的成就。比較年

輕的時候，我在這個行業已被承認是專家，人們都稱呼我為「河谷的閱讀醫生」，而我的業務蓬勃起來了。

但我並不為此而滿足，我想更深入了解學習的過程，以及阻礙學習的因素，我希望能夠找到方法令我的學生更加接通他們的潛能。就是我們每個人都有的那個部分，它喜愛學習，而且有其獨特之處可以貢獻給這個世界。於是我埋頭研究有關閱讀的文獻，和腦部的應用研究。我知道已經掌握了這項技術的基礎，而我現在所探求的是不曾為其他教育家所問。這時我開始相信自己的直覺，尋求一些會啟發我有後繼發現的答案。

我看到兒童在上學之前，所享受的學習都是運動為本的，他們以很少成人所能媲美的好奇及熱情，去探索生命。我也太經常目睹學齡兒童落後，然後繼續在課室這種環境裏掙扎。我變得熟悉教育工作者如何處理在校學業失敗的一般方法：反覆練習、誘使、條件反射訓練、激勵及強化的計劃，以求把學習「烙印」進去。這些計劃可能有助於提高測驗分數，但未能正視孩子在學校成績高低差別的原因。

我發現，有些孩子會過於努力嘗試把東西都塞進腦袋。這樣做，孩子便不再運動，使促成透徹學習的自然腦整合機制關掉。我漸漸地領悟到，對教育工作者而言，有效教學並不是把資訊表達出來讓學生被動地吸收，而是把資訊與身體運動主動地聯繫起來。沒有主動的身體運動，資料及資訊只會被感官接收後變成「印象」，而無法跟前額葉接通而變成「表達」。學生缺乏參與，不能用自己的言語表達所學及所記，便把他們捆綁在失敗綜合症中。

發現如何停止嘗試

在過去的二十年，我和妻子兼合作伙伴姬爾，繼續我多年前開始的研究工作，改進丹尼遜健腦操®及我們稱之為「調和」的程序。研究到了一個地步，讓我們可以認真地說，沒有孩子再需要承受失敗的屈辱。只有無知，才會阻撓我們的社會引導每一個年輕人踏上成功學習之路。

不是每個孩子將來都會成為律師、工程師、核子物理學家或電腦網絡專家，但這個世界需要不同形式的人才。貢獻社會實在有太多的方法，實在沒有必要在學校令任何孩子受創傷，令他們覺得自己愚笨或「不及」。每個孩子都有無限的潛能，只是在等待時機以自己的方法綻放。當我與小孩工作時，我不願意聽到他是怎樣「有問題」，而我沒有意願「矯正」或改變他。我和姬爾所花的心血，是幫助人們發現如何停止嘗試（trying），而是簡單地盡力而為（do their best）。

早年公開演說的掙扎過程中，我體會到很多負向緊張的後果。我目睹很多年輕人的失敗，只是基於他們太過努力嘗試。當我聽到老師或家長叫孩子去嘗試時，我發現他們不知道這個詞的含意，亦根本不了解它對生理的有害影響。丹尼遜健腦操®技術顯示了要孩子更努力嘗試，等於叫他們緊張地用功——即是超越了他們的天賦能力。如果家長能這麼說，結果會很不一樣：「我相信你的能力，而我只是想你盡力而為。」

　　我見過家長或老師們有時會想「矯正」孩子的行為，甚至剔除一些他們不喜歡學生或孩子的行為。但這樣做等於不經意地教導這些年輕人，他們的這些方面不值獲得愛和關心。其實我們只需要提供給他們一個自癒、整合的方法，讓他們理解自己行為背後更深藏的意義，而丹尼遜健腦操®正好是完成這任務的工具。

　　問題不單止是在孩子身上。很多成年人努力試圖成功後，仍然僅僅活在他們理想狀態的影子下。大部分人的身體和思維都未能達到平衡，腦和心聯繫不起來。丹尼遜健腦操®提供了方法，讓我們重新發現我們的自然平衡，以及更新我們思維和心臟的聯繫，令我們可以放下「嘗試」。

　　當這種平衡及更新發生時，我們變得更智慧、更平和、更喜悅、更敏銳及更富情感。生命輕易流動起來，我們更有效及更少緊張地管理自己的事務。還有，我們能夠接通本性中的創新部分，扭轉無論多困難的生活，變成優美及喜悅的藝術品。

公開演說的恐懼

　　我長大的地方美國麻薩諸塞州布魯克林市（Brookline, Massachusetts），是一個關注藝術及文化的社區。當我大約七歲時，就在這裏，我那位舞者、畫家及雕刻家的母親，和我那聲線宏亮有力的詩人父親，創製了丹尼遜牽線木偶。這個奇妙的木偶劇表演為小孩而設，二十人的伴奏樂隊都是波士頓交響樂團成員，在布魯克林中學的禮堂演出，經常在年輕人的音樂會中擔綱。

　　《彼得與狼》是我們最出色的劇目之一，由奧古斯都‧贊齊格（Augustus T. Zanzig）做旁白。他是布魯克林的音樂總監，我們在學校使用的音樂教科書作者。贊齊格博士在社區中是深受尊敬的長者，他強健、個子高大和滿頭白髮。他多次來訪我家，為了表演與我們一起排練的時候，他的風采充滿着整個客廳。我站在一角，敬畏地看着他以低沉而圓潤的嗓音，說着我很熟悉的對白：「某早上，彼得踏出閘門，走進綠油油的草地裏去。」贊齊格博士就像祖父一般，令我仰慕，我很喜愛模仿他那低沉的聲調。

　　作為一個沉默寡言的十歲男孩，我在我的第一個公開演出中扮演一位北美原住民酋長。在我參演的那部分，我用玉米去跟有名的巨人保羅‧班恩（Paul Bunyan）（由我父親飾演）交易珠寶。

　　「多少錢？」我問，希望能誘導巨人提出最好的價格。

　　保羅提出用以交換的珠寶數量，然後問：「酋長，成交嗎？」

　　「你能**多給**多少？」我斷然地問。

　　保羅把更多的珠寶放進我的手裏：「現在，成交嗎？」

　　「交易成功！」我模仿着贊齊格博士那如蜜的聲音，感受我那聲線可以帶來的喜悅。自那三句短短的對白開始，我公開演說的事業便正式展開了。

　　作為一位音樂總監，贊齊格博士會不定期舉辦一些所有學童都會參與的小鎮帶唱活動。當我十二歲在七年級時，我和贊齊格博士的一次互動影響了我的一生。因為重讀四年級，我比同級的同學年長，聲線是第一個變沉的。合唱時，我的低音混在中音和高音

之間，贊齊格博士當眾對我說，叫我不要大聲唱，因為我破壞了音效。他說：「你只動動嘴唇就夠了。」

我們的嗓音承載着我們的熱情。這位眾人敬仰的男人本有方法可以讓我與其他歌唱者和諧融合，但可惜的是他不經意地輕慢處理。這次經驗令我對公開演說原有的強烈恐懼加深了。

我作品的精髓

隨着事業發展，環境強迫我要面對自己的恐懼。生命不停地挑戰我，直到我能夠體驗到運用自己嗓音的樂趣。今天我能書寫、能閱讀，能鎮靜地、公開地分享我的熱忱。生命真奇妙！我們年幼時受傷的地方，通常就是成年時被要求卓越的處所。

無論有多少人告訴你不要說話，或不要唱歌，或暴露出弱點，我會鼓勵你堅持追隨你的夢想。在遇上最大障礙的地方，你將會發掘到自己的最大潛能，和體驗學習樂趣的最佳時機。

我掙扎着穿越四年級，不能閱讀及書寫令我窘迫萬分，絕望地需要有人相信我，投給我特別的注意力，以及實實在在地幫助我。因此，我會透過此書介紹一些概念及練習，幫助你愛自己、相信自己，並減輕阻止你進步的任何障礙。當這些發生時，你的自然天賦便會重現——開始的時候可能是猶豫的，然後信心會增加。天賦中的好奇、玩耍、創新及喜悅，可以讓你浸淫其中，享受着。

　　你將會以富有創新的方式生活及學習，享受所做的事，並變得熟練，發現學習是可以充滿樂趣的。你的生命將會燃起一團新火，在它照耀下，所有的事情都變得較溫暖及明亮。你的身體智慧會被啟動，而你的理智會回到它應有的輔助性位置，你將與你天生的智慧聯繫起來，而你的心靈將會打開。你會從一個深層的體驗性方式，發現自己真正是誰。

　　鼓勵你步向真實，是我作品的精髓。我相信我們每人都有其獨特的天賦去貢獻社會，當我們呈現這些天賦時，便會減少誤會及破壞性競爭，而仁愛和合作亦會增多。面對生命中可能發生的痛苦、損失或創傷，我們是可以感受到自己的那團火……尋找自己的使命，並將之化為熱忱。這樣的話，生活、玩耍及學習就會變成一種無比的樂趣，而原來本該如此。

第二章

只為樂趣而學習

精美絕妙

（拉丁語*exquirere*的過去分詞，意指找出來、尋求）

因為身體與感官而穩固下來

伴隨着的是喜悅與感受

顯示出細緻的理解

美麗流淌出愉快

珍貴而罕有

明白的

傑作的

天才的

卓越的

無瑕的

臣服的

奧秘的

純熟的

活潑的

精緻的

多汁水

富狂喜

超越苦痛

對贊的感覺感覺贊

——保羅及姬爾‧丹尼遜

「我不知道為什麼做運動會奏效，總之它幫助我們命中問題的核心。」我的朋友及同事理查·蘇比（Richard Sowby）在某一個下午向我透露。

蘇比博士是位發育視光師，在河谷矯治性小組學習中心的柏班克（Burbank）分店，我跟他共用同一個辦公室。我們亦都參加了獅子會，經常在往返該會的聚會途中，交流彼此對孩童學習的意見，當時是七十年代早期，而我則是所有年齡人士的閱讀輔導專家。

迪克（對蘇比博士的暱稱）與我成為了好朋友。我轉介視覺有問題的兒童給他，而他也會讓那些在學校有困難的孩子到我這裏來。我這位朋友十分有新意，多年來他在視覺治療中滲入了行走平衡木及其他身體訓練元素。身為一名教育工作者，我總是着迷於他那些兒童的視覺改進繼而學業成績提升的故事，以及他對感知能力的想法。

迪克有時會邀請我去觀察他的治療工作，而我深深地被他的創新方法所影響。有一個週末，他邀請我出席他給員工的視覺培訓。有很多專業名詞是我聽不懂的，但我見到迪克的有趣方法，如何使用運動幫助人們發育視覺技巧。他使用了很多對側運動，例如用一側的手拿球拍拍打連着繩的球，而用另一側的腳往前跳。

大約是在這時期，迪克把他多年的好友及同事謝利·蓋特曼（Jerry Getman）介紹給我，我們三人一起去午飯。我對蓋特曼博士的治療個案着迷，而他對眼睛、手及腦部關係的理解使我印象深刻。忽然我反應過來，他正是著名的謝利·蓋特曼（G.N. Getman,

O.D.），《如何發展你孩子的智能》（*How to Develop Your Child's Intelligence*）一書的作者，從中我學會了雙側繪畫，並運用在我的輔導工作中。這種雙側繪畫，後來演變成丹尼遜健腦操®中的「對稱塗鴉」（the Double Doodle）。

參加了迪克的員工培訓之後不久，我在沒有運用任何視光儀器如鏡片或稜鏡的情況下，開始採納他的其中一些活動在我的學員身上。我預期在我的矯治計劃中加入了運動元素，對學習者會有用處。但是，在新的運動計劃開始只幾週後，我看到使我驚呆的改變。例如十歲的羅拔突然流暢地閱讀，不需再用手指指着每一個字；七歲的珍妮弗之前是不能正確地拿起筆來的，現在卻可以在直線上寫字，而且不再把字母倒過來寫了；九歲的馬歇爾把所有的英文字拼寫出來，並且自己校對及改正自己的錯誤。我可以清楚地見到他們做了「臥 8」、「對稱塗鴉」、「交叉爬行」、在平衡木上走跳……等活動後，對於學業家課都產生了新的興趣。事實上，他們好像已變成了另一個人。

當家長們接孩子離開學習中心時，我聽到了喜悅的聲音。有一位父親說：「我不知道你對森姆做了什麼。他之前連球也接不住，從來都不願意玩耍；現在他差不多每天晚上都急不及待要跟我在前院草地上玩拋接球。」

另一位父親告訴我，他的孩子現在及時準備好出發上學，甚至沒有提點下自己去刷牙。父親很高興地告訴我，他再不用常常嘮叨他的孩子了。

另一家長向我透露：「我必須承認，當到了六點，布萊恩便會自己去做功課，不再需要跟他對抗了。」

不單是孩子，成年顧客也道出他們的巨大改變：不只在閱讀、書寫、拼寫、數學及學習上，他們在工作、私生活和能量水平上，即是在放鬆、專注及溝通的能力上，都有所改善。我見到的是，他們的轉移發生在努力的層面之下，是「擁有自己的運動」的能力上的改變，以及由內在動機和好奇心驅動下作出的正向、個人行動能力上的改變。

實際上孩子們是怎樣學習去閱讀的

在我的教學工具箱中加入了運動這個元素，打開了我的眼界，看到了其他的學業聯繫。為寫博士論文，我研究了一年級的學童，焦點在不說話的情況下思考的能力，與他們掌握早期閱讀的能力之間的關係。

大多數孩子會大聲地顯性說話來思考，直到他們約五至七歲。大約在這個年齡，閱讀被納入學校正規課程。亦在這個時候，他們開始習得靜默思考的能力（這能力也稱為無聲自語或隱性說話）。這是一種發育技巧，意思是大多數孩子是在沒有教導下自行學會的。某天他們還在遊玩或學習時大聲說話，突然後一天他們便在靜默中探索了。

我的研究涉及一個動用短期記憶的專注力遊戲，當中孩子們要記住並配對印有圖像的卡。有些物件的名稱並不押韻，如球（ball）、狗（dog）和魚（fish），單從圖像線索便可以很容易地記住；但有些名稱，如貓（cat）、帽子（hat）和老鼠（rat），卻

很押韻。這個遊戲的目的是為了推斷哪些孩子正在發育無聲自語（稱為「隱性思維」），哪些不是。

我的論點是，如果孩子聽到幾個押韻名稱時，削弱了配對名稱與圖像的能力，孩子已經在靜默思考，語言的線索反而混淆了對該名稱的記憶。如果兩種圖像的配對考驗中，孩子表現一樣，我們可以得出結論說，儘管物件的名稱押韻，他仍然只是在使用圖像線索。

在早期閱讀中，聽覺和視覺技巧對學習讀音與符號的對應關係有多重要？與少年人一對一做個案，加深了我對這方面的理解。我看到有些孩子以視覺識別單詞時學得更好，他們通過識別單詞的形狀及字母去認字；有些喜歡通過單詞的讀音和旋律去認字，即語音分析。最終，良好閱讀者都需要兼備這兩種技巧。

當時，我的主要興趣是提高閱讀技巧。通過我的研究，我開始認識到閱讀的過程——人們如何把自己的身體、眼睛和耳朵投入到印刷了文字的頁面上，不單可以影響到視覺緊張的水平，甚至影響注意力集中、思考、記憶、組織信息或與人溝通的能力。我進一步認識到，缺乏某些閱讀的身體技巧的人士，可能會感到特定肌肉的繃緊，例如在頸部、肩部或臀部。這可能會影響血糖水平、自身免疫系統，甚至終生健康。

我開始強烈地感到，早期閱讀的教學不只是教認字和聆聽技巧，而是教授早期視覺技巧，甚至是有關健康和安康的基本生活技能。

　　閱讀不只是對單詞和字母的識別。我把閱讀定義為主動重寫原文的過程，當中讀者將字詞解碼，同時聽自己在講該故事。閱讀是一個有根據的猜測遊戲，頭腦會預計發生什麼事，但同時也在等待看看猜測是否會得到支持。讀者的眼睛、耳朵、運動和觸覺越是輕鬆和協調，她越是可以審視更多信息來支持她的猜測。注意力則是讀者知道自己去向的能力，讓感官支持她完成閱讀之旅，而不是令她分心。

　　然而，沒有一整套的身體技巧，良好的閱讀不會發生，如：

- 雙眼視覺（在視野中場雙眼並用）

- 視線交匯（移動雙眼去看近距離的東西）

- 追視（移動雙眼跨越視覺／聽覺／運動覺的中線，進行從左至右掃視的英文閱讀）

- 持續的注意力投放和集中

- 方向性和運動規劃

- 聆聽；並配對字形（符號）和音素（語音）

- 思考（無聲自語）

- 聲音和形狀的記憶

- 想像字母的圖案和字詞的形狀

- 眼手協調

- 說話模式的時間、韻律和措辭

從自己的研究中我發現，讓我們成為優秀閱讀者的條件，不是只有思維技巧，還有我們以為是理所當然的各種身體技巧。

斯圖和大象：我們要先學會聆聽才能夠學會閱讀

斯圖是我其中一個比較有挑戰性的顧客。作為一個建築承包商，他的視覺美學感覺令他積累了一筆小財富，儘管他的閱讀水平從來沒有超越小學一年級。斯圖其中一個最大的心願，是讀故事給他六歲的孫兒德郡。作為一個不能閱讀的成年人，他勉強能單憑眼看來辨識單字，但閱讀時他不能區分語音，或不能理解到，原來看到符號後需要同時聆聽和讀出來。他讀懂「帽子」（hat）這個英文字，但他沒有聽到「墊子」（mat）和「帽子」之間的差別。這種「聆聽」的能力，並用讀音來幫助辨識文字的能力，是顳葉的功能。這解釋了為什麼腦子的這部分，對學習如何閱讀和拼寫是重要的。

看着斯圖盯着頁面上的字母，我意識到他的視覺非常緊張，致使他在看的同時，不能聆聽或移動。他脖子和肩膀上的大肌肉，抑制了頭部左右轉動的能力；在另外的場景中，人們可能已經以為他是「固執」或過度專注了。這使我懷疑轉頭的技巧和聆聽能力之間是否有聯繫。

所以我教斯圖如何做「臥8」：兩隻手先後追踪一個幻想在面前橫放的大8字，眼睛以緩慢、輕鬆的步伐跟隨手的運動。雖然這

個運動放鬆了他的眼睛，但似乎並沒有影響到他的閱讀。斯圖的深切投入和渴望，激發我去尋找新的答案。

夜半時，我間中會想到我的學生，思考如何幫助他們。某個晚上，中夜靈感把我喚醒。我知道，閱讀者活動雙唇猶如朗讀地默讀字句時，經常繃緊了喉嚨和頸部肌肉。我現在領悟到，斯圖沒能好好聆聽、記憶和閱讀，肯定與他脖子的繃緊，以及繼發的頭部轉動不靈有關。我想像以新的方式做臥 8，就是運動全身肌肉但仍保持頸部肌肉不動。多年以後，當姬爾和我撰寫《大腦體操——完全大腦開發手冊》（*Brain Gym: Simple Activities for Whole-Brain Learning*），我們稱這個新的動作為「象 8」。

當我再次見到斯圖時，我要求他把頭轉動，他難以做到。然後我與他分享我新發現的動作，並一起做起來。隨後斯圖楞住了，他感到可以更容易地轉頭，不用繃緊脖子來專注在書上的文字。突然，他能夠同時地看、聽、思考和記憶，書上的文字對他來說開始有意義了。

一旦看明白了讀音和符號的聯繫後，斯圖很快掌握了閱讀。現在，當他給孫兒朗讀時，德郡和他會互教對方生字。他不再像以前般假裝閱讀，現在他可以與孫兒分享他學習過程的極大喜悅。而當他帶德郡和我見面時，我很高興看到他們一起做動作，和聽到他們朗讀和歡笑。

斯圖對學習的投入，不但對自己的生命產生了深遠的影響，也影響了他孫兒的；他袒露自己的脆弱，以及渴望探索自己的過程，也深刻地影響了我的生命。因為他渴望閱讀，而我也殷切地探索各

種途徑去幫助他，我自己的頭部轉動、聆聽能力及閱讀技巧也都提升了。而且我很快就意識到，因為斯圖，我取得了突破性的發現。導致閱讀障礙的一個主要身體因素，是繃緊的頸肌；進一步說，一旦這種身體緊張鬆解，便可以很快掌握學習這個思維過程。

就像我對斯圖一樣，當我開放地接收學員引發的靈感時，答案通常會以如何處理的新想法的形式，來到我這裏。在接下來的幾年裏，發生了一個耐人尋味的現象：有相同需求的顧客會一波一波地湧現，這意味着我總有足夠實驗對象，去探索和完善某一個特定的動作。每當我充滿信心地以為，我已發現一個關鍵動作，以獲得如何解決某種學習困難的謎底時，便會有客戶出現，而該動作完全沒有效果，迫使我重新尋找方法來幫助這位新顧客。

字素和音素

我現正經驗以前所學的理論：閱讀是一個複雜的語法過程。也就是說，閱讀是關於語言的。

初學閱讀者都知道，語言是一種口頭溝通工具，包括說話和聆聽。學習閱讀涉及聆聽自己的嗓音說着聽覺（語音）的代碼，而這些代碼已被寫下來成為視覺符號。這些符號稱為字素，必須首先用視覺辨識，然後再用聽覺加工成為音素（語音）。

閱讀的感知和符號的掌握，必須的前提是身體技巧上成功地處理聲音與符號的聯繫。無論以邊看邊說（視覺－文字）的過程

或語音分析來看待,該代碼仍是語音的。更簡單來說,書寫是寫下來的說話,閱讀是通過視覺符號來聆聽這種說話。

一旦整合了,閱讀會變成更多是視覺的技巧(就像速讀的情況),而給予聽覺代碼的注意力少之又少。研究顯示,當我們的閱讀技巧純熟時,顳葉(它其中之一的功能是處理聽覺信息)發出神經電活動較少。

似非而是的是,進行閱讀前,我們需要先學會聆聽,從而學懂字母的發音,即聽覺代碼;但最終,純熟的閱讀者會忽略聽覺代碼,主要利用視覺閱讀。

學習的身體技巧

在那些日子裏,腦部研究迅速進展,很多人興奮於兩個大腦半球的分工,和確定具體神經位置如何支配特定行為的研究。普遍的看法是,腦部是智力的所在地,而且就學習而言,身體的其他部分幾乎沒有關係。我的一個大學教授,是閱讀課本和基礎讀本的著名作家,他授課時強調:「閱讀是一種思維的動作,與身體無關!」我的經驗告訴我,並不是這樣。

我記得在一所本地學校探訪的一天,看到我的教授這個觀點的權威表露無遺。教室裏嚴禁運動,許多學生不舒服地被局限在過大或過小的椅子裏。孩子們主要以聆聽口語接收教導,並被要求在未消化的情況下重新「吐」出來。這過程在設計上是以演繹推理做到,實際上卻接近機械式的死記硬背,以反芻討好老師。

這樣做，學習不只是局限於腦子，更是局限於一部分的腦子：左腦半球；即是把信息分拆成小片段，有關於線性、編碼、一步一步的序列和分析。

以前我這麼看，到今天仍然這麼看，認為這是證據，顯示對「學習」存在一種偏頗到可怕的觀點。評估上課成績，通常以量度已吸收多少資料的測驗為準則。在這種測驗下，身體似乎是多餘的，但身體在學習過程中其實起着自然固有的作用，因為真正的學習永遠都必須涉及運動和具體經驗。直到我們協調地運用眼睛、耳朵和手去建設、組織和創作，思維或學習才算是真正發生了。

閱讀既是思維活動，同時也是身體行為。因此，當閱讀有了身體參與，便可以是愉快的活動；當身體不參與時，便變得極為緊張了。當已經掌握了學習的身體技巧時，思維活動的那部分便水到渠成。

我們可以很容易觀察到孩子學習身體活動時的一個平行過程，譬如騎自行車。開始時會學習在自行車上的平衡，再協調腳踩踏板，同時探索如何操控方向，並養成反射動作去剎車。

不知何故，在閱讀、電腦工作、與夥伴溝通或記憶歷史事實等活動上，是比較難觀察到身體技巧的純熟度。然而，這些活動都涉及身體技巧，如：協調身體以端坐、眼睛的移動並對焦、協調雙手、激活耳朵去聆聽、思想或說話。

身體運動刺激腦部功能。幼兒在學習步行、說話和社交，只需要很少的教導。令人驚訝的是，大部分三歲兒童已掌握了一種新的語言、所有手和面部動作的細微變化，以及提供語言背景的社交互

動等。他們還學會了走路、跑步和在重力中保持平衡，而這一切都是通過運動和玩耍學會的。如果允許孩子去探索，他們的學習是愉快的，成人也是一樣；任何年齡的人都可以使用自然的運動過程去令學習更容易。當然，誰人都總有跌倒的時候；然而，通常我們都會急不及待地再去冒險，但求繼續學習。

我在路途上的一些重要聯繫

在一九七七年我有幸認識了理查德·泰勒博士（Dr. Richard A. Tyler），他是一位肌應學家，亦是我在影視城（譯者按：美國洛杉磯城裏的一個城區）學習中心裏兩位學生的家長。泰勒博士與我分享了一些技巧，源自一個了不起的治療系統，稱為應用肌應學（Applied Kinesiology），是他學自美國密歇根州的脊骨神經科醫生喬治·古赫特（Dr. George Goodheart）。應用肌應學是一整套的測試及程序，用以研究肌肉系統的各種運動，目的是提升心安體康及改善身體舒適。

我深深被應用肌應學的可能用途吸引着，思考如何運用到我閱讀班學員的感知訓練上。泰勒博士和我其後將會合作，編製有關於運動與神經整合和閱讀成就的關係的資料。

為了更了解應用肌應學，我在一九七九年報讀了一個在美國加州帕薩迪納市（Pasadena）舉辦的觸康健®課程，從而更深入地探討心安體康與肌肉反應、經絡能量和淋巴按摩的關係。由此，我深化了自己的學習的身體技巧。

亦是在這一年，我認識了施約翰脊醫（John F. Thie, D.C.），他是應用肌應學教科書《觸康健®：自然健康與穴位按壓的實用指南》（*Touch for Health: A Practical Guide to Natural Health with Acupressure Touch*）的作者。約翰在安康的領域，是一個非凡的開創者，是男人中的巨人和大師級的老師。他的願景是把自助技巧提供給普通人，讓人更好地生活、愛和學習。是他鼓勵我發展我的技術，並與世界分享。在約翰的啟迪下，我在美國觸康健®基金會（Touch for Health Foundation）的期刊《接觸》（*In Touch*）發表了兩篇文章。

約翰和他的妻子嘉莉（Carrie）很快就成了我要好的良師益友，歷久不變。約翰其中一個最後的善意舉動，是為本書撰寫了一段推薦文字。不久後，姬爾和我無比悲痛地獲悉了他的死訊。

姬爾和丹尼遜健腦操®的誕生

一九八一年七月，我應邀於美國加州聖地亞哥的觸康健®年會發言，向來自世界各地超過三百位應用肌應學的行業領袖演講。

在這裏我介紹了我的第一本書──《激活：讀寫障礙的全腦答案》（*Switching On: The Whole-Brain Answer to Dyslexia*）。在這個魔幻的夏日黃昏裏，觀眾席中有一位年輕女子；她是一名舞蹈員、藝術家兼運動教師。她很快便虜獲了我的心，並成為我的終身伴侶。

我的共創者、導師兼配偶姬爾‧丹尼遜，教懂我怎麼去看、去笑、去玩及融入社群。她對大自然、音樂和詩歌的熱愛，一直是我

和我們所有學員的靈感。姬爾和我合教超過五百個課程，並合著了十五本有關教育肌應學和自然視力的書籍和課程手冊。無論在寫故事、探索運動序列或設計新的課程，我們都喜歡一起工作。我們的合作代表了兩個獨特的思維和靈魂合為一體的喜悅，一個整體遠遠大於總和的效應。我相信，姬爾看到和創立系統的天賦，促使丹尼逐健腦操®成為世界各地家喻戶曉的一個名詞。

進入八十年代後期，姬爾和我繼續發展既有的動作和添加新的運動。我們的靈感來自舞蹈、長跑、各種運動計劃、應用肌應學、發育視光學，和自己的創造力。我們越來越能領略到這一系列動作的價值：它們有效地促進學習，提高日常生活的享受，幫助個人體現更多的潛能。

自八十年代開始，我們一起於歐洲、加拿大、澳大利亞、新西蘭和美國巡迴教學時，姬爾和我最大的樂趣是一起教授我們稱之為「教育肌應學：智慧的七個範疇」的進階程序。當時我們經常在教課完畢後，逗留在那裏多幾天做個案諮詢。我們通常會在結束個案調和之時，從選項中建議幾個動作讓客戶回家練習。

一天下午，我們有幸能遇到一個七歲有腦癱的男孩丹尼。該個案期間，丹尼改進了他右手的手眼協調；另外，在做過肌肉放鬆運動之後，原是較短及「無用」的右臂，與左臂的長度看來一樣了。我們用紙揉捏成「球」來玩拋接球，並要求丹尼寫自己的名字和繪畫。在個案調和完結時，丹尼的眼睛恢復生氣，並且第一次流暢地朗讀，他的母親一邊聽着一邊流下眼淚來。我們笑着與丹尼聊天，對於我們的良好關係充滿信心，因為我們已經成為好朋友。

　　然後，我提到「家課」，丹尼迅速起身離開了房間，頭也不回。

　　就在那一刻，姬爾和我意會到，我們的動作應該有一個更有吸引力及玩味的名堂，於是我們創造了「家庭玩耍」（homeplay）這個名詞。

　　七十和八十年代的美國教育系統，視學習挑戰為「輕微腦功能障礙」。也許預見到九十年代會是「頭腦的十年」，再加上我對身腦關係的認識，「丹尼遜健腦操®」（Brain Gym®）這個名稱在我腦海浮現了。姬爾和我都馬上喜歡了這個名字。「丹尼遜健腦操®」準確說明了我們的技術是什麼一回事：把思維的智力和身體的協調聯繫在一起。

丹尼遜健腦操®的一個體驗

　　什麼是丹尼遜健腦操®？它如何能引導一個人進入學習的樂趣？腦神經科學告訴我們，所有的學習都牽涉到運動，而丹尼遜健腦操®是關於通過運動去學習，正如我的朋友韓納馥博士在這本書的引言中解釋道，丹尼遜健腦操®是一套運動為本的學習系統，以有趣、易做的身體運動來提高學習和處理信息的能力，並以令人愉快、有愛心和有效的方式去回應我們周圍的世界。

　　甚至當你閱讀這本書時，也可以親身體驗更多樂趣。從現在起，我將介紹丹尼遜健腦操®關鍵的、帶來進步的動作；我邀請你在每一節的閱讀之前，選擇去做一個或以上的運動。

「臥 8 」

「臥 8 」這個符號是宇宙間最神秘的符號之一：也就是無限的標誌。數十年前，《國家地理雜誌》公佈了一些間歇性拍攝法的照片，那是用了一年時間去拍攝太陽的，並顯示出太陽似乎是沿着無限標誌的軌跡而運動。證據顯示，整個宇宙沿着橢圓形的「臥 8 」軌跡在不停地轉動。

跟隨水平的運動跨越身體垂直的中線，對人類來講是自然和優雅的，因為它遵循先天的四肢對角線運動。在教育肌應學裏，「臥 8 」自然地定義了明顯不同的左右視野，以及它們之間的中點。它鼓勵雙眼協調的發育，使我們的注意力集中在我們經驗的中心。它還促進了微小的眼球跳視運動，放鬆我們的視覺系統，減低常見的定睛瞪視固定目標所帶來的緊張。

在我們在體驗「臥 8 」之前，讓我們先做一個預習。

花一點點時間，看着這個頁面並吸收信息，覺察你眼睛的感覺。眼睛感到輕鬆舒適抑或繃緊呢？你的脖子有什麼感覺？你閱讀時有多快速和輕易？

現在手掌成杯狀覆蓋一隻眼睛，覺察另外一隻睜開的眼睛如何在頁面上休息。你看字母和文字能有多清楚呢？換另一隻眼重複做。

現在請用你左手食指的指尖，慢慢地做「臥8」三次。然後用右手食指，接着用雙手，重複動作。覺察你輪流覆蓋單眼去看頁面時，感受到什麼差異？最後，睜開雙眼再看看頁面。

像其他做「臥8」動作的人一樣，你可能會注意到眼睛立即放鬆了，理解力和閱讀速度都提高了，或感到一種先前沒有體驗過的愉悅。就是這些微小的、甘甜的愉悅，在嬰兒時代引導我們去做喜歡探索的學習者，好奇於我們的感官、感官所描繪的這個世界，以及世界和我們的關係。我鼓勵你們在眼睛感到疲倦或緊張的時候，暫停一下來做「臥8」。就像「臥8」一樣，每個丹尼遜健腦操®動作提供了渠道，把感官經驗帶進學習過程中。

從內部引出學習

「教育」一詞的英文education源自拉丁文「*educere*」，意為「帶領向前」。肌應學是研究肌肉和運動的一門學問。丹尼遜健腦操®是教育肌應學這個迅速發展的領域的入門；也可以這麼說，它通過研究運動來從內部引出學習。

運動和學習是並行的，兩者實在缺一不可。運動為本的學習真正是腦部的養分；學習到新東西那一刻所感到的喜悅，就是通過運動把學習變成自己的一部分，是終生擁有的。我現在談論的是自然、真實的學習，歷久不忘，而不是明天便忘掉的信息背誦過程。這種真正的學習，建基於我們在運動和與環境互動時，所聽到、看到或感受到的模式和節奏。

作為人類，我們自然追求單一的組織性節奏。在嬰兒時期，這節奏可以是母親的心跳、她走路的節奏、輪流說話的噪音，又或大自然的聲音；或到了後來，當我們閱讀、思考或書寫時文字流動的步伐，或自己日常生活中各種活動的節奏。無論什麼時候，我們的感官都被眾多的可能焦點所轟炸。當我們與當中某個明顯的焦點對象產生共振，並排除其他干擾時，我們便是找到承載新學的園地。這種動能，是學習過程這個精妙的自然系統的關鍵。

家長和教育者往往會利用玩具或聲音，去建構玩耍的處境，從而維持孩子的注意力。我們成人如何集中自己的注意力呢？注意力僅僅是生存系統的一部分，抑或是生命中不可或缺的部分，可以自然浮現呢？腦神經科學告訴我們，這兩種注意力都是存在的。

在幼兒期，我們發育了兩種運用注意力的方法。我稱第一種為「目的性注意力」（purposeful attention），當我們在平衡狀態時便會出現，亦即是我們放鬆在當下，以及只是存在着。通過與滋養我們的東西產生了共振的連接，我們便可達到這種狀態；這種連接衍生出持久的注意力，也觸發我們朝着有吸引力的東西走過去。另一種我稱為「反應性注意力」（reactive attention），是一種表現出太努力嘗試和費力行為的狀態。當我們受到過度刺激而失去平衡，作出搏鬥 — 逃跑反應，我們便可達到這種狀態；結果是我們迫切地產生出運動，試圖遠離使我們受到驚嚇或苦惱的東西。當我們探索世界時，激烈或不尋常的刺激（如大聲或強光），甚或是缺乏刺激，都可以分散我們的目的性注意力，離開與環境玩耍性互動時產生的焦點。

聚焦在主動搜尋結構的目的性注意力，源自額葉，帶來整合，幫助我們學習新信息，並以有用的方法組織起來。反應性注意力由於恐懼、繃緊、憤怒或分心，其實是在搜尋安全，源自腦幹，在體內硬連線來求存。當陷入了這狀態時，我們會留在反應模式，無法接通新學。

兒童有時被描述為不專心或「注意力不足」。然而事實是，兒童在清醒狀態時，都在注意着某東西。當我們觀察玩耍中的兒童，可以看到他們是怎麼樣的自然學習者。他們的好奇心促使他們保持一個特定的焦點，同時用上他們的注意力和整個身體來做到。

那麼，作為家長和教育者，我們怎樣才可以支持孩子，去尋找如何使用這種自然能力呢？在某些時候，當一個孩子已經在目的性注意力的狀態時，我們需要當好的觀察者，來發現什麼吸引了他們的注意力，並在那裏陪伴着他。例如，當他從廚房碗櫃拿出各種罐子和蓋子時，我們可以跪在他身邊，去探索那些引起他興趣的東西的不同性質。或者我們邀請孩子跟我們一起注意一個我們認為重要的焦點，例如讀一本故事書，或將玩具放回原處。在其他時間，孩子們可能清清楚楚處於反應性注意力的狀態；或許是過度疲勞，或在超市貨架上尋找想要的東西時。在這種充滿試煉的時候，也許只能以在回家路上的汽車中甜蜜小睡來解決。無論如何，當兒童感到繃緊或分心，而我們在支持他們發現如何恢復身體和情緒上的平衡時，我們可以幫助他們回歸正向的搜尋結構。

可以看到，反應性注意力觸發生存為本的學習，與自然的創造性學習差異甚大。為了生存而學習，必須把注意力挪開，遠離

我們真正感興趣的東西。然後我們進入搏鬥或逃跑的狀態，使我們可以過度專注於別人代為決定是重要的事情上。當丹尼遜健腦操®是我們學習經驗的一部分時，我們比較小機會以緊張為本的聯想去學習，而更大機會發現自己的目的性注意力和自然的、探索性的學習過程。

我們看文字、聆聽自己思考及閱讀時運動三者的方式，可以為我們設置出輕易而愉悅的節奏，或讓人停下來分析的節奏，而每種節奏都有它適用的時間和地點。重要的是：我們是否能夠回到喜悅的及恢復性的運動節奏中，還是受困在緊張而失衡的行為裏。例如允許趣味盎然的韻律淪為無味重複的腔調，或讓細緻的解碼退化成拼湊不起來的碎片？丹尼遜健腦操®的動作，可以幫助我們恢復自然的、更整合的學習節奏。

身體的三個範疇如何支持學習

做丹尼遜健腦操®動作時，我們與具體的、三維的經驗重新聯繫起來。從我對腦部科研的鑽研中，我假設丹尼遜健腦操®的操作原理，是建立在三維身體的神經學習路徑上的。

第一種學習路徑，有關於由後到前的神經路徑，和由後到前的身體運動。姬爾和我稱這個系統為專注範疇（Focus Dimension），涉及出入於腦幹（舊腦）以及額葉（大腦皮質的最新部分）的訊號。這個水平的智能在發育時，我們學習走向或遠離某個刺激，微調着追蹤我們在空間裏運動的肌肉本體感覺，為我們提供了界限

感。這是我們運動覺及身體的智能，提供了「位置」的空間特質，也就是：我在哪裏和我往哪裏去的感覺。如果在身處空間裏沒有內知的安全，我們就沒有別的智能可以運用了。

　　下一個學習路徑是關係到由上至下的腦系統，和上下身體的運動。姬爾和我稱之為守中範疇（Centering Dimension），涉及源自前庭系統的訊號，幫助我們發現平衡，以及我們與重力的關係。當某一事物被中腦賦予了情緒的內容，便披上新的含義，由此我們才會與它發展關係。在我們體驗到平衡的任何時刻，我們會自動地守中，並可以協調身體兩側。守中範疇鼓勵了雙眼、雙手和身體動作的協調以及組織感，還有聯繫和歸屬感的素質。當我們開始感覺到我們平衡的中心時，我們會問這個問題：相對於我的身體，它（即：任何外在的焦點）在哪裏？

　　第三個學習路徑是與左右腦半球之間的活動有關連，也與左右眼、左右耳和身體兩側的相關運動有關。這個系統被稱為兩側範疇（Laterality Dimension），意指負責處理符號語言的大腦皮質或新腦，使口語或書面的溝通能夠進行。就是通過這個路徑，我們的具體經驗可以編碼成語言。語言是人類的傑出天賦：我們可以把任何經驗編碼（就像書寫時利用符號儲存經驗），然後解碼（就像閱讀時從符號抽取意義）。我們可以多年後才回到這個經驗，反思它現在對我們的意義，甚至在交談時與別人分享。兩個腦半球相互關聯所構成的新皮層的發育，可以幫助我們確定「是什麼」的特性：這是什麼？我談論這個究竟想表達什麼意義？

當這三個範疇自然地發育時，作為情緒中心所在的中腦，會把自動的身體運動（舊腦的反射）與有意識的、口語指令的新腦聯繫起來。學習可以再次充滿了感覺，並且回復原來應有的自然過程中。

當閱讀的教授建基於經驗的基礎上，兒童將會輕易地和自然地搜尋符號語言，以進一步探索他們視為真實的東西。閱讀教學的目標不需要是讓孩子們「學習閱讀」，而應該是讓孩子們「以閱讀來學習」。

五個學習的原則

丹尼遜健腦操®的技術是建基於這假設：當學習吸引了感官系統的參與，而不是減弱它的話，好奇、關懷和尊重的行為便會是一個自然的結果。進一步說，我們認為活躍的學習衍生自學員的上述三個學習範疇的參與。

我們理解專注範疇是最新和最舊的腦部的橋樑。最舊的腦幹確保我們安全，蘊含我們最根深柢固的求生習慣及運動模式；最新的前額葉是最會冒險的部分，我們的覺察力、意圖和可能性的思考，都源自它。專注範疇這道「橋樑」，使我們能夠採取負責任的行動，和接通最有智慧的社交反應。

守中範疇是情緒的中腦及理性的大腦皮質的橋樑。前者把我們拉進恐懼、焦慮或憤怒的搏鬥 — 逃跑反射中；後者幫助我們去掉這些反應，讓我們的愛、寬恕及同情心這些較高層次的本能能夠

發揮，使我們能夠活在關係中。在生活中的每一刻，這個範疇都在幫助我們保持平衡狀態。

我們認定兩側範疇是聯繫左右腦半球的橋樑，把我們分辨、詳細分析的技巧，與理解背景、作出綜合的技巧連線起來。它支持眼球運動以操作視覺技巧，頭部轉動以操作聽覺技巧，以及協調和方向性的技巧以輕易操作學業、競技體育及其他的活動。

從這些神經功能的基礎理解上，我們確立了五個學習的原則，是丹尼遜健腦操®技術的核心思想：

1) 引出：智能是與生俱來的

2) 專注：意之所想，注意力從之

3) 覺察：主動經驗過才可以學到

4) 通過運動進行學習：成長是尋求平衡的過程，不平衡是尋求成長的過程

5) 互相聯繫：每個人都受其他人影響

五個原則的應用

引出：智能是與生俱來的

隨着發育技巧及一致的感官功能的習得，健康的焦點和注意力有了基礎，通過運動進行學習的過程便在嬰兒期開始。這種一致性存在於一個連續體上，而且是動態而非靜態的。每個新目標都會引

發相關的運動能力出現。作為運動教育者，我們尊重和關注着幫助我們及學生們的這種自然過程，秉持着安全感和好奇心，來創造出運動和學習的空間。

專注：意之所想，注意力從之

理想地，老師們因應學生的興趣和能力，來邀請參與。基於他們的需要及自選的目標，去幫助他們培養一個學習背景，以支持他們成長。

覺察：主動經驗過才可以學到

新學以自我觀察及發現去錨定。一絲不苟的老師會鼓勵學員覺察他們真正學會些什麼，什麼仍未學會，以整合到功能裏去。

通過運動進行學習：
成長是尋求平衡的過程，不平衡是尋求成長的過程

當遇上學習挑戰時，我們利用運動去營造平衡點。嫺熟的教育者會提供與成功達到學員目標正向相關的運動及表現技巧，包括丹尼遜健腦操®動作的學習清單，以接通平衡，促進成功的功能發揮。當學員做動作去達到一個新的技巧水平時，會自然地發現自己身體一致性的感覺。

互相聯繫：每個人都受其他人影響

探索和玩耍的感覺令行動變得生機勃勃。當學習是在一個協作的、社群為本的風格下進行，就是學員從大家的探索和發現中得到鼓勵時，就會尋找方法把學習運用於日常生活的場景中。學員在這樣的協作環境下學習，意味着每個人都是贏家。

玩耍與心臟在體現學習中所扮演的角色

在動物王國裏，玩耍是一種天然能力，讓動物活躍地與環境互動，或輕鬆地與其他生物作出聯繫；在人類中，是我們稱為愛的必要元素。丹尼遜健腦操®代表了一個玩耍的邀請，在沒有害怕失敗的情況下，更完全地活在自己的身體裏。本質上，它啟動了愛的空間，對嬰兒運動模式的最早期建立十分重要。對於嬰兒來說，運動和學習是一體的。丹尼遜健腦操®通過把玩耍的身體元素帶回教育過程中，完整了學習。這些身體元素是學習與生命不可或缺的，卻經常被忽視，或以為是理所當然。

運動和玩耍時，我們自然地感到好奇，以心臟的輕鬆節奏作為我們運動的背景，去探索經驗。觀察孩子們玩耍，可以看到運動和玩耍的內在關係。奇怪的是，人們在現今社會遲疑於接納玩耍進入課室及工作間；然而，欠缺了玩耍的熱衷和熱忱，我們變得枯竭無力。更甚的是，我們在學習、成長及對環境的適應力都被迫作出大幅度妥協。

做丹尼遜健腦操®運動不單止建立及加強有效的神經聯繫及路徑，也讓我們放鬆，啟動我們的集中和沿中線聚焦。這些運動亦會打開我們的心，邀請我們作出互動。當思維、身體和心臟都被啟動和整合時，人便會綻放；學習變得容易，人變得有創意、更體恤及友善。最重要的是，人在生命中找到意義，得到快樂。我常常想起一位年輕女子在工作坊中走過來跟我說：「丹尼遜博士，很感謝你教導我這些技術。我和丈夫、子女一起用，令我們一家人更親密。對於我們來說，丹尼遜健腦操®是另一個說『我愛你』的方式。」

近年來，科學研究證實了心臟是智慧不可缺少的一部分。科學家開始證實了一些非科學家從來不覺得需要證實的東西——就是心臟不止是推動血液的器官。我稱心臟的智能為「身體智慧」的核心。身體有自己的思想，這些思想與大腦保持溝通。根據保羅‧皮爾薩（Paul Pearsall），由心臟進入頭腦的信息量，比反方向的要多。除此以外，證據顯示心臟有一個大的電磁場，我們都以看不見的方式互相影響着。

我們會在往後的章節中再探討，現代社會的人往往只「站在自己身旁」，無法接通自己的身體智慧。我們必須把身體帶回家裏、課室及職場裏，必須重置心回到我們所有活動的核心位置。當心打開及連接上了，我們在生活的所有方面都會變得更有效和更有組織，從而變得更喜悅，做事情更事半功倍。

如果說一九九零年代是屬於腦的十年，那麼二千年代一定進入了一個屬於心的世紀了。如果你像我一樣相信，人際關係比金錢與科技更重要的話，那麼把心打開就顯得至為重要了。畢竟，

心臟的「腦」讓我們有同理心和仁愛心──這兩種情緒聯繫是人類愉悅互動的基礎。

為自己踏出更多的第一步

我願意與你分享更多有關丹尼遜健腦操®的一系列動作，如何能夠幫助加深你的生命經驗。

我們可以把真正的學習比擬作拍攝前後分別的系列照片。像雜誌上那些美容前後的照片，我們先幫助人們覺察他們在某項技巧上的表現，例如閱讀一段文字，然後注意做完幾個丹尼遜健腦操®動作後，閱讀有什麼感覺上的改變。當我們投入學習過程，在當中互動時，從累積經驗中累積新技巧，我們會覺察到什麼帶來了正向改變。

「調和」（Balancing）這個措辭在教育肌應學裏，我們賦予了新意義，泛指整個丹尼遜健腦操®的操作步驟，包括每次個案中都有一個特定目標、進行想改善的動作（或有相同象徵意義的活動）、體驗運動的喜悅，以及事後覺察什麼對你有效。調和不是一個做了一次便能「修復」好我們的程序；就像走鋼索一樣，我們會不斷馳騁於平衡與失衡之間。

通過平衡、運動與失衡的一個動態連續體，小孩子會自然地學習。丹尼遜健腦操®活動以相同的方式，用特定的方法刺激腦部，把個人與輕易、愉快的學習聯繫起來。調和的狀態意指我們總能

回到平衡點上。在失衡之後再找回我們的中心時，我們經常會感到振奮。

以下的動作就好像前文所描述的「臥 8」一樣，是一個簡單程序，讓你獲得對丹尼遜健腦操®的一個全身性身體經驗，讓你瞥見丹尼遜健腦操®能發揮什麼作用。

預習：請閉上眼睛，審視一下你的身體。你感覺如何？你感到繃緊、放鬆或介於兩者之間？有沒有什麼使你焦慮？你的感覺有多強烈和明確？你覺察到你的心有什麼嗎？當你想起你生命中某些人時，你的內心感覺如何呢？

完成後，請做以下的丹尼遜健腦操®動作。「掛鉤」（The Hook-ups）的動作重新激活與平衡相關的肌肉和平衡感，紓緩繃緊和重新連接到讓我們感到愉悅學習的心臟空間。

把你的左踝跨在你的右踝上，伸直雙臂並把你的左腕交疊在你的右腕上，然後十指互扣，把手往下內旋到胸前。保持這個姿勢一分鐘，舒服地呼吸，閉上眼睛，舌尖輕頂上腭。

現在把交疊的雙踝分開，兩腳平放地上，指尖對頂，放在胸前，深呼吸一分鐘。再次閉上眼睛，以得到充分放鬆。

最後，像預習一樣重複審視身體，現在感覺如何？頭腦有更清晰嗎？更放鬆嗎？有沒有什麼仍然困擾着你？現在心臟有沒有覺察些什麼？如果你必須執行複雜的工作，做了「掛鈎」之後你會做得更好嗎？

當你繼續閱讀這本書時，你會開始體會到，這種簡單運動對你的生活可以產生巨大影響。腦子學習新東西只需要幾秒鐘；做丹尼遜健腦操®運動的人說，只是每天花幾分鐘時間加入這些簡單活動，可以是在家裏、工作時，或是在教室中，便在他們如何學習、感受、思考、記憶和做日常生活活動上，產生很大差異。

丹尼遜健腦操®動作的設計是為了激活各種認知功能，包括溝通、組織和理解。這些運動有效，因為它以特定的方法激活腦部，準備我們進行學習。丹尼遜健腦操®加強了在學習過程中涉及的身體技巧。當我們感到身體上準備好迎接當天時，學習的思維相關的方面會來得較輕易。

一個邀請

本書向你發出一個邀請，以上述及往後的章節所勾畫的方式，使用丹尼遜健腦操®的技巧，來整合你的思維、身體和心臟，讓你的光芒更為彰顯。

發揮你的全部潛能對你來說有什麼意義呢？只有你自己才可以發現這一點。對我來說，這意味着在地球上愉悅地行走，為更崇高的目標服務；這意味着有創意地工作、有能力給予和接受愛，然後

比以往任何時候都更深入知道我是誰、此刻我在這裏做什麼。這一切疊加成為活命活得最圓滿的甜蜜享受。

我相信，每遍當我們從零碎轉向更為整合的狀態，生命在那一刻可以得到轉化。丹尼遜健腦操®通過學習調和我們的思維、打開我們的心，並激活我們的身體，便可以做到。在零碎的狀態下，我們只發揮了我們一小部分的能力。一旦我們釋放了阻斷整合的障礙，便會發現全新的能量和創造力，是我們從來沒有想像為可能的。

究竟以上的情況會如何發生，因人而異。也許你的工作會收穫無比報酬，無論金錢上和情感上；一些多年來功能失調的關係，可能會變為非凡滿足感的來源；你可能發現，當你把身體放回生活的方程式中，原來擁有一種奇妙的自癒能力。

雖然大家都以不同的方式表達更高的潛能，我相信人們有兩個共同基礎。首先，每個人都有生命目標；當我們深刻感到我是誰及來地球的原因，生命便會騰飛。知道自己對宇宙有重要性，那感覺非常美妙；比起個人的需要和抱負，我們來到這世界有更重要的原因。其次，生命應該是喜悅的。我們沒必要過着充滿緊張的焦慮生活，間中有着輕鬆和開心的短暫插曲。我們應該在每早醒來時，都激動於自己還活着，感恩於每一個瞬間的存在。一旦我們發現自己正全心全意地朝着一個目標進發，內外的宏大力量將會自動成為可用。

丹尼遜健腦操®扎根於「運動就是生命」的前提。當我們學習更充分地運動，我們會經歷來自充實生活的更多喜悅。然後，我們

會給身邊人奉送珍貴的禮物——把喜悅帶到我們生活的每一方面：家庭、工作、學校和玩耍。快樂的人懂得欣賞、有愛心、自信、謙虛、耐心、有支持、善良和慷慨⋯⋯當我們**成為**這些素質時，那麼我們終須**得到**我們願望中的一切。

「奮鬥、愛和付出」

生命不是關於擁有和好看，是關於你的作為（doing）和存在（being）。生命的喜悅在於運動和活在其中，關於經歷精通掌握的美妙歡快，關於克服困阻與個人局限，也關於以想像不到的方式超越既定目標。充實地活着意味着擁有願景，並知道在願景裏自己是誰，全心全情投入其中。你不能退縮，你必須傾盡所有，實現夢想。

我還是小孩子的時候，我發現我不能學習。一旦能夠學習的自信心被粉碎，我感到尷尬和笨拙，在校每個學科我都不及格。但內心中某個我卻從來沒有放棄，於是我最終發現了生命中最重要的事情：如何超越自己覺得的限制。我學會了如何打破早期被調教出來的壁壘，重新創造自己。

那位不懂閱讀的男孩，後來獲得了教育博士學位；那位自我形象是欠缺運動實力的男孩，長大後成為跑了三次馬拉松的男人；那位不會說話的男孩，後來在許多國家公開演講而聞名。

不管你感知到自己有什麼特殊限制，你都可以突破。這需要你與夢想聯接起來，好像已達成夢想般生活。你必須以自己的方

式行動；在運動中，當你學習如何掌握那些能讓你達到最佳潛能的技巧時，你會尋獲那些讓你做到最好的能力與資源。沿途你還會享受過程呢！

母親是我的第一個生命導師。從小她就用她追求卓越和美感的投入，以及克服生命中似乎無可避免的困難的能力，教導我如何活出精緻人生。

大約十三歲時，我遇上嚴重的自行車意外，頭骨碎裂，第一次意識到自己的最終命運──總有一天我會死。離開醫院後，我經歷了煎熬的抑鬱症，足不出戶，在房間哭了好幾天。最後，我向母親傾訴。

我問她：「無論如何我們最終都會死，我們堅持下去有什麼意義？」

母親回答：「活着是為了引導他人經歷我們在走的相同旅程，並幫助他們處理同樣的議題。」

然後，她說了讓我銘記在心的簡短警句：「奮鬥、愛、付出」。「奮鬥」的意思是正向的──實現我生命的一切可能……奮鬥以發揮自己的潛能，使我活得充實，為世界製造不同。「愛」──她的意思是愛自己和他人，從中發現回饋社會是自己的本質。

我現在把母親的話傳遞給你，以此鼓勵你找到你的獨特方式，去奮鬥、愛和付出。

第三章

我們從覺察中學習

「無知的本質在於沒有覺察，和沒有覺察到自己沒有覺察。」

悉尼·卡拉漢（Sidney Callahan）

《公益雜誌》（Commonweal Journal）

當我嘗試在橫線上寫上正楷英文字母時，手指在震顫，眼睛在痛，但其他孩子這樣做都很成功。

當我的小學二年級教師墨菲老師（Miss Murphy）在教室周圍巡視時，她會輕聲地給予每個學生意見：「斯蒂芬寫的『O』又圓又美麗……我喜歡西爾維婭拿鉛筆的姿勢……尼芬寫的『O』寫得很完美、平均和端正。」

可是墨菲老師從來沒有評論過我的書寫。我知道原因在於，無論我多麼努力，我寫出的「O」都不夠圓。

在寫作課時我感到不知所措，一切都那麼快；我似乎不夠放慢時間，來掌握和控制鉛筆。當我嘗試協調我的手部動作和眼睛時，我會經常胃痛和看到重影。

我疑惑其他孩子為什麼可以如此快，而且看起來那麼輕易。我的「O」有什麼問題呢？我所做的不能按照我所想的呈現出來。在我腦中能看到順暢和圓滑的「O」，然而我在頁面上寫出來的每一個「O」，卻全是起角和不均勻的。

觀察我自己的經驗

我嘗試摒棄我在學校的諸多經驗，因為它們似乎沒有任何用途。對我來說，我的木書桌實在太大而且太硬了，坐在它後面令我不自在又辛苦，心神恍惚，腳不能碰到地面。我感到房間裏的人和物都很遙遠，渴望活動一下，使用我的肌肉。我經常胃痛，最希望的是沒有人留意我。

作為右撇子世界中的左撇子，我一直覺得在逆流而上。在內聽覺裏，我能感到墨菲老師和所有孩子在同一個節奏裏前進，但對我來說卻是陌生的。我覺得自己漸漸落後了，並試圖更快速行動以跟上。

那很久以前跟鉛筆的搏鬥，我仍然記憶猶新。在二年級那一課後，我突然開始從善意觀察者的抽離角度去覺察自己及我的焦慮狀況。這是一個關鍵的如夢記憶，感覺會在我餘生長留心中，像寶箱內的珠寶一樣。縱使在我的覺知中，我依舊感到孤獨無助，那一刻其實是個恩賜。

在每一個新的課堂，我開始經驗我的狀況，覺察在我面前發生的整個場景。這種自我觀察的能力是我的前額葉皮質（大腦的自我覺知中心）在活動。

大腦的前額葉皮質保有着人性的本質，是每一個學習經驗不可或缺的部分。當我們可以旁觀自己的行為，進行評估，我們便可以採取行動，使之改變。否則，我們會無限重複相同行為，永遠不會學到。由童年成長，穿越少年時代到成年期，大腦的前額葉與腦部其他部分同步發展。當我們學習如何感覺、運動、感受和為自己思考，由於前額葉皮質的貢獻，讓我們能夠覺察這些不同功能的當中經驗，並進行編碼。

說回墨菲老師的課，我當時不知道我現在所知道的——當我拿起鉛筆時，我過於集中在某一零碎的片面，無法感覺或感受身體的整個空間背景和手部動作，無法停下來思考。我在緊張狀態下僵住了——一路後退，緊縮一團，好像要在房間裏變得透明。

我在經歷常見的緊張反應：頭暈、肌肉繃緊、屏息、心跳加快、時間加速感和瞳孔放大，沒能接通周圍視野。

當我更繃緊時，我記得我更牢地握筆了，看到越來越多鉛筆在頁面上滑動的緊張源，和體驗到越來越少的自己。一切似乎都壓縮成快速的瞬間，使我永遠無法趕上。我一再感到有東西在衝向我——老師、噪音、咄咄逼人的同學、測驗，但我總是不夠時間準備好面對它們。幾年過去了，我想到我可能永遠趕不上，去準備好學習，而我真正需要做的是放慢。我把注意力過多投向時間，而過少放在空間上了。

直至含有自我覺知的覺察出現那一刻前，我總是感到不堪重負，完全無法跟上課堂發生的事情。自我反思的新經驗之後，我便開始審視自己的能力、計劃自己的學習步驟，並負上自學的責任。而這僅僅是個開始：在接下來的三年，我會發現如何將覺察到的和我的感官過程連接起來。例如，我寫字時的手部運動和觸覺體驗，會最終幫助我寫字，而我還建造了其他無數同樣有用的新聯繫。

空間的時間與人為的時間

運動是我們的第一個和最自然的老師。在嬰幼年最早期的空間探索中，運動通過我們的尋求平衡而教導我們。我們不是木頭人。通過我們的身體，我們不斷地尋求動態的平衡感，不斷地重新發現自己作為一個不斷移動的中心點，定義着左右、前後、上下的空間。步行和跑步是在重力下持續地跌落及糾正，保持在動態的平衡狀態中。

我們用腳走路時，我們學習協調左肩右胯、右肩左胯、對側臂腿、對側肘膝、對側腕踝的有節奏而對稱的相互作用。無論我們步行、邊走邊跳、奔跑、跳躍、舞蹈或只是簡單地打手勢，我們是從內部的平衡感和反向力量的制衡中推動着身體動作。我們之覺察到製造所有這些動作的個人運動模式，就是我們的運動覺覺知。

嬰兒是自然學習者，活在運動覺的實時經驗裏。對於還是嬰兒的我孫女，太陽升起就是一天的開始。我看着她試圖站起來時，她是在自己的節奏和步伐中。她先伸出一隻手，把自己拉上來，然後

用一隻腳撐到搖晃但能保持平衡，另一隻手和腳在支持着。哎呀！跌倒了，有趣。是重新再來的時候，不用着急。

孫女臉上的喜悅，來自與物質現實作出身體互動的內在需要，並不是因為完成一個發育技巧有多快速及高效率。不久，她將踏出她的第一步，並很可能會再次跌倒。就是憑藉感官為本的覺察，來感受在我們跌倒之前的微妙和瞬間的平衡經驗，讓我們學會在沒有幫助下，如何站起來和走路。

所有的學習，從爬行到走路、說話、端坐、站立、執筆，包括兒童的和成人的，都取決於我們覺察的能力，覺知到我們在時空中運動。當肌肉是放鬆的，肌肉組織裏的腦細胞——本體感受器，提供給我們運動的愉快感，以及關於身體的大小、形狀和質量的奇妙反饋，關於我們如何在空間中移動。這意味着，在物質空間中實時發生的真正學習，是充滿樂趣的。

愛恩斯坦提醒我們：「知識就是經驗，其他的都只是信息而已。」在悠久的人類歷史中直到相當近期，人類的努力多是比較勞力為基礎的。年輕人可能成為一個農民、鐵匠或商人。不論他們的興趣在哪方面，大多數人都是憑藉雙手和身體去做，從經驗中學習；或許自己反覆試驗，或許在專家緊盯之下當學徒。人們因為自己的技藝和成就而感到滿足，並非因為自己有多快完成工作而感到自豪。

今天的世界沒有以前的踏實，科技已經取代了很多以前是由人手完成的勞動。人們扎根於實在、觸覺和運動覺的世界，屬於

實時的物質空間；可是對生產和速度的重視，往往把人們從這根基中分離出來。

名叫奧斯卡的猴子和運動覺的學習

記得大約在與「O」掙扎的年代的某天晚飯後，我看着媽媽把澱粉和碎報紙放進一個大碗內。她把濕紙塞到我父親的襪子內，直到它像一個小氣球般又圓又滑。她聚精會神，開始用拇指去捏及塑造那襪子。

我很驚訝，看到襪子漸漸看起來像一個頭，有胖嘟嘟的臉頰，兩隻大而圓的眼睛，和一個朝天鼻。媽媽很嚴肅，研究着那張臉，似乎困惑地想着它該是什麼樣子的。突然，她微笑着舉高了它，並找了一個安全的地方讓它放着風乾。

在接下來的幾天，我驚歎地看着媽媽靈巧地畫了大而好奇的藍眼睛、紅潤的臉頰和俏皮的笑容。父親使用輕質木造了一個軀幹和可移動的臂腿。然後媽媽雕刻了美麗的輕質木手，縫了黑色的褲子，還有金色、黃色和綠色的外衣。最後，她加上羊毛線，給木偶一頭明亮的黃色頭髮。她把這三尺高的木偶勾在客廳高處一個特定地方，與其他的在一起；掛的時候在她的臉上出現了平靜的滿足。

我想和這個樣子友好的男孩一起玩，我喜歡他那股新木和新油漆的氣味，但我看得出他的繩子可能會糾纏成一團，所以我很快就學會不去碰這個新朋友。就像我的小弟弟一樣，這牽線木偶被命名為彼得，他和他的朋友（鳥和鴨子）成為了我童年的重要部分。

當媽媽給我材料去製作我自己的木偶時，想像一下我有多高興！那個不能寫出圓形「O」的小男孩，在學校裏笨拙而且手眼不協調，現在造了一個美麗手偶，頭圓圓的蠻可愛。我完成了小猴奧斯卡，他身高18英吋，渾身塗上棕色。

媽媽幫我在他的臉塗上顏料，她向我展示了如何混和顏色，使奧斯卡的臉頰看來明亮和圓渾，紅如蘋果。他戴着街頭手風琴演奏者的帽子，黑色的小眼睛淘氣地看着四周。父親為奧斯卡的腿做了木關節，並幫助我黏上了混凝紙漿做的幼細尾巴，是我小心翼翼地造出來的。

我很自豪，因為奧斯卡穿着的飄動斗篷，是我親手縫製的，用我獨家的左手方式，縫出跟媽媽一樣漂亮的直線。我十二歲的表親路易斯看到我的技能表示難以置信：「看，保羅能夠穿針！」學懂縫製是我在二年級的重大成就之一。我以運動覺的方法去學會縫紉：按照我母親的動作，並探索自己如何做出同樣的動作。雖然我不能閱讀，但我可以縫紉。

奧斯卡完全是我的，我與他不停地玩耍。製作這猴子木偶，給了我一個身體和運動模式的實時經驗。它給了我一個方法去探索與操練我的手眼協調及感官樂趣；在我編排令我愉快的木偶動作時，我觸摸、察看、創造，以及學習空間關係。父母排練的時候，音樂響起，木偶在舞台上說話及跳動，我可以對奧斯卡進行試驗，使他跳遠、雙腿彈跳、在佈景樹上枝過枝，舞動出神秘的生命。

這些三維的玩耍，教曉我如何去規劃和協調運動，還教曉我把時間暫停。在我擴展了的運動空間中，我可以呼吸、放鬆，並找到

我自己的節奏。我最感到解脫的是，課堂上的噪音和令人眩目的速度，溶解於夜晚的安詳和遊戲裏我的想像中。

孩子們正在失去他們的感官技巧

兒童從生活中學習，然而今天許多年輕人的時間表實在排得死板了，沒有預留太多時間去玩耍和探索，以及太少甚至沒有時間留在戶外。若有空閒時間，通常會獻給了電視、電腦遊戲和光碟電影的被動刺激，投入在平面的二維圖像中，而不是充滿三維經驗的跑步、捉迷藏、攀爬、建造、探索大自然，和參與富有想像力的玩耍。

這是人為時間的年代，速度和快速反應會獲得即時獎勵。我認識一個名叫馬歇爾（Marshall）的男孩，十歲時已是科技專家，已經掌握了任天堂Game Boy™電玩遊戲，比大多數成年人都更快更熟練地瀏覽互聯網。然而，像許多現今年輕人一樣，他擁有信息卻沒有知識，知道事實卻沒有能力。最糟的是，馬歇爾似乎缺乏了對事物的奇妙感。

千萬年來，自然界的樹木、石頭和草，小溪和河流，鳥鳴和動物，為人類提供了在視覺、聽覺和其他感官功能上的學習。奇妙感來自好奇心，是一種對未知的接受能力。大自然中許多出人意料的光影、表面、質感等，促進了這種接受能力。

我清楚記得我還是小孩時，一天早上我走出後院去，就像往日一樣。不過在這一天，遇到一個昨日尚未有的東西：從鄰居的

花園裏，一張大臉在籬笆頂凝視着我。她是一朵美麗的盛放向日葵，似乎在反映着太陽的所有光輝。她好像要越過籬笆尋找朋友似的，我很高興地跑過院子去回應，更加靠近地看她，並細察了她無數的種子螺旋狀排列的設計。這朵花在凋謝前，每當我看到她，便讓我感到愉快。

即使是與自然界這麼細小的接觸，也能幫助孩子發育奇妙感和敬畏感，使他們不斷探索和學習。

對馬歇爾及對許多像他一樣的孩子來說，露營或在自然山徑上徒步，是可怕或沉悶的。開始成為朋友時他已經一早告訴我：「我不做戶外活動。」

馬歇爾逃避運動，因為這使他呼吸沉重，他認為他「會變得太暖」。像我一樣，他在學校被人欺負，是一個格格不入的書呆子。他以大量閱讀，並在競爭活動中勝出來補償。經過幾個月與他父親一起做丹尼遜健腦操®的動作，並參與了家庭和個人的調和，他的父親告訴我，馬歇爾從所未有地開始享受與兄弟姐妹作出戶外玩耍。

艾荷倫·戈德堡（Elkhonen Goldberg）在他突破性的新書《行政管理的腦》（The Executive Brain）闡述了「聰明」（smart）的意思，和前額葉與做決定的關係。他解釋了前額葉如何為我們提供了人際交往的能力和普通常識。例如，解讀形勢的能力；分辨面部表情的含義；並預測各種行動的後果。再進一步探討戈德堡的想法，已經有太多孩子像馬歇爾一樣，被動地「下載」着他們的教育。新

的信息必須與具體的、立體的探索結合，以達致平衡學習。否則，如何能讓孩子學會積極地運用他們的智慧呢？

從瑪麗亞・蒙特梭利（Maria Montessori）到讓・皮亞傑（Jean Piaget），上世紀許多卓越的教育家都確認了，實際的、具體的經驗對孩子感官發育的重要性。腦成像技術驗證了這方面的需要：孩子先獲取對物質世界的實時身體經驗，才會編碼成為信息，最後可以閱讀或談論。然而，新世代的年輕人都受着外來輸入的過多刺激，卻缺乏自身身體智慧的感官輸入。

另一種方式去表達「覺察」，就是「充滿好奇心和互動性」。我們可能還記得，小時候我們自然好問，想去觸摸、察看、聆聽和以其他方式探索世界。丹尼遜健腦操®讓我們把這種自然好奇心及一種不帶批判的友善感，引入我們的經驗中。

蒙特梭利博士教導我們，孩子在這世界上的任務是要發現水是濕的，物質是帶有重量、形狀、體積和質地的。她明白到，如能提供一個環境，讓孩子可以活動其中，並與它的屬性互動，他們自然就會探索這個物質世界。

我們不能假設，現今的孩子對處身大自然的安全感，與對探索大自然的熱愛，會與我們記得的和保留的相同。正如我們所看到的，對許多孩子來說，被動經驗已取代了大自然和後院；他們長時間坐着，面對一個電子版的扭曲現實。平面屏幕所顯示的「現實」是沒有真實屬性的：畫面中沒有重量、質量或質感的。由於成人沒有指導孩子進入自然界的複雜感官信息，許多兒童逐漸失去腦部整合狀態，去好好享受大自然，或與它互動。

面對神經認知功能的瓦解

我亦師亦友的教育家約瑟夫・切爾頓・皮爾斯（Joseph Chilton Pearce）在他的講課和書籍（如：《宇宙蛋的裂縫》〔The Crack in the Cosmic Egg〕、《魔幻的孩子》〔Magical Child〕、《進化的結束》〔Evolution's End〕和《物質生命以外的生物學》〔The Biology of Transcendence〕），介紹我們的孩子如何沒有發育自己的感知。

皮爾斯博士在一九九九年接受克里斯・梅爾科利亞諾（Chris Mercogliano）採訪，談到德國心理研究學院為期二十年的研究，每年挑選四千名兒童，他們在六歲之前觀看電視的時數平均已達到五千到六千小時。

皮爾斯解釋說，研究人員發現只是二十年前那麼近期的年輕人，可以在一種顏色類別（如紅色或藍色）內，區分出360種細微的色差。研究結束時，該數值已下降到約130種，色差分辨能力幾乎損失了三分之二。

這就是皮爾斯博士所說的「神經認知功能的瓦解」的一個小例子，正在我們的孩子身上出現。這個德國研究發現了一個更重大的變化：腦子對整個運動覺／感官系統建立交叉索引的能力也在瓦解。換句話說，越來越多孩子的各種感官系統，猶如獨立組件般而不是以協調的整體模式，在腦中運作。

我們在教導孩子依靠不斷的外來刺激嗎？當研究人員把那些由電視撫養的孩子，帶到不含高密度刺激的自然環境時，孩子覺得無

聊和焦慮，變得有暴力傾向。而德國研究中最令人不安的發現是，經過這二十年研究，孩子對自然環境的覺知減少了20%。

皮爾斯解釋說，這結果正符合人類學家瑪西婭·米庫拉克（Marcia Mikulak）於二十世紀八十年代的進化研究。相比起沒有文字和科技的社會的孩子，她發現美國孩子對環境的感官信號認知能力低了20-28.5%。因此，皮爾斯博士引用的德國研究確認了以前的研究結果：兒童接觸了電視和電腦等來源的圖像，受到過多的過度刺激，便欠缺感官技巧。

思想與對生拇指

當我們以傳統的日本方式，用拇指和食指夾着筷子時，我們看到「對生拇指」（the opposable thumb）在運作。如果我們以我們先輩的方式執筆，我們也在使用對生拇指。人類學家的理論認為，對生拇指是人類進化的輝煌成就之一，它的出現與思想、語言，以及把某想法保存在記憶中以長時間作出相關行動的能力，同步發生。然而，在我們的現代西方文化，因為缺乏身體玩耍和其他活躍運動，支持這種功能的神經路徑並沒有得到發育。

我和妻子姬爾在過去二十多年的觀察所得，無論是手執一雙筷子或一支筆，人們不再精確地握着常用工具。取而代之，他們用的是強力手鉗。「強力手鉗」（power grip）和「精確手鉗」（precision grip）這兩個名詞，來自弗蘭克·威爾遜（Frank Wilson）的書《手：如何塑造了大腦、語言和人類的文化》（*The*

Hand: How Its Use Shapes the Brain, Language, and Human Culture）。你想了解有關這主題的一切，這本書都會告訴你。

對生拇指的進化，對應着大腦皮質的額葉而發展。隨之而來的是較高級認知能力，讓我們能創造美感、精確度和藝術。最精緻的人類活動和追求，皆因精確手鉗及在背後支持的精密神經系統，才變為可能。

現在電視、手機、電腦遊戲的流行，加上鍵盤打字的普及，導致年輕人喪失精通書寫藝術的身體技巧。結果是，他們漸漸失去對生拇指和相關技能。

作為教授閱讀的老師，我認為閱讀是一項表達活動，需要語言發育促成的。因此，書寫流暢的能力對於閱讀至關重要。在我的閱讀中心，我們只要教導和鼓勵寫字，那麼閱讀差不多便水到渠成。對生拇指代表了數百萬年的進化，卻看似會在一代人中便消失，我認為是一個災難。

我們必須書寫，並鼓勵孩子們跟隨。書寫和利用對生拇指使用工具，會在腦部構建關鍵神經路徑，是閱讀能力以及關注和理解的綜合運用能力所必須的。

成為有意識的學習者

在兒童可以於學校環境內，利用書寫代碼和符號進行抽象學習之前，他們需要一個基礎，就是實時在空間裏運動所獲得的具體三

維經驗。然而，大多數的學童並未有足夠的基礎運動經驗，令他們可以協調雙眼和雙手，甚或在課室裏舒適端坐；他們仍然在重力中苦苦掙扎地組織自己的身體。儘管他們可能掌握到學業技巧，直到身體和感官的混亂狀態解決了，他們的所有學習都將與身體和感官的混亂狀態相聯繫及記憶在一起。

緊張是現代生活中不可避免的因素。取決於緊張如何被管理，它可以削弱或加強在校的學習經驗；它要麼招致失敗，要麼號召行動。若孩子們被允許犯錯，和覺察自己的緊張徵兆，並通過丹尼遜健腦操®管理緊張，孩子很快就表現出運用緊張獲得好處的智慧，並掌控自己的學習過程。

這些精通於管理緊張的年輕人，也能完善閱讀、書寫和數學的技巧，因為他們能精確掌握這些活動所牽涉的身體運動，就是雙手、雙眼、頭和身體的運動，並把這些運動整合到正常發揮功能的自我裏。

緊張必須被承認，而不是被掃進地毯下埋藏起來，致使孩子可以學習如何處理。因為沒有緊張就沒有樂趣了；樂趣來自在緊張中下功夫，直到掌握各種技巧。這就是為什麼人為樂趣的一個表淺經驗，例如到遊樂園考察旅行，遠遠不及孩子們在一個課堂項目中實現學習目標，過程中克服自己的挑戰，所帶來的深度滿足感。

當我想精通如何寫一個大楷字母「O」，是為了替我的手偶奧斯卡（Oscar）寫名字，這個「O」終於有了真正意義。這讓我聯想到奧斯卡那圓圓的頭，和塑造他時的感覺，以及他上了漆的圓圓眼睛和小圓鼻。現在我終於可以在身體裏經驗一個「O」字，就

是通過摸到木偶身上的「O」，在半空中畫「O」，並感覺到老師在我手上寫了「O」字，於是我很容易地在紙張上寫上一個小而美麗的圓形，並引以自豪。

我當時愉快地成為了一個有意識的學習者，也更主動。我發現了如何投放注意力到我的思維、身體和情緒的狀態上。我正在學習如何關注種種微妙或深刻的變化，使我更舒適、自信和有效地，把我在空間中用上全部感官所經驗到的身體技巧和能力，用實時的線性方式重新排序。

覺察是一種方式，有意圖地把牽涉肌肉和運動的運動覺經驗，聯繫到花時間做好所營造出來的掌握感。作為一種教學工具，覺察提供了一個識別變化的感官基準；也提供了以身體為基礎的結構，為自主學習的發展提供反饋。我當時覺察到自己如何思考、感受或根據腦幹及大腦皮質的指令行動（腦幹控制自動的、習得的和空間整合的功能，大腦皮質負責受控的、未學的、時間序列的能力）。

學習過程中「嘗試」和「直接做」的方面

年輕的時候，我曾經擔任駕駛教師，以支付自己的學費。十八歲的賓（Ben）是個新學生，他第一次開車時，我一定跟他一樣忐忑不安。賓快速和不穩定的動作，有時把我嚇得半死。他會把方向盤快速轉動，或突然大力剎車。我相信他明顯知道這些是錯誤動作，但作為一個初學者，他卻難以抑制。

當我要求賓同時做幾個動作，例如打信號、轉頭往後看和轉動方向盤時，結果經常是混亂和挫敗感。

正如我二年級時在課室試圖寫圓形「O」字一樣，賓試圖加快做出這些個別不同的任務，而不是慢下來。我稱此為「低檔」或「嘗試」階段的學習。當我們過分緊張或受過度刺激，我們便很難進入以空間為基礎的學習過程。我們已經退縮，不再是積極參與者，然後必須強迫自己要嘗試趕上。當我們能夠放鬆回到自己的空間感，事情似乎會慢下來，我們會發現有充足時間來學習新過程。

從多角度看，開車就像我們的生活；這就是為什麼我把一個涉及新思考過程的學習階段稱為「低檔」。開始學駕駛時，我們思考太多而太努力嘗試。每個動作必須緩慢而有條不紊地進行，而且是小心按時間順序地做；各個動作之間少有整合。

我想把這些低檔程序細分成線性步驟，讓賓重複練習。首先他只要舒適地坐在駕駛盤後面，然後從「乘客的視角」轉到「司機的視角」，保持他的注意力集中於前方的道路正中，也即是「大局」。下一步，我教他開始識別轉動方向盤的臂手動作，以及刹車和用離合器時的腿腳動作。

經過足夠的練習，把技巧編碼到記憶後，賓開始可以把這些獨立動作做得更流暢了。他現在已經對頭、背、手和腳在車裏的空間關係有更好的感覺，當他駕車時不再顯得笨拙、不自如和反應過敏。很快他開始感覺到，他的車跟道路上其他車輛的關係。在他的課程結束之前，他開始與其他司機有着自在的目光接觸，感覺他們的意圖以及整體車流。

現在賓能夠將所有經驗細節結合，編排出優雅的動作序列，名為「精通駕駛」。當他已經掌握了這種卓越狀態時，我們慶祝他現在進入駕駛的高檔狀態。他做到了，並感到自豪！

這種慶祝不代表他的線性、低檔、「嘗試」的狀態出了任何問題，因為這是學習的一個自然部分。語言的目的，是讓新穎變成熟悉。在駕駛時，這種低檔、一步步的過程絕對重要，在有需要時可以做到精密與準確。當需要做出經過量度、思考的舉動，例如泊車、倒退、正確轉彎等，司機便可以用上這種低檔過程。

最好的駕駛要求基本技巧自動化，以騰空我們的分辨能力，來進行有意識行動和做決定，微調駕駛的過程。人生的旅途差不多：我們的運動模式越是整合和自動，便越能小心關注當下的經驗，把它與過去的經驗聯繫起來，預計前路通往哪裏，並適當地運用新學。

這種自動的、高檔的、踐行的思維狀態，給人一種確定感，一種不含有懷疑的正向特質。這是一種輕易及熱心的狀態，當中一個安全和習慣了的結構已建立，而新材料可以容易地加上去，以擴大某主題範圍內的技巧或知識。只要你珍視你這輛「車」，妥當地保養和操作它，兼且你是在一個熟悉的區域裏，你便可以處身在一種愉快、輕鬆的接收狀態中，打開自己迎接新經驗，好好享受駕駛了。

當生命在新情境中遭遇新挑戰時，我們可以重新進入一個更加線性、低檔的學習狀態，以達到精通掌握的新水平。也許會有彎路，或者碰到障礙，令我們舒適的結構暫時受到威脅，使我們必須

把所有資源集中在新穎的情況上。我們掌握情況，分析現有數據，分辨已知和未知，得出有根據的推測。在經驗一些優柔寡斷和猶豫不決的過程中，漸漸聚焦在一個解決方案上。

隨着我們減低不確定性時，身體和思想重獲結構和平衡。這是恢復穩定時產生的興奮，源自成就和連貫性。當肌張力從緊縮搖擺到放鬆時，我們可能會感到欣快的愉悅。

像學習駕駛一樣，有意識的生活、思想和學習，讓我們體驗精通掌握技術的愉悅。我們用低檔狀態來控制車輛轉彎或在有點堵的交通流中慢駛。通過放慢，我們才可以成為身體的主人。學習的時候，我們有多能夠停下來問問題、好好努力、流下該流的眼淚、堅守直至工作完成，便有多能夠精通熟練，包括與已知的連繫並不明顯的那些時候。

人類有着不同的身體類型，和面對着不同的情景，因此並非每個人都把同類的生命體驗聯繫到高檔狀態去。因為太多人一早就學會了對外導向，我們可能需要長時間才能學會高檔狀態的放鬆；重拾對內在選擇的感應可能需要耐性，卻是非常值得這樣花功夫。

正如賓的情況一樣，在我們的學習中，發揮潛能的關鍵在於能適當地自動接通高檔的踐行狀態和低檔的嘗試狀態。熟練的學習者在探索新學時，會進入輕易的狀態，面對目標、期限和承諾時感到有挑戰及受激勵。對於他們來說，緊張很少會惡化成搏鬥／逃跑反應，因為舒適、自動的運動和學習，提供了背景以停下來思考手頭上的新任務。在理想的情況下，分析、提問或質疑（低檔狀態）的需要，主要在這個我稱之為高檔狀態的熟悉結構中發生。

讓我分享一個例子，稱為「展臂鬆肩」的動作，是我最喜歡的丹尼遜健腦操®運動之一。

「展臂鬆肩」

花一點時間覺察你的脖子和雙肩，你覺得有繃緊嗎？你的雙手和雙臂感到輕鬆嗎？你的手指有繃緊嗎？手指有多溫暖或冰涼？

左臂高舉過頭，感覺它從肋骨放長，右手扶在左肘對下的位置。然後以等長拉鬆的運動方式，在以下四個位置上都花數秒來激活左臂：向外離開頭部、向前、向後、向內靠往耳朵。然後左臂鬆垂，放在身旁。

現在站着讓雙臂舒適地垂在身側，你覺察到剛剛激活的左臂和左肩有什麼不同嗎？兩側臂肩相比哪邊比較放鬆、靈活和溫暖？比較兩隻手臂覺得怎樣？會不會有一側覺得比較長呢？你對已激活的左臂的覺察，為你提供有關已學和熟悉的高檔信息；而對未激活的右臂的覺察，則告訴你未學和陌生的低檔信息。如果你現在用已激活的手臂去學寫「O」字母（即使這不是你常用的執筆手），你臂肩的開放會反映在你所寫的「O」上。

「展臂鬆肩」

如果你覺察到不同，你剛經驗到的是，當大肌肉運動先於小肌肉運動發生時，小肌肉控制會覺得更自由與更少受局限。

現正用另一隻手臂重複「展臂鬆肩」的動作，花一點時間覺察有沒有經驗到更多的改變。也許你的呼吸更深了，或思維更清晰了，或視覺更敏銳了。你兩側肩膀現在更放鬆或是更水平嗎？

教導如何滋養覺知

我們都是通過覺察什麼是可行及不可行，來學習思考、閱讀和書寫。不幸的是，我們很多人只覺察什麼是其他人認為是可行的，並非生理系統內對自己的真正可行。然而，我們仍然可以（無論是迅速地或逐漸地）開始改變我們的參照點，轉移到覺察自己的運動經驗，以提供一個背景去接收新學。

在教育領域裏，自我覺察被稱為「有一個中央控制點」。這是自發或自主學習的重要技巧，意味着你可以自己判斷，自己在真正學習，還是在塞信息進去（故此很大機會令自己緊張到很快就再次忘記）。

覺察是每個人都需要學習到熟練的能力。對於某些孩子來說，掌握覺察技巧需要接受教導。當孩子緊張起來，由於過度刺激或退縮而肌肉繃緊，他們不能足夠放鬆去感覺自己如何活動。沒有覺知到自己如何活動雙眼、雙手和整個身體，他們不能學會發動自己的學習過程。

教師和家長們需要不時騰出短暫的空檔時間，來幫助年輕學習者：（1）覺察自己是怎樣學習的；（2）辨識自己何時習得新學了；（3）確定學會了什麼；以及（4）預想下一個學習步驟可能是什麼。（這四種覺察不會同時發生，否則會令人感覺難以應付，而是適時在不同時間出現。）

有一點也是重要的，就是教師和家長需要分辨學生什麼已學會了、已在記憶中刪除或只是代價。（例如，我知道我還未能學會寫一個圓形的「O」。如果當時能聽到老師一個輕鬆的肯定，說我仍然在學習階段時，我會感到釋懷和感恩。）在每一個發育階段，我們鼓勵孩子們越多覺察、做選擇和主動參與，我們是越多支持他們發育出做成熟決定的能力。

我們即將看到的是，這一切的覺察全部都是前額葉的管轄範圍。

做「展臂鬆肩」時你大概已經覺察到，當我們只是在比較兩個或更多的情況時，覺察是容易的。舉例來說，**執筆是用右手或左手比較舒服呢？**我利用這個例子來進一步說明，所有學習如何都涉及覺察：即使幼兒也有偏好用其中一隻手去拿撥浪鼓，因為他們已經覺察到那一側的運動控制更舒適或更輕易。

對於一些人來說，認識到覺察是學習的固有元素，已經是邁向自由的一大步了，有一位丹尼遜健腦操®課程的參加者說：「我不用一遍又一遍地重複相同行為了。我可以覺察我剛做了什麼，然後實驗做別的事！」

我的很多學員驚訝地發現，成年期許多的緊張與失衡，都可以追溯到童年時的學習過程。配合適當的丹尼遜健腦操®動作，很多人只需用上一次個案調和，便可以把無效的應對策略改掉，其餘的人則可能需要更長時間。我堅定地做，讓所有人成為孩子們的模範，如何通過玩耍和運動去學習。讓我們教導他們，如何可以沒有激活搏鬥 — 逃跑反應而進行學習！

前額葉和覺察的橋樑

前額葉皮質（大腦皮質的額葉）保有着我們人性的本質，就是自我覺知的能力，對我們的學習和成長至關重要。當我們可以目睹及評估自己的行為，或看到他人的正向行為並加以仿效，我們可以做出重要的個人選擇，也能相對地「掌管」自己的生命和學習。

前額葉在眼睛以上的位置，在大腦皮層前部，佔30%。它有許多名稱，如前腦、額葉和前額葉等等。腦部研究員保羅·麥克萊恩（Paul Maclean）稱這部分為「天使的腦葉」，並把愛心、慈悲、同理心與諒解等美德歸屬於它。

前額葉控制工作記憶，讓人與動物可以同時記住幾個信息，並調節執行功能，如規劃、控制情緒和行為。這腦部的「覺察」部分，讓我們學習新東西，並轉移到長期記憶中，或從長期記憶中提取類似的學習經驗以進行比較或與新學結合。

在教育肌應學的作品中，我的妻子兼合作夥伴姬爾最先以功能的角度描述前額葉，就是建立接通我們經驗中的感官元素的神經橋樑，稱之為「覺察的橋樑」。

前額葉與我們的運動和感官技巧同步發育。這意味着我們發現如何伸出手腳、轉身、溜走、爬行、站立，以至嗅、嚐、摸、看與聽等，無一例外地與我們的情緒有關，即我們與世界聯繫與分離的能力。

我們最深層的條件反射位於腦幹的水平，當中部分與運動的模式和感覺有關。基於覺察是前額葉的活動，覺察我們運動模式這個簡單舉動，本身就是成長前額葉的一個過程，並把它與腦幹整合。

換句話說，前額葉皮質的發育是對運動的反應，在腦部最深處的互相作用中發生；前額葉皮質也是我們成長穿越童年、少年、直到成年的同時，自我覺察自己各方面的結果。

約瑟夫・切爾頓・皮爾斯提出，前額葉到三歲時已經全部就位了。皮爾斯說：理想地，這些結構因應神經互動而持續進化，建立一個「意識的容器」，或一個不斷自我參照過去的覺知狀態的基體。

皮爾斯指出，滋養幼兒最佳地發育出豐富的神經連接，是最最重要的：連接着（在出生後第一年已發育的）額葉最前部位和（在子宮內已發育的）情緒腦最高部位，就是所謂的舊哺乳動物腦。

我們可以說，運動成長了腦部，而前額葉成長了思維。當我們學習去感覺、運動、感受、思考時，我們能夠覺察，並且把這些個人經驗的不同方面編碼。

我們人類跟某些較高級的靈長類動物如猿，一樣有着覺察身邊事物的能力。我們可以用眼盯着或用手握着東西⋯⋯一張臉、一朵花、一隻蜂鳥，並說：「哇！」這是活着的真正禮物：能夠反思和欣賞我們的生命。

由於覺察的陰暗面包括了批評，我們可以利用來做有益的事，就是花點時間去覺察我們的判斷，而且轉為不帶評判的覺察；以標註事件、模式和感覺為單純是信息的角度，來輕鬆地概覽我們的經驗。

以下的丹尼遜健腦操®動作，使我們能夠把能量和覺知引導到前額葉這個最尖端的神經區域。腦部這個位置跟心臟和玩耍連接緊密到，單純是訂立意圖這個動作，已可以淡化搏鬥 — 逃跑反應。本丹尼遜健腦操®動作所輕按的點，由喬治·古赫特博士（Dr. George Goodheart）發現，並在觸康健®的情緒緊張鬆解點中描述。早期的相關研究表明，通過使用這些觸點，搏鬥 — 逃跑反應可以變為更加有意識和理性的做法。

「正向觸點」

用指尖輕觸眼睛以上、眉毛和髮際之間的中點位置。僅用足夠稍微拉緊皮膚的壓力，保持大約一分鐘的接觸。

在緊張中，前額的額肌是最早收短的其中一塊肌肉，從而限制了神經血流去到額葉的最前區域。如果輕觸額肌令它放鬆的話，其他面部肌肉亦隨之放鬆，神經血流便不再受限。負責理性思考的額葉的血流量增加，滋養和成長了前額葉的神經纖維，有助於防止搏鬥 — 逃跑反應，因此可以學習到應對任何情況的新反應。

最近，某些研究人員實驗用藥物去刺激前額葉，而這個丹尼遜健腦操®動作，則只是單用輕觸來支援前額葉。

真正樂趣之源

直到我們發育前額葉之前，我們的家長、教師和導師必須做好自己的角色，示範如何運用我們稱為「關注」的自我反思和享受生命，把它轉化為好奇心和學習。

我好奇地想知道，在小學二年級，當我掙扎於操控鉛筆繪出圓形的「O」字時，如果墨菲老師（Murphy）懂得運動覺學習，並對我作出相關指導，會有什麼結果？我會不會早已學到適合左撇子的握筆方法或眼、手、紙的位置分佈？或是我是否已經能夠比較各種方法和掌控情況，而不是無奈地落後呢？可能我已經學會以自己的身體技巧評價自己的書寫水平，而不是跟紐芬（Nathan）、西爾維婭（Sylvia）和其他能夠毫不費力地討好老師的同學比較？

　　關注我們自己的思想、感受、肌肉繃緊或其他生理過程，是令我們能夠用不同方法做同樣事情的第一步。如果我在小學二年級認識到丹尼遜健腦操®，我可能已經做了「臥8」（你在第二章學到的動作），所以能感覺到在左視野逆時針畫圓和在右視野順時針畫圓的差異了。若沒有覺察的感官輸入，兩種圓感覺是相同的；但是當我們做完「臥8」，我們可以很容易地感覺到差異。

　　覺察和做決定的能力，以及有足夠自決去創造生命中的改變的能力，就是我所說的真正樂趣之源。這種樂趣來自正向緊張，後者源自我們感到積極投入過程時，而不是過度用力或退出參與。

　　沒有這種真正樂趣，我們可能是找到娛樂，或許是獲得歡樂。但是當其他人在照顧我們，並替我們作出決定時，我們也可能會疑惑，為什麼我們並不快樂。

　　當我們在負向緊張的狀態下學習，我們只是受訓練和建立條件反射。相反，當我們的前額葉有效地運作，它讓我們可以設定目標，有意識地行動，並參與在自己的學習過程中。這種積極的投入和參與，帶給我們創作和動手做的感覺，是滿足感的其中一個關鍵。

第四章

運動如何釋放自我表達

　　我在馬薩諸塞州布魯克林市的家，是一個藝術、想像力和創造力的世界。我在母親製作牽線木偶，常常熬夜去縫製、塗漆、幫木偶穿衣服和設計舞台佈景的過程中，看到了講故事的力量，以及故事如何在想像中開始，然後經文字和心傳心地傳達出去。

　　我一直熱愛現場表演的一切，從後台工作到台上表演到當觀眾。我特別喜歡看到年輕人表演，以自己的方式全力以赴。

奇妙地域

　　多年來我觀賞過很多對象為兒童的製作，我的最愛之一是「綠野仙踪」The Wizard of Oz。柏米拉·居里（Pamela Curlee）是我的好友兼丹尼遜健腦操®導師，曾經邀請我參演名為「奇妙地域」（The Land of Ahhhs）的成年人劇目，在舞台上我與桃樂絲、稻草人、鐵皮人和怯懦獅子的接觸，啟發了以下的隱喻。

　　對我來說，「奇妙地域」是我回家時去的地方。在這裏我們重新與優秀的感官覺知和運動的喜悅聯繫。在我的作品中，這意

味着理解和整合了頭、心和身。整合是通過三個主要範疇和其相應的神經路徑，連接身體前後、左右及上下的區域；我們每天都在這些區域中活動，經驗日常生活。上述的「頭」，意指位於大腦皮質的語言中心；「心」意指我們的情緒，由中腦的生化作用所牽動；「身」表示腦幹的物質結構，承載着感覺－運動的生存系統。

腦部得以進化，是因為我們有一個身體，並非反過來說。新學得以記住，基於它已記錄在我們恆常在感覺的身體裏，用上我們的眼睛、耳朵、觸覺和運動。我們在身體細胞中製造記憶。數千年來，我們都先有具體的身體經驗，然後進行理論化或（牽涉語言或信息系統的）思維探索。欠缺運動，過於抽象或短暫的信息可能難以接通。當我們自由地運動時，我們感官和空間的腦功能才有機會整合新信息，讓我們真正習得所學。

理解丹尼遜健腦操®和它對運動的強調，可能需要你作出範式轉移。因此我想先設置場景，為以後章節中探索的原則創造一個視覺畫面。受柏米拉的「奇妙地域」所啟發，我會借用弗蘭克·鮑姆（L. Frank Baum）的經典兒童故事「綠野仙踪」。

本書為人類擁有碎片化和整合兩個狀態的腦部，恰巧提供了一個美妙和富有想像力的寓言。而「綠野仙踪」像所有優秀的文學作品，告訴我們很多有關生命的事情。

挑戰是變革的催化劑

丹尼遜健腦操®有關於整體狀態和整合過程，所以我希望你會喜歡以下的文字，結合了吸引右腦的寓言和牽動左腦的描述。

試想像，一個年輕姑娘桃樂絲和她的叔叔、嬸嬸住在美國堪薩斯州的平原上。在災難性的一天，龍捲風令天空漆黑一片，捲起了桃樂絲的房子，連同桃樂絲和她的小狗多多在內，一起被吹到一個陌生而神秘的地方，名叫奧茲之地。在這裏住着的小矮人稱為孟奇金人，他們身穿藍衣，頭戴高尖帽子。他們驚訝於桃樂絲的突然出現，尤其是因為她的房子降落並壓死了東方邪惡女巫。一個孟奇金人把邪惡女巫的銀鞋脫下，掃乾淨塵埃，並把鞋交給桃樂絲。

其中一個孟奇金人說：「東方女巫因為這鞋子而感到自豪。鞋子有一股魔力，我們卻從來不知道究竟是什麼。」

桃樂絲啜泣起來。孟奇金人看出她是因為離開了她的家人和家鄉堪薩斯州而悲從中來，便建議她沿着黃磚路到翡翠城，去找或許能夠幫助她的奧茲大巫師。

就像捲走桃樂絲的龍捲風一樣，我們的文字和恐懼有時會帶我們走上緊張的旅程。腎上腺素、皮質醇和其他神經化學物質會傾入我們的血流，尤其當我們思想上越來越飄離我們的心和身體的基礎，就是我們活力的常住地。

自然學習是一個平衡與失衡的不斷循環，當中設定的目標干擾了現狀，帶我們進入擾動的狀態，通過運動把新學重新整合進一個

新結構，然後再受挑戰。在理想的情況下，我們的運動覺智能（我們如何運動和感覺）提供了大本營，以決定我們如何處理空間、思維、情緒和精神的一切信息。由於我們的運動模式是我們如何着手處理並整合新學的基礎，輕鬆學習和創造新結構可以是全腦激活的良性副產品。

我們總是會迎來問題，因為克服挑戰是生命的全部內容。無論在個人或社會層面上，我們都活在一個充滿煩惱和變幻的世界。龍捲風總會來臨，而我們必須要選擇迎頭面對哪一個。幾乎總是這樣：如果我們觀察某人表面上無憂無慮地生活的底層，我們會發現某種形式的困難在延續。這原無不妥：我們生活在一個正在擴大和不斷變化的宇宙，那股激勵我們轉化的力量正是摩擦力。如果沒有東西抗衡着我們，我們怎會學習和成長？

所以，我們可以視人生挑戰為催化劑。它驅使我們活在邊緣上，在那裏我們可以感受到兩邊對立面的張力。從痛楚與苦難到健康與活力、從恐懼與疏離到愛心和慈悲、從貧窮與失敗到成功與富足，我們從這些對立力量的經驗中學習。當我們面對並克服困難時，我們實現了個人發展的飛躍，品嚐到駐紮在這些多樣化元素之間的平衡的精緻人生。在幾十年的期間，我服務了數以千計的顧客。這些不同年齡的人，代表了人類的整個頻譜：從學習遲緩者到資優學員；從幸福的人到活在悲劇和絕望中的人；從書呆子到運動員；從持家的丈夫到營運企業的女強人。環顧整個頻譜，我發現人們是大同小異的。

人們來找我，是因為他們覺得在生命中碰上一個或多個方面的阻力，當中以教育、事業、關係以及財務為最常見，希望我幫他們

找到用新方式行動的關鍵。即使當個案調和需要口譯員，丹尼遜健腦操®本身已經很容易令人明白。我所提供的很簡單：我竭盡所能創造一個背景，令客戶的先天智能和身體智慧可以發揮功能，自然的整合狀態得以重建。當發生這種情況時，客戶並不僅僅是返回先前的自動驅動模式，而是會進展到一個全新的運作水平。這是因為我們是具創造力的人，設計來不斷重構自己。

茱莉的故事：從掙扎到新的活力

我前陣子服務了一個名叫茱莉（Julie）的客戶，她是擁有一家旅行社的單親家長。多年以來，航空公司支付佣金給旅行社，讓後者代售機票予客戶。然而，隨着互聯網的出現，航空公司設了佣金的上限。茱莉說，從前出售一張芝加哥到洛杉磯的頭等機票，可以賺取150美元，但現在只能收到三分之一。她一直掙扎着適應這情況，然而生意依舊虧損。

個案中，茱莉的目標是挽救這個情況，使生意再次興旺。我注意到，當茱莉很着力地談論她的情況，開始時她的頭微微移動好像在說「不」一樣，然後她向各個方向搖擺着整個身體，好像為難題尋找核心主題似的。

運動模式往往可以在一瞬間改變。我認為教育肌應學的調和過程，是我們在日常生活中放慢下來，「凝固」了某個片刻讓我們好好觀察自己的情況。於是我們可以更深入研究，我們正在用什麼運

動模式，來追求我們設定的當前目標。然後，我們從更廣泛的序列中抽取各種資源，營造一些新方法走向這個目標。

身為教育家，經驗告訴我，直到人們可以自己做自己的選擇，或根據自己獨特的需要設定目標，真正的學習不會產生。當我觀察學步幼兒學爬樓梯，或指導運動員完善高爾夫球揮杆時，我看到了在實踐中的覺察技巧。覺察是一種自省能力，有關「我是怎樣做出我在做的？」和「在怎樣做的問題上我的已知和未知」，並觀察自己的經驗。要創造聯想，身體必須感受到新學。好奇的學習者會自發地審視自己的經驗，去覺察哪些新學的元素已經真正整合了，而有哪些仍未被吸收。

運用其中一個我發展出來的覺察技巧，我請茱莉比較兩個運動：首先，曲膝移向地面；然後，挺立延伸向上。我建議她在做每個運動時，都覺察自己的經驗。茱莉告訴我，她覺得自己的感官和動作都很麻木，並與感受不相連接。以這種方式，我們使用運動來檢測茱莉的目標是否與她的身體智慧相匹配，而結果是否定的。在這情況下，茱莉似乎已經與自己的真正慾望和需要失聯。

茱莉學懂了忽略自己身體的信息，令她可以強迫自己繼續，即使已感到疲乏、痛楚或不舒適。她沒有太多切實聆聽身體信息的經驗。她堅決偏好第二個挺立延伸向上的運動，而第一個踏實、穩定的運動似乎令她感到不太舒適。就像碰上龍捲風的桃樂絲，茱莉受困「高處」（左腦看重分析的氛圍）了！

分析是我們發揮功能的一個重要成分。我們需要有區別的能力，從我們的經驗中理出意義，在我們發展新技巧時沿途組合及運

用它們。不幸地，分析性思維支配了現代世界，順道帶來了過多的問題。過度分析其實是一種憂慮，這使我們暈頭轉向，脫離了身體智慧的平衡和清晰度。

經過了一點點指導後，茱莉發現了一個內含更多活力的目標：她真正願意的是以更多的輕易和喜悅去賺錢。她覺得精力耗盡，而且厭惡目前的情況，但沒能力採取創造性行動。茱莉覺得她在瘋狂地嘗試更用力推動石磨，指望每日終結時會有多一丁點玉米被磨成粉。

當我們使用大腦皮質，即腦部的思考部分，但排除了感受時，我們通常會從左腦的分析狀態，跳至可以源自右額葉的判斷狀態。這時我們會覺得卡住，無法作出決定。這種循環往往會導致沮喪、憤怒和壓抑。

然而，當我們尊重我們的感受，右額葉接通到相關的記憶和運動經驗，從而提供了神經連接到左額葉與可能性的感覺，給予我們欣快的驚歎；不只是因為做了選擇，也是因為那個選擇選擇了我們。

調和後，茱莉告訴我，在我辦公室內隨意散步，赤腳的足底與地面接觸的感覺有多好。那一刻她以一個全新的角度看待她的情況。她的旅行社位於市中心，如果要生存的話一定得在那裏。她突然清楚醒悟，她不再想掙扎。她已忍受夠那些緊張的旅客作出不合理的要求。那個當下她重新連接到一直以來的夢想，就是享受本州的更鄉郊生活，地處數小時車程的北方。

我再與茱莉傾談時，她告訴了我一個動人故事。她在沿海山區一間著名酒店和水療中心的人力資源部找到工作。她熱愛這工作，和女兒在這古樸小鎮的生活非常快樂，她從前只是以遊客身份來過這小鎮觀光。茱莉在營運旅行社時所學到的許多技能，例如人員僱用和人事管理、旅遊業的知識等，在這個新的、令人生積極的環境裏都用上了。一旦接通到自由運動時，她不再墨守成規，能夠保存還可用的過去絲線，來編織一個美好的新生活模式。

茱莉的故事讓我想起，當龍捲風捲起我們，把我們帶到不熟悉的領域，就是當我們不可以再依靠我們的舊範式和假設時，真正突破的時候便來臨了。但若我們處於碎片化的情況，無法接通我們的感官資源時，我們便無法做到。

稻草人：我們如何溝通

當左右腦與身體其他部分一起合作，無論是口語或文字溝通都會變得更清晰和更充滿活力。在我們的作品中，姬爾和我稱這個左右側互動為兩側範疇。

中場是兩側的共用區域。在這裏我們的雙手協調做事，我們的兩側視野及兩側聽野重疊，讓紙筆技巧和其他涉及手眼協調的創意性任務更輕易。要充分利用中場，取決於位處我們身體中央或核心的姿勢覺知感。

當左右側的整合有所改善時，兩側腦半球之間的溝通會變得更自動自發，我們能夠更輕易在中場工作。因此，那負責表達和分析

（通常是左側）的腦，會與主力接收和完形（通常是右側）的腦更協同地工作，意味着我們可以從整體到部分去思考，反之亦然。這充實的整合把我們帶往那奇妙地域。

說回桃樂絲。她在往翡翠城的途中，遇到一個稻草人對她眨眼和說話。她感到很詫異，便問稻草人知否往翡翠城的路。他的答案是「不知道，其實我什麼都不知道。妳看，我塞滿了草，所以我根本沒有腦袋。」桃樂絲邀請他陪她去見偉大的奧茲，或許可以給稻草人一個腦袋。

當桃樂絲的稻草人思考和說話時，他的臂、腿和頭會向所有方向擺動。在一個現場表演中，我曾經觀賞過由兒童演出的「綠野仙踪」，我特別喜歡那稻草人的滑稽動作。扮演這角色的小演員原是高手體操運動員，當他跌撞、舞動、旋轉、扭動，總是不知怎樣避開了用上身體中場和核心姿勢肌，那是兩側可以協調的區域，因此為稻草人帶來了生命。

我們的動作和姿勢中含有大量信息。我們有時會覺得很難維持身體直立，或認識某些兒童或成人頭部歪斜、重心壓在單腿上站立、彎身手肘支撐，或是避免進入中場，不知不覺間避開了身體聚中。

稻草人看似在尋找一個推理的腦子，但我們很快看到，他已經有一個。當桃樂絲的黃磚路轉入一片茂密的黑森林時，是稻草人使用令人欽佩的邏輯判斷出他們應該繼續前進。因此，他真正需要的是學會以整合的方式運用他的全腦。

「如果這條路一直延伸進去，必定會重新出來。」稻草人說：「翡翠城是在路的彼端，無論它引領我們經過哪兒，我們都必須跟隨。」

桃樂絲說：「任何人都知道。」

稻草人回應：「當然，所以我知道呀！如果需要動腦筋才能弄明白的話，我早就不會這樣說。」

在他們餘下的旅途中，稻草人推理出諸般結論，往往在桃樂絲考慮到前，已構思出最佳做法。

鐵皮人：我們如何參與

除了左右的兩側範疇，身體亦有一個前後的系統，姬爾和我稱之為專注範疇，負責協調後腦的腦幹和前額的前額葉。它代表身體前後之間的關係，還主理我們在感知到不安全的情況下退縮，或解讀到一個陌生的情況下冒險學習新東西的能力。當腦部的前、後區域和身體的其餘部分一起工作時，我們便能夠以生命的積極參與者的身份表達自己。

專注是持續注意的關鍵，亦即是專心、預期和理解。前後系統在平衡狀態時，會為我們提供了專注、注意，和我們所需的肌肉覺知，使我們有靈活性和輕易的功能發揮。然後，我們可以成為生命的完全參與者，而且我們越積極參與，生命便越加充滿意義。

　　我們越從生命中退出，就越難找到意義。這個退縮系統的一部分，形象地被稱為護腱反射。這是一種反射，感知到危險的時候，會自動收緊背部所有的肌腱，以防止肌肉撕裂或過度伸展。這個內在的「守衛」或「戰士」，對於我們的個人疆界高度敏感，能夠根據需要引起我們注意，讓我們保衛或退縮躲起來，以保安全。受過度刺激時，同一個系統會令我們過度警惕，進入姿勢僵化的狀態，無法放鬆和恢復平衡，或無法柔軟下來，感受身體感覺的愉悅，包括運動帶給我們的空間覺知感。

　　在她的旅程中，桃樂絲接着遇到了想尋找心的鐵皮人。他常常哭，關節容易生鏽，顯示了護腱反射的作用。由此他背部繃緊，在危險時保持剛硬和強壯。這個有用的反射對生存非常重要，但往往會成為慣性反應。

　　結果是，我們變得不靈活，無法跟着不斷變化的情況一起流動。然後，我們可能很難做出選擇，跳出固有框架來思考。護腱反射與恐懼關聯，阻礙着與內心情緒的接通，那是我們創意和靈感的源泉。丹尼遜健腦操®可以幫助我們鬆解這種反射行為，讓我們釋放恐懼，並與我們由心反映出來的真正本質接觸。

　　有節奏的心擁有組織能力，協調腦部的前、後區域和身體的其餘部分，柔化護腱反射，使我們能夠回應我們的環境，而不是捍衛或反應。

　　鐵皮人告訴稻草人，他惦念他的心多於他的腦袋。稻草人說：「一樣！我希望得到的是腦袋而不是心；蠢材即使有心，也不知道可以怎樣用它。」

鐵皮人回答：「我選擇要一個心。腦袋不會使人快樂，而幸福是世界上最好的東西。」

懦弱的獅子：我們如何穩定下來

第三個範疇是上下系統，整合了頭和心，令我們接通身體智慧和內在智能。

對應這個範疇，桃樂絲和她的同伴們隨後遇到了懦弱的獅子。他是一位可愛的人物，加入了桃樂絲的行列，希望偉大的奧茲會給他勇氣。這夥朋友來到一個海灣，寬闊得難以跨越，只有獅子有機會做到，所以他決定跳下去試一試。這樣做獅子要冒很大的風險，顯露出無可爭辯的勇氣。最後，他能夠把他的朋友們逐一運到對岸。與稻草人不一樣，獅子無法避開中線來到處跌碰；不像鐵皮人，他無法鎖住膝蓋，堅守疆界以保持安全感；獅子也缺乏前庭平衡，一種對空間中的位置的天生感覺。獅子有的是一個奇妙的情感脆弱性；他活在自己心裏。他天生擁有強烈的運動覺智能（他身上的肌肉活力），令他細緻地知道森林和周邊區域的地圖。懦弱的獅子向我們展示了如何在感受的能量裏保持守中，去保護和擁護我們由衷的夢想。

我們容許的話，運動覺智慧保持我們的呼吸和痊癒功能，讓我們的器官以令人驚歎的身體智慧發揮功能，而且是我們如何組織一切學習的基礎。就是我們的運動覺智能讓我們感到腳踏實地，從而可以追逐夢想。感受的推動力是勇氣的核心組件。我們可以感受到

要做什麼，知道怎樣做，也有身體能力去做，但如果我們缺乏推動力，即使是最突出的計劃也不會有什麼成果。如果獅子的關心沒有比他的恐懼更強，他的旅伴仍只能一直滯留在海灣錯的一邊呆等。懦弱的獅子向我們展示了如何表達我們的嗓音和勇氣。

思維、心臟和身體的合作

桃樂絲、多多、稻草人、鐵皮人和懦弱的獅子往翡翠城的旅途上遇到許多障礙。在某處有河流切斷了道路，旅伴們必須共同努力找到一種方式過河。稻草人想到了一個合理的計劃，並由桃樂絲的三位英雄合作執行。先由鐵皮人全心全意地伐樹造筏；當旅伴們用木筏過河時，一股強力水流開始沖走他們；懦弱的獅子便勇敢地跳入水中，鐵皮人幫忙扯着獅子尾巴，獅子便拉着木筏直至安全。

思維、心臟和身體也須這樣共同努力，以理性、專注和感受去克服生命呈現的這些障礙。事實上，障礙被擺放於沿路上的準確位置，正正為了我們可以學習如何開發和整合天賦才智。當我們學習怎樣啟動和協調我們存在的不同方面時，生命便為我們而流動。丹尼遜健腦操®就在這裏進場：它提供了實現整合的實用工具，雖然是很簡單，然而真正有效。

通過丹尼遜健腦操®的調和過程，我們每人都可以探索和匯集這三個運動範疇的我們的獨特組合：有關溝通的兩側範疇；有關理解和意義的專注範疇；有關心臟和激情的守中範疇。以此我們將發現更全面、更豐富的生命在等待着我們。

在這個組合裏有一個必要的元素是意向，黏合了所有其他元素。「綠野仙踪」的旅伴們有一個共同目標：找到偉大的奧茲和得到療癒。稻草人想要腦子，鐵皮人渴望一個心，懦弱的獅子在找勇氣，而桃樂絲追求最大的療癒，便是回家。是意向的力量，把他們組合成為隊伍。

意向所帶來的遠比這更多。當我們定向朝着目標時，我們已經把實現我們意向的力量聯動起來。雖然旅伴們沒有意識到這一點，他們每一位其實已經擁有他們想尋找的東西。稻草人幾乎是哲學家了，鐵皮人是慈悲心的典範，獅子原是英勇的，而在桃樂絲身上已有東西可以帶她回家。像一塊磁鐵，意向有力量從我們的內在引出我們需要的素質以達成目標。我們只需要踏出第一步，然後各式支援自會來到面前。

意向來自額葉，連接了前後腦，幫助我們看到我們想去的地方。我建議學員以設定意向去組織他們一整條命。畢竟，如果你不知道你的目的地，你如何去到那裏呢？

我們如何組織思想、言談或行動，取決於如何通過心來平衡相關反射。神經組織與守中範疇相關，後者又與身體的上下互連相關。守中的相關反射由中腦管轄，這個腦區在思考的大腦皮質和做反應的腦幹之間，營造一種關係感。

稻草人認為，一個人的思維不好，便不會知道怎樣用他的心，這也有部分的真理。你可能知道有些人對貧困或不公義有強烈的情緒反應，但始終未能採取有效行動。當我們的心沒有方向時，我們的慈悲和同情可能幫不上忙，即使面對的是我們最親近的人。

　　另一方面，關於心的功能只限於情緒中心，當代科學已超越了這觀念。正如我們將會在第七章看到，心實際上是智能的中心，調頻到一種真實和廣闊的境界，雖然意識看不到。當我們跟隨這微妙智能的提示時，我們走往的方向，是思維可能會考慮但永遠不能確定的。因此，在一個非常具體的方式下，心實際上也是一種腦。

　　我任職旅行社的客戶茱莉，是依循了心的智能，連根拔起了舊生活，開展了一個全新歷險。她當然也運用了理智，它確認了心所知道的：該計劃是可行的，並有大機會可以做好。茱莉的思維還策劃和執行了整個過程，把屋子和公司賣掉，然後搬遷。可是，是心的情緒驅動的動機，讓她深刻地知道，她做了一個正確的行動。

　　分析性的思考本身是一個寶貴的、不可缺少的人類才智，用來建房子、運作政府、探索宇宙，令科技時代可以成為事實。當分析性思考支配我們，不再以應有的方式運用，困難便出現。應有的方式是：它以平衡的方式，與身體與思維系統的其餘部分合作。當分析性思考控制了我們的個人和社會，它可以變得機械化和無情。然而，一旦分析性思考與我們的智慧取得平衡時，便是奇妙的工具。

　　概括來說，我們確實需要用腦來執行心的計劃，並確認其建議的有效性。若只得一個心，我們會感覺到需要做什麼，但不知道如何做到。與此同時，一個沒有心的腦，只會造就一個空虛的、沒有方向的存在。

　　由心主導的目的會為我們的生命帶來喜悅，所以鐵皮人說心使人幸福的話也有道理。這是熱情的來源；如果心遺落在外，生活會變得沉悶和平庸。

召喚個人力量

旅伴們終於到達翡翠城，與偉大的奧茲會面，他分別接見了各人。旅伴們每個人都看到奧茲有不同的偽裝，分別是：一個巨大的頭、一位可愛的女士、一頭可怕的野獸和一個火球。但奧茲拒絕實現他們任何願望，除非旅伴們完成了幾乎不可能完成的任務：摧毀西方邪惡女巫。

他們朝着女巫地盤的方向而去，但女巫早已看到他們，並施展了詭計：稻草人和鐵皮人被驅散在郊野，獅子被拴在巫婆的戰車上，桃樂絲變成了女巫的奴隸。桃樂絲不知道的是，其實女巫是傷害不到她的。相反，女巫本人是極其脆弱的，因為水會融化她。桃樂絲意外發現了秘密，女巫便死了。

桃樂絲現在能夠根據自己的目的，驅使女巫的最強有力的盟友飛天猴子。她指示他們運載她和旅伴們回到翡翠城去。

生命要求我們面對最深的恐懼。當我們這樣做時，我們會發現恐懼本身並沒有自己的力量，它只是盜用了理應屬於我們的力量。當桃樂絲面對女巫時，女巫融化了，因為無法抵抗善良和天真。

回家

偉大的奧茲被揭露了原來是一個迷路小伙子，在很多年前流落在這個陌生國度。他無法協助旅伴們，但意識到他們並不需要，

因為他們已經擁有他們渴求的屬性了，他便假裝成全他們的意願。他把別針和縫針填滿了稻草人的頭，用稻草裹好；他用絲綢包着鋸屑木碎，給鐵皮人造了一個心；他給獅子喝了綠色的液體，傳他勇氣。

桃樂絲的三個同伴，現在相信擁有他們早已擁有的禮物。不過桃樂絲卻另當別論：奧茲不知道怎麼能讓她回到堪薩斯。他告訴她，住在沙漠邊緣的西方善良女巫格琳達可能會知道答案。

四名同伴與多多找到了格琳達，而善良女巫確實幫助了他們。她讓飛天猴子帶稻草人回到翡翠城，在那裏他成為統治者。猴子帶鐵皮人到閃爍之地（精巧的工匠和金匠的所在地），他們想鐵皮人做他們的領袖。獅子回到了自己應有的位置，便是森林之王。

只剩下桃樂絲，她仍然試圖要回堪薩斯去，善良女巫告訴她需要知道的秘密。

善良女巫說：「銀鞋子有着神奇的力量！最奇妙的事情是銀鞋子只需妳走三步，便可以帶妳到世界上任何地方，走每一步時都要眨一眨眼。」

這就是故事的結局：思維、心臟和身體都各有管轄範圍。思維統治首都；心臟領導冶金之地；身體管理荒野、未被馴服的地區。在奧茲之地，每種才智重獲自身力量和國度，得以和諧合作的結果是，已經成為完全整合的人的桃樂絲，現在可以用鞋跟踢地發出拍答的聲音，便踩着她的銀鞋回家了。

丹尼遜健腦操®的故事具有相同的圓滿結局，我們激活腦子，並連接到心臟去；我們強化意向和目的，把新學錨定在身體裏。結果是，我們更充分地成為我們早已如此的自己：自由實現潛能的好奇學習者。

當我們回到身體裏（回家了），我們的生命有了目標，便可以簡單地鞋跟踢地拍答一聲，把奇妙地域的魔法、心和學習的感官愉悅，帶進我們的身體這個家。

第五章

腦功能的身體接通

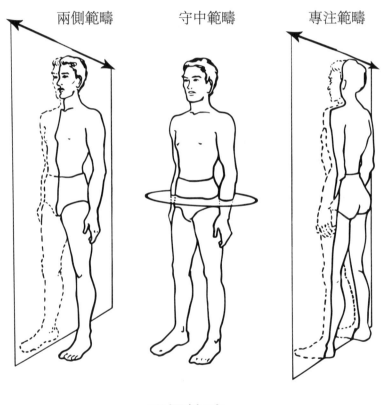

兩側範疇　　　守中範疇　　　專注範疇

三個範疇

　　像稻草人、鐵皮人和懦弱的獅子，所有人都需要腦子、心臟
和勇氣。我們全部人都需要能力接通運動的三個範疇，並在其中

發揮功能：左右運動以接通腦部（兩側範疇）；上下運動以接通心臟（守中範疇）；前後運動以接通勇氣（專注範疇）。這些簡單的運動模式可以幫助我們在空間中保持平衡，並提供我們所有更高級功能的神經基礎。在這一章中，我們將深入探討這三個範疇。

兩側範疇

幾千年來，我們人類已經發展了一種卓越的技巧，就是我們能夠集中注意力，在空間裏以身體置中作為思維的穩定基座，協調兩側聽覺渠道的同時，在中場使用我們的雙手和雙眼。我們的兩側範疇牽涉到從左到右、從右到左的動作，和輕易、舒適地跨越身體垂直中線的能力。當我們的左右腦半球合作起來，我們有能力進行溝通和使用工具，通過書寫或繪畫記錄我們的思想或設計，並通過閱讀去探討別人的思想或意象。

我們的兩側中場是左右的視野、聽野和運動覺範圍重疊的空間，允許我們使用對側和雙側運動，以及把影像和語言糅合以聆聽、思考和說話。當左右視野相遇，它給予我們景深感知和視覺世界的美麗和即時性；當左右聽野融合，使我們接收到語言溝通和聲音的豐富信息；當我們在中場協調雙手，我們可以觸摸，用工具創作，以及與環境進行互動。

兩側範疇使我們的經驗變得熟悉，並創造我們生命的意義。它讓內在自語成為可能；內在自語是一種能力，把我們的感官和空間經驗，以線性及時間排序的方式編碼和溝通出去，使我們可

以在以後重溫體驗。我們的已編碼文字勾起所有材料以供回憶。我們有多輕易地思考、閱讀、說話、聆聽、書寫（其實也包括任何的溝通技巧）提供了線索，告訴我們有多良好地接通兩側範疇去接收和表達信息。

似非而是地，這些微妙的、牽涉到小肌肉運動的、有關溝通的較高等腦功能，由左右腦半球所理解和發育，在早期人類中則負責控制大肌肉的兩側運動。千百年來，作為游牧民族、獵人和農夫，我們的對側運動（尤其是我們的走路或跑步）是我們的主要運動模式，去訓練我們同時使用兩側腦半球和兩側身體。

同時接通我們的理性、線性、語言中介的邏輯腦（通常是左腦）素質，和象徵性、空間和直覺的完形腦（一般是右腦）過程，是一種複雜的能力。教育肌應學最着重的是這種接通，有賴我們通過運動去創建強大而活躍的兩側橋樑，就是連接兩側腦半球和其相應身體部分的神經路徑。

「交叉爬行」也許是人類經驗兩側整合的理想運動，因為它要求兩側腦半球及左右臂腿，都以特定時間序列有節奏地合作。

持續數週或數月做「交叉爬行」運動，有助於恢復或發展人體運動模式的三個關鍵要素：核心姿勢覺知、肌肉本體感覺及前庭平衡。像稻草人一樣，我們需要姿勢覺知（我們對核心姿勢肌的感知），令我們可以直立；像鐵皮人，我們需要肌肉本體感覺，來進行流暢、靈活和協調的運動；和懦弱的獅子一樣，我們需要前庭平衡，來保持平衡。在我們祖父母年代更容易出現的全腦學習，取決於這三個要素，去提供全身運動的背景。這背景接着支持小肌肉運動技巧，是閱讀和書寫這些較高等學習活動所必須的。

坐着做「交叉爬行」

你想經驗「交叉爬行」
為你帶來放鬆和恢復活力嗎？
讓我們做一個坐着的版本。同
時抬起你的右手和左腿，輕拍
左膝以上的位置。把手腿放回
靜息位置後，抬起你的左手和
右腿，輕觸對側膝蓋以上的位
置。以這模式來回做一分鐘左
右，就像有節奏地走路。

現在雙腳平放地上，休息
片刻。你已經同時激活了你的
兩側腦半球，你經驗到什麼？

「交叉爬行」

丹尼遜兩側重塑

幫助人們協調思想和行動的「交叉爬行」，是由運動皮質學回
來和做出來的，經過持續練習可以變為自動化。在我的作品中，較
為人知的程序叫丹尼遜兩側重塑（DLR）。使用過後，人們可以更
容易享受到「交叉爬行」的好處，而且經常可以單次體驗就拿到。

在兩側重塑中，我們用五步驟調和程序作背景，
以一個特定模式進行交叉爬行和同側爬行（單側
運動）的運動。

　　同側爬行是提起身體同側的臂腿，而不是
「交叉爬行」的提起對側。小腦是腦幹的運動
調節器，負責控制更原始的同側爬行。反射性的
同側爬行是平行做的運動，每次動作由同一側的
肢體做出來。因此，沒有像「交叉爬行」般接通
全腦整合。一旦學到了「交叉爬行」並變為自動
化（已整合），我發現同側爬行會誘發一個更整
合的平行過程，幫助人們在流暢的雙側背景下，
同時思考和活動的過程中，得以在剎那間停下來
思考。

「交叉爬行」

　　在理想的情況下，跨越兩側的左右整合在
嬰兒大約九個月時自然發育出來。當時嬰兒結合
幾個以前學會的嬰幼反射，如抬頭雙眼注視，以
協調對側臂腿來爬行。

　　然而現今的孩子們往往錯過了整合嬰幼反
射的機會。他們不再像從前的嬰兒一樣，可以
自由翻滾、趴着滑動、爬行、玩耍，最後跑來
跑去。這些都是正常的運動經驗，生理上為特
定目的而設：腦部成長。

「同側爬行」

　　問題是，他們太多受限於遊戲圍欄和學步車。此外，許多兒童不是母乳餵養的。哺乳是一個自然過程，刺激孩子關鍵的單側反射，以及雙側協調。嬰兒鞦韆和嬰兒籃的約束、電視閃爍（現在許多兩歲或以下的孩子的臥室中都可找到電視）的鎮靜作用、幼兒園及小學的刺激貧瘠環境，全部都有助於減弱跨側反射。

　　丹尼遜兩側重塑對人生很有益處。當我們的神經系統第一反應是逃離緊張時，我們便進入退行性生存模式，被稱為同側或平行的處理狀態。同側爬行成為我們的自動反應，我們可能會一整天沿用這種單側運動，沒有多想，但同時又奇怪於我們總是覺得如此倉促、碎片化和散漫。

　　當兩側重塑重設我們用「交叉爬行」為默認運動模式時，我們對感知到的緊張會有不同反應。「交叉爬行」用上整個身體的兩側，包括腦子的大腦皮質，把他們整合成一個運動中的 X。左臂和右腿形成 X 其中一條斜線，右臂和左腿形成另一條。

　　懷爾德・彭菲爾德醫生（Wilder Penfield）是腦外科的先驅。他發現用電極刺激病人腦部的不同區域時，病人會不由自主地移動眼睛，離開受刺激的腦區。當運動皮質被激活時，眼睛會移往下；腦幹受刺激時，眼睛會移往上。

　　當一個人做「交叉爬行」時，若感到有挑戰，我便能立即看出來，因為他或她運動時必須往下看，也必須用視覺、自覺地引導「交叉爬行」的動作，確認了彭菲爾德醫生的發現。這標示出緊張狀態，當中「交叉爬行」並未習得和非自動的，而對 X 的感覺並沒有錨定在身體的核心位置。全腦學習的整合，只能在腦幹水

平習得並自動化。丹尼遜健腦操®中一個關鍵概念是，只有當我們用這種全腦的方式運動時，我們才可以開始接通自己的全部潛力。

丹尼遜兩側重塑在操作中

來自澳大利亞珀斯市的保拉老遠來見我。她從我的第一本書《激活》（Switching On）中讀到了「交叉爬行」，並希望最終她會學懂這個從來沒能做到的運動。我訴說保拉的故事，因為她是發育遲緩的極端例子，正好闡述丹尼遜兩側重塑的潛在好處。

我注意到，保拉看起來像是受了永恆的驚嚇，她似乎已經忘卻如何進入正常的放鬆狀態。她說，同側爬行（同時提起身體同側的臂腿，然後切換到另一側）對她來說是一種情趣，因為她不需要計劃和思考來做這運動。這項活動模仿驚嚇反射（Moro startle reflex；受驚嚇時雙臂向外揮動的反射），理想地嬰兒在生命的最初幾個月內整合。很明顯，保拉的神經發育停滯在這個階段了。

保拉嘗試做「交叉爬行」時，她甚至不能開始。跨越中線對她來說仍然是陌生的，她似乎很迷茫和困惑。她往下看着膝蓋，一次又一次地抬起相同的臂腿，而不是對側的，苦苦掙扎地想弄清楚。在同側爬行時，她抬頭外望，似乎處身嬰幼兒的幸福感中；接通了她的小腦，但拿不到有意識思維的額外好處，這必須由前額葉的運動皮質提供。

我請保拉閱讀書中的一個段落，發現她閱讀頁面中央位置的文字有困難。她感覺不到中場，甚至閱讀頁面兩邊位置時，也要

用手指指着文字。保拉、她的父親和她的孩子都帶着讀寫障礙的標籤和污名。

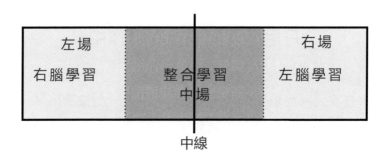

在一九八四年，我創造了「中場」這詞，來形容一個人的感知範圍重疊區。在這個重疊區的中央，我們可以想像一個 X。在這個區內，整體大過所有部分的總和，是中央視覺發生的地方，在這裏我們開發能力，用一隻眼睛學習而沒有同時抑制另一隻。如果我們不學會這些，我們總要避開中場和中線，偏好只用單側工作，而我們的日常經驗將會是平行處理的緊張和功能障礙。

處於緊張時，我們的眼睛會望向外側，搜尋外周的危險。在苦惱時如果有人要我們閱讀，我們只會用非優勢眼，因為人類的首要功能是生存。由於我們的優勢眼正在搜尋危險，這使中央對焦或雙眼合作變成不可能，從而降低我們閱讀和理解的輕易度。

我教導保拉做「交叉爬行」時，提起她的手臂及對側的腿，沿對角線互相靠近，並問她：「當我這樣引導妳時，妳為什麼不向上看，而不是當妳做同側爬行時向下看那樣呢？」我引導她做這模

式三四次，交替引導她的手臂和對側的腿。當我感覺到她在自己做「交叉爬行」時，我放開她的四肢，讓她沒有幫助下獨立地做。

我驚歎：「妳看，保拉！妳做到了！」

保拉往下望，並大聲喊叫：「我是呀！我做到了！」保拉在做着可能是她生命裏的第一次「交叉爬行」。

我建議：「現在讓我們看看，妳的同側爬行發生了什麼事。剛才它還是如此的自動化，而且為你帶來幸福感。」

這一次，不像反射性地做動作，保拉是留心地向下看，還有意圖。我知道她在關注，而且能夠停下來思考她在做什麼。她現在能夠在深思熟慮中做動作，有意識地控制過程。她仍然可以做同側爬行，但不再機械地做。她的運動皮質已圍繞該運動重組，並且明顯地開始覺知到身體在空間中移動。

在重塑之前，保拉反射地做同側爬行，表示她的腦幹（驚嚇反射的位置）在控制。當她同側爬行時激活了腦幹，本能地朝上看，進一步表示她正在原始記憶中尋找求存信息。保拉試圖做「交叉爬行」時，是在使用運動皮質重構相關的運動模式，必須往下看去控制她的姿勢覺知、肌肉的本體感覺和前庭平衡。

我邀請保拉做的眼部運動，讓她在腦幹學習「交叉爬行」動作的模式。現在她知道如何自動地做該運動，同時仍然能夠根據需要注入意識；這意味着，她可以同時思考和活動，當有需要時則停止活動進行思考。這樣，重塑的過程提供了一個隱喻，讓她

在（交叉爬行的）雙側處理的背景下，經驗（同側爬行的）平行處理的過程。

當我們在丹尼遜健腦操®調和的背景下，引導人體驗這十分鐘的重塑過程，結果是深層的學習，而且通常是永久性的。在某些情況下，某些人可能需要多於一次的重塑，令交叉爬行變為自動化。然而，一旦人能真正掌握時，他們似乎已經與一個持久的模板接通。這模板代表了於理想情況下，在九個月這個關鍵期應該發生了什麼。這時恰恰是嬰兒用手和膝支撐起身體，開始向吸引他的東西爬過去。

我不相信用手和膝的爬行，能讓成人重構這經驗。嬰兒的腦子比成人的較全息，即是孩子更容易概括學習，沿用到別的地方去。我的經驗是，成人沒有在重塑程序中做爬行動作時，需要的整合不會出現。

大腦優勢

兩側和左右整合的討論，引出了大腦優勢的主題，以及有關於左右腦的假設。這話題的流行程度和隨之而來對左右腦特質的揣測，使腦優勢的有效性在科學家之間名譽掃地。有些人抱怨，他們只是準備做一個樣本量少的小規模項目，舉個例是研究左手優勢的音樂人，然後報紙頭條便突然宣佈「科學家說右腦管控音樂」。

　　流行文化中的左右腦概念，遠超科學已經實證的範圍。例如，有一個普遍主張以為語言是由左腦發動的，嚴格來講這並非真確。語言，儘管是不同的語言，也是從右腦發動的。

　　整個人類的生理（腦子、眼睛、耳朵、手臂等），時時刻刻都在重組自己，以便執行各種特定任務。感知為成功所以受強化的表現，無論實際上是否有益，也會建立得以重複的模式，最後變成行為習慣。健康的全腦學習源自一種能力，在從前習得的對策與剛習得的、更靈活的新模式之間尋獲平衡。全腦的神經組織是一個動態的、不斷變化的過程，當中涉及三個範疇，而不是由「腦優勢」概念所提出的靜態的、單側的狀態。

「優勢」是不當用詞

　　在這裏我想指出，「優勢」這用詞在腦功能的文獻上如此普遍，我認為實屬不幸。我比較喜歡「腦半球主導」這用詞，因為優勢意味着非優勢的受抑制，正如在平行處理中的生存反射活躍時發生的。在任何恐懼的環境下試圖完成學習時，便會導致腦半球抑制；當恐懼並不是因素時，神經處理是更為平衡的：單側主導而另一側提供支援及協作。這便是全腦處理或整合。

　　丹尼遜健腦操®所擁護的腦優勢原則，與過去的專家所提出的有所不同。他們堅持的範式所說的「優勢腦半球」意指左腦，負責控制語言及表達。用手優勢作為判別的決定性因素，這些早期專家相信大部分人都是左腦及語言中心優勢的。正因為有百分之

八十的人口是右手優勢的，語言腦是優勢腦這錯誤觀點似乎合邏輯。幸運的是，這種想法正在改變中，因為新的科研提供了更多有關腦功能的資料。

在中風或意外的情況下，雖說失去講話能力似乎比失去運動能力更具破壞性，但是對健康的人而言，並沒有所謂「較好的」優勢，大自然亦沒有選擇某一側腦去領導另一側。

相反，有相當的研究證明了，邏輯腦性格及完形腦性格的人口是近乎相等的。這就說明了，有半數人類是左腦優勢的，而半數人類是右腦優勢的。

科學家現在認識到在動物世界裏，一半的生物是慣用右爪，另一半是慣用左爪。這一群科學家必須調解一下他們這發現與人類世界的比例：90%的我們是慣用右「爪」的，只有10%慣用左「爪」。

當我們考慮人類跟動物怎樣不同時，這種差異的解釋是顯而易見的。人類受到很獨特的祝福，因為人有時間感和有意識的思維，令人可以學會使用新工具，以及有意圖、有控制和有小肌肉運動技巧地做新的事情。這種運動控制和近距離對焦是隨着時間的推移而完成的，有開始、中段和結束。它跟語言和講話都是起源於同一個腦半球；對大部分人而言，是左腦半球。因此，當激活左腦，並使用右手時，我們大多數人會感到更大的控制感。

因此，生存於人類環境，加上手部靈巧的需要，共同創造了右手優勢。因此，手優勢並不是腦半球主導的良好指標。腿腳主導或許是可靠得多的指標，由於如何運用我們的腿隱喻了我們如

何在世界活動；（右腦帶領的）自發或（左腦主導的）隨時間按部就班的控制。

有效的腦區特徵

我可以提供左右腦的一個有用區分方式，從而讓大家對之前大部分的猜測釋疑。右腦比較偏向於連接感官體驗，開放於接受新的學習和經驗，以一個自發的、運動覺的和富有想像力的方式去處理新穎事物；而左腦更多在意於表現方面，將新信息編碼成為藍圖以備將來使用，一步一步以線性的、邏輯的、時間序列的方法進行。左右腦整合讓已學會的經驗以一種模式的形式，登記在整個身體裏。除非出現這種情況，否則沒有真正的學習可以發生。而一旦在身體裏建立了這種模式，新學的行為會永遠記住。

另一個有效的分別是，左腦半球從頭向下操作，而右腦半球則是由身軀起向上處理信息。左腦只能覺知到和分析右腦提供的直接經驗的信息。身體沒有通知，左腦就不會知道任何新的事情，因為左腦的任務只在設定策略和語言，然後將其儲存供日後使用。另一方面，右腦能覺察到來自身體和腦部下半所有組成部分的信息，包括承載情緒的邊緣系統。

沒有身體和右腦，我們受限在舊有的結構，而且不能做任何新的事情。我們進入自駕模式，最終感到厭倦和壓抑。相反，若沒有左腦半球，右腦半球所經歷的新輸入材料，未來便不能再次使用。我們需要一個充分發揮功能的左腦，以組織新的信息和令其有

意義，而且我們也需要它來產生愉快感，原因是愉快感源自左腦的化學過程，當我們學習到和把事情辦好就會發生。

當右腦從感官和玩耍的經驗中提煉出新學，交由左腦半球教導我們如何實踐出來時，我們覺得自己是成功的學習者，多巴胺的水平會增加，同時亦會分泌內啡呔，讓我們有技巧精良及做好工作的欣快感，作為獎勵。我們需要每天學習和成長，令我們感覺到活着，並熱愛生命。當我們不能學習，尤其是當我們感覺無助和應付不了時，緊張或沮喪的右前額葉會受到血清素水平下降所影響。

另外，褪黑激素這種（由松果體產生的）抑制劑，是化學世界的黑暗；它抑制網狀激活系統，使腦子可以睡覺。因此，失衡的右腦半球令我們困在抑鬱的閉環中。然而，當我們的左腦能夠編碼新學和表達自己時，右腦知道一切最終都會回歸順利；血清素水平上升，褪黑激素受抑制。換句話說，整個腦子和身體都需要創造力，學習和做新的東西，以避免沮喪和抑鬱。快樂來自精通，就像反覆烘烤某一種蛋糕，沿途改良配方，直到最後臻於完美，或創造了新的東西。整個腦子和身體都在運行時，就是這個樣子。

一體，不是劃一

腦優勢模式有個體差異：有些人是慣用右手和左眼，有些人是慣用右手和右眼，如此類推；單側慣用的準確版本，標示了他的優勢模式。韓納馥博士指出，這可能與子宮內的早期生存反射發育有關。

在一九六九年，我為我的南加州學習中心（我原意希望這些中心提供一個地方提高兒童和成人的學業技能，尤其是閱讀，並使用最先進的技術）的學員進行測試時，開始懷疑腦優勢模式和學習風格之間有關係。我記錄了學員的腦優勢模式，與他們的教育概況相比對。這程序揭露出有力證據，指出學習挑戰與個人腦優勢模式直接相關。

我們每個人都有自己偏好的神經迴路。這理解可以大大促進包容和更加開明的教學方法的發展，不僅在學校，在所有其他學習會發生的地方也是如此。這許多不同的腦優勢模式，教育工作者和家長知道後十分有用，因為它提供了個人學習風格的重要信息。這使我們能夠設計合乎個人傾向的學習環境，而並非背道而馳。

在這裏完整地敍述這個龐大的題目是不可能的。有很多書籍整本書都在詳述有關題材，你可能想找其中一本參考一下。我推薦《優勢的因素：了解你的優勢眼、耳、腦、手和腳如何改善你的學習》（ *The Dominance Factor: How Knowing Your Dominant Eye, Brain, Hand and Foot Can improve Your Learning* ），作者是韓納馥博士。她是我的多年同事，而且她非常了解丹尼遜健腦操®。

我們需要一些時間和堅持去熟習優勢模式，但這是值得的。不僅僅因為個人的神經路徑得到承認和尊重是好事，腦組織的覺知對社會也有着良好的影響。當我們學懂重視每個人的獨特風格時，我們都從中得益。

在我職業生涯的歷程中，我發現瞭解腦優勢模式，對於我辨認個人學習風格有極大的幫助，於是亦為個人提供了最有效的工具和教育背景。

我不是第一個研究員留意學員的優勢手、眼和耳：心理學家和教育治療師把這些材料定為他們例行工作的一部分。不過，據我所知，這些資料並沒有利用來做有建設性的教育干預。事實上，大部分教育學、心理學和醫療的機構都忽略了腦組織的研究成果，而且絕對沒有預留津貼給教師，來提高優勢模式這題材的教學方式。

按照教育傳統，即使學校知道了每個學員的模式，他們依然是要接受相同的教程。因此，輔導教師需要將學習的教材分拆成短小且易於處理的項目，並強調死記硬背，長時數的溫習；而學員要花大力氣。關心、耐心和私人補習經常有助於學員達到精通的水平；可是，有很多人這樣成功了的同時，其餘的人給遺落在路旁了。

教學沒必要如此雜亂無章地前進。有關學習的新發現繼續出現，在教育和思維的範圍裏完成了的許多研究，已經探討出我們需要的所有信息，以創建個人化學業計劃，來回應每個學員的學習風格。

棄用不切實際的標準來量度個人表現，而是欣賞個人的獨特能力，通過他的優勢模式辨認出來。此外，隨着丹尼遜健腦操®的發展，平行處理的人士可以更輕易地接通一個一體化思考的自然狀態，兩個腦半球以協同方式操作。

如果觀察緊張中的正電子掃描（PETscans）和腦電圖（EGGs）時，非優勢腦半球會關閉75-85%。在這種邊緣腦主導生

存反應時，並不需要全腦操作。當腦部採取高效率的求生模式，沒有預留空間給全腦功能時，人只需要以反射作出反應。丹尼遜健腦操®的程序是深遠的，因為提供了兩個腦半球一起工作的背景，通過運動皮質（以及位於頂葉的感官皮質）刺激前額葉，並激活了腦子各部的整個運動機制，包括前庭系統（平衡）和網狀激活系統。

某些腦優勢模式已被研究人員證明與特定的特徵相關聯。丹尼遜健腦操®中，我們尊重每個人與生俱來的腦組織，那是會表現在個人行為上，以及優勢眼、耳、手⋯⋯等等之上。我們還認識到，主流教育工作者傳統上都忽視這些優勢模式所代表着的學習風格。我們不僅可以激勵教育工作者幫助孩子充分發揮其獨特潛力（那已開始在世界各地發生），而且，因為這些模式往往是家族性的，我們也可以忠告父母有關他們與孩子所共有的天賦和需要。

如何確定你自己的腦優勢模式

要找出你的腦優勢模式，可依據以下方法檢查自己。開始之前，我應該提醒一句，檢查時最好不經思考，因為自發行為相比於想辦法弄清楚所得出的反應，更能準確顯示出優勢模式。基於一邊看指令而另一邊又要行為自發，很難做到，我建議你找別人替你朗讀以下的文字：

眼優勢：直臂前舉，雙掌攤開，虎口靠攏成一個小孔。穿過小孔聚焦看遠處的一個物件。交替閉着一隻眼睛，用另一隻眼睛看。哪隻眼睛看穿小孔？

耳優勢：拿起電話，聽撥號音。你使用的是哪隻耳朵？

手優勢：你用哪隻手寫字的？

腿優勢：站立，雙腳併攏，讓自己開始向前傾倒。哪隻腳先踏出來以防跌倒？

偏重腦半球：每個人都以某一側的腦半球為主導，而另一側的跟隨。問自己：緊張時，我需要與人討論並弄明白之後，才採取行動嗎？如果你這樣做，這表明你最大可能是左側腦半球主導的。如果你傾向於自發行為，你生命中的定向大概是更以右腦主導。

統一優勢

為了輕易地學習基本技巧如閱讀、書寫和拼寫，理想地學員的分析性左腦半球是優勢的，她的右眼、右耳、右手和右腳亦是如此。此模式的人往往在學業上脫穎而出，而且看來不用明顯下苦工。她總是已準備好上課，很好聽從指示，有高度口語表達能力，比大多數學員更容易了解線性和邏輯性概念。這種學員是絕佳「老師寵兒」的材料！

當這種學員的左腦發出電衝動時，會激活右側身體，而且一邊的語言啟動與另一邊的視覺、聽覺、小肌肉運動控制，互不構成神經干擾。（書寫功能是受左腦半球的運動皮質控制的。）如果孩子一直在安全又滋養的環境下生活，到大約六歲時，他的完形、全方位、開放予新信息的右腦半球，已發育到與他的分析性

左腦半球同步，擁有跨越中線的良好能力，沒有「關閉」或抑制大腦的任何一側。

因此，他能夠同時看到整體和部分，並能預期、記憶和視像化，她的優勢模式傾向於很少出現學習上的麻煩，如有的話。

然而，左腦與右側身體的統一優勢，並不能保證毫不費力的學業經驗。當語言腦被啟動時，可能會明顯地傾向排除完形腦。如果孩子被剝奪了積極的、愉快的運動和生活經驗，他可能不會習得社交互動，想像力、創造力的運用，以及放鬆、釋懷。在時間、目標或自我批評上，語言腦或許會引發緊張。他可能太努力嘗試，因渴求完美而癱瘓。

有時候，統一優勢因在校時關閉完形腦而得到太好回報，這些孩子到了三年級的時候，他們便失去了之前的優越。他們往往知道答案，但不能寫下來，因為他們太努力嘗試。也就是說，他們讓分析性語言腦控制了執筆手，當他們在思想和行動之間徘徊時，運動便變得笨拙。

在這種單側狀態下，他們無法表達他們知道的。因為他們的語言腦只可以在同一時間做一件事，當它投入在書寫的機械操作時，就不去思考和表達。他們無法接通長期記憶，去提取他們知道他們已知的信息。

如果統一優勢的孩子太努力去嘗試時（因此變得緊張），他們可能只用右眼閱讀而變得容易疲勞。他們常常不能從上文下理去推斷文字含義（這是完形腦功能），並可能會過分依靠他們卓越的解碼能力。他們可能會以高音及尖銳的聲線閱讀，顯示了語言腦分析

文本的緊張。這些兒童的思考速度遠遠超過閱讀的，閱讀通常令他們覺得沉悶，因為閱讀能夠帶來的趣味，取決於兩側的眼睛和腦半球是否以整合狀態一起工作。

統一優勢的兒童也容易在拼寫時出錯，表達他們傾向把文字默唸出來，而不是視像化地看到。他們有困難辨認出一個字看來錯了；理解新學和熟悉單詞的字根之間的類似處，對他們來說也有挑戰。他們可能會重複同樣的拼寫錯誤，因為他們無法把當下在寫的字，跟長期記憶裏相同的字聯繫起來。他們未必能夠使用節奏的線索，如押韻或音節。

儘管如此，統一優勢的學習者往往能在學校代償得比較好，以相對少的緊張達到學業成功。他們通常是好僱員，雖然可能缺乏想像力。他們有時會難以表達自己的感受，並可能無法把工作或成功，與感受和創意聯繫起來。他們可能看不到生活和學校之間的聯繫，或日後生活和工作之間的關係。

混合優勢

混合優勢出現時，優勢眼、耳、手和腿部並非在身體的同一側。學習障礙人士超過 50%是混合優勢的，因為這種模式引發混亂和鬆散，特別是在平行處理的狀態下。

當孩子是左眼和右手優勢時，這個問題尤為嚴重。代償性來做從左至右的閱讀，（從這種學員的角度來看）並非自然過程，因為

需要停用優勢眼，改為以右眼帶領。視覺記憶和其他完形腦技巧的運用只限於最低程度。

單側優勢

很多人遇上學習困難的人，都是完全右側優勢及右腦優勢的。因此在緊張下，他們變得不堪重負而卡住，無法同時思考和接通手、眼、耳、腳。

吉姆的故事

吉姆（Jim）是一位三十三歲的行政人員，願意改善自己的低劣閱讀技巧，他自我診斷為讀寫障礙。他覺得這問題妨礙其事業發展，亦承認自己盡一切辦法掩飾自己的困難。當他的秘書請他審閱信件時，會告訴她自己很忙，稍後才處理，其實他在避免她站在身旁時細讀文件。如果他需要於會議中查閱文件，他說忘記了帶眼鏡，並要求同事簡報要點。他的工作成為了噩夢。

吉姆從來沒有享受過閱讀，這對他來說永遠是一種掙扎。他有的是腦優勢中的混合模式：完形右腦優勢，加上右手、左眼、右耳優勢。他緊張地坐在我的辦公室，拿着我給他的書在看，彷彿能否完美地閱讀書中一段文字決定他的生死一樣。

我試圖令他放鬆，並告訴他預習中的閱讀不是設計為一種懲罰，「只是讓我們有前後的對比。」我解釋道：「這樣做，使我

們兩者可以享受觀察到改變的滿足，亦強化了你習得的新行為。」吉姆看起來不為所動，顯然無意放鬆。

正當他在頁面上閱讀時，吉姆的眼睛失控地跳動，而不是逐行來回流動。他每隔幾行文字便停下來思考，或重讀他已經忘記的部分。他朗讀的嗓音繃緊而尖銳，不像他自然說話的良好調頻男高音。他有時會在標點符號時結巴起來，或在句子中段喘氣。

當我請他用自己的語言說出閱讀的內容，他無法重新措辭來釋義，寧願在短期記憶中尋找作者的原話。這種行為通常會導致吉姆被標籤為讀寫障礙或注意力缺乏障礙，他停用自己優勢的完形風格及遠視的左眼來閱讀。他避免進入中場，在教育系統中之能夠存活下來，倚靠的是平行處理，交替運用兩側腦半球，死記硬背地咽下印刷材料。

我請吉姆做幾個丹尼遜健腦操®運動，去學習中場的兩側處理。這牽涉到一些專門為他的個人優勢模式而選用的運動，以整合兩側腦子。例如，吉姆做了一系列的「臥8」，在空中畫上無限的標誌。為了激活他的非優勢的完形耳，我請他做另一系列，這次是用右耳壓住他的右手臂去做，我們稱之為「象8」的（丹尼遜健腦操®獨有的）運動，因為伸出來的手臂看起來很像大象的鼻子。

當我們做完了所選擇的運動時，我們回到書本去。吉姆仍然神色緊張，但當他開始閱讀一個段落時，便立即開始放鬆了，他覺察到這個變化。他現在可以流暢地閱讀，可以毫不費力把整體意義圖像化。當我請他總結所讀內容，他不再需要重複原話中的關鍵句子，但能夠以他自己的語言闡述信息。吉姆很高興，並問我是否已

做了我們全部應做的。我告訴他應該練習那些運動一個月，以加強新行為，而一旦他做了錨定，應該沒有其他問題。

他問：「難道真的有那麼簡單嗎？」

「試想像一下，你有交叉雙腿駕駛汽車的習慣。」我回答：「你用左腳加速和用右腳刹車，但這不是身體的自然安排，會令人不舒服，更不用提那些笨拙的駕駛動作了。你一直以來都這麼做，對你來說駕駛就是這樣，所以你不斷努力這樣做好它。每次你開車，你都覺得苦不堪言。」

「我引導你戒掉交叉腿開車有多難？這很簡單！然而，就着提高駕駛技巧和樂趣而言，效果是驚人的。」

「為什麼不是每個人都做丹尼遜健腦操®？」吉姆以孩子氣的熱情感嘆着。

我笑了：「我也希望我能夠回答這個問題！」

兩側範疇，有關從左到右及一側到另一側的操作，如何有效地在中場合作，但是要達到最佳表現，還需要整合由上而下的協調和從後向前的參與（或涉及拖後或踏前之間的平衡）。在前後之間我們需要一個最有效位置，讓我們集中、對準而不失視角。我們需要理性和自控的能力，同時與我們的感受保持聯繫。為了充分發揮自己的潛力，必須用上守中和專注兩個範疇，並支持着兩側範疇。

守中範疇

掌握守中的能力是情緒智能的來源，亦是喜悅、激情、玩耍、感情聯繫、記憶和聯想、自我意識和個性的基礎。守中範疇取決於理性的（在腦子頂部的）大腦皮質和情緒的（在腦子底部的）邊緣系統之間的關係，邊緣系統處理所有輸入的感官信息。這種關係令大腦皮質的邏輯和語言能力，與下半部分腦子的本能、直覺、有時不理性的需要，並列起來。

當守中範疇跟專注範疇和兩側範疇處在平衡狀態時，我們覺得更臨在當下，活在我們的感受當中，扎根於自我意識，並能組織有效行動。我們可以與人相處，通過玩耍探索世界。感知到苦惱妨礙我們接通這種狀態，並降低所有皮質功能的效率，結果是邊緣系統作出搏鬥或逃跑的反應。「搏鬥」可以表現為暴力或只是不服從，而「逃跑」則顯露為逃走、只是走神了或是無法開始。

丹尼遜健腦操®運動如「掛鈎」和「正向觸點」，會支持我們恢復系統的組織和情緒智商，令我們更有效地管理緊張，從而保持我們的大腦半球積極參與。

專注範疇

專注範疇提供給我們注意力的智能。作為人類，我們進化出獨特的能力，去計劃、實現目標、體驗意圖、尋找生命意義。腦部會自我組織，把注意力聚焦在高效率的有導向行為。前額葉承載着我

們作為社會動物的自我感覺，來到這世界有一個目的。專注範疇取決於（保有我們目標的願景而不被恐懼所阻礙的）前額葉和腦幹的相互關係；後者儲存我們最原始的生存本能，就是僵直、隱藏或拖後，以避開挑戰自我感覺的風險。

　　當我們感到不堪負荷時，聚焦的能力便不再可用。在現代世界，我們的無法運動和信任身體，相對於無法理解、表達自己、與環境互動和活有醒覺性的生命，可能既是因又是果。丹尼遜健腦操®中的「屈足舒腱」運動，鬆解那些把我們後拖的肌腱，讓我們有更多理解地自由接收和表達。

　　坐着，一腿擱在另一腿的膝上。兩手指尖放在小腿肌肉兩端，輕按進去並輕柔拉長肌肉，慢慢足指向膝地蹠屈和足指向外地背屈你的腳，直到任何繃緊點軟化和「融化」。換另一隻腳，重複動作。

　　當這智能的三個範疇（就是兩側，守中和專注）為我們所用，我們向着目標邁進時，我們有目的感和舒適感。我們深深感覺到情緒，有組織力，身體放鬆，因此我們可以於當下理性地思考，以線性及按時間順序的方式，輕易地兩側同時處理資訊，從左至右、右到左，或開始到結束。這三個範疇的全面整合，建立了全腦組織和身體與思維的整合。

「屈足舒腱」

第六章

運動和動態腦

對於人類文明來說，鐵路和電報的發明，和隨之產生的時間表和編成密碼的要求，令時間、速度和長途通訊成為我們覺知裏的主要因素。這是機器的年代；是歷史上第一次，信息自由迅速地穿梭。

在美國和歐洲，一八零零年代後半是新理論形成、發明及調查的時期，的確令人興奮。工業革命進行得如火如荼，激動之情幾乎可以觸摸得到。縫紉機、留聲機，不久之後的電話和白熱燈泡等發明，以及深情的藍調音樂的節奏，輕快的、斷奏的拉格泰姆音樂，激盪着人們的生活。

在這知識氛圍中，我們看到現代西方醫學的發展，包括了不同領域如精神病學、心理學、藥理學、脊骨神經科和腦部外科手術。人們想知道很多東西的操作原理。科學家將人體概念化為機器，看到不少類比，其中許多（我們今天知道）只是部分真確。

人類腦子：機器或是奧秘？

　　腦部的現代研究於一八六一年在巴黎開始。在那裏，活潑的施特勞斯圓舞曲、歡快感性的音樂劇、露天的咖啡館音樂，是日常生活的一部分。埃德加（Edgar Degas）和莫奈（Claude Monet）等印象派畫家的柔和色彩，以光線給人類形體重新定義，而不是單純以精準的線條。

　　在這裏，病理學家、神經外科醫生和生理人類學家皮埃爾·保羅·布洛卡（Pierre Paul Broca），是現代腦外科手術的奠基人。他首先發現，左腦半球的病變會抑制語言表達。這是腦神經病學的開始，最初研究腦損傷對表現的影響，以找出腦功能的定位圖。布洛卡的發現，被譽為理解腦子無邊奧秘的突破。

　　然而，至少有三個關於人腦的錯誤但廣泛流傳的信念，源於布洛卡的發現。這些誤解仍然存在，即使研究已證明那是錯的。第一，布洛卡認為腦子在特定位置承載着特定功能，如記憶、音樂能力、手眼協調、視覺和聽覺技巧，並可以很容易地測繪出來。他的研究引發了對這些難以捉摸的功能定位進行科學追蹤。

　　今天的神經科學理論家告訴我們，雖然腦部的某些功能可能起源於特定位置，但最好是理解腦部為一個全息圖，所有功能都依賴廣延的神經互連。有着高超的可塑性，腦部能夠鋪設新的神經路徑，以便學習和適應。早期的靜態和機械的腦部觀點，現正漸漸被更動態和多維度的觀點取代。

布洛卡的第二個假設是大腦優勢的概念。他認為人類大腦的存在，主要是為了清晰的說話和語言。這概念認為，語言的發展就是那個主要的功能，讓人類變成一個獨特的物種。據此，承載着說話機制（現在稱為布洛卡區）的左腦半球，被視為優勢腦半球，而另一側「次要」的腦半球被認為是沒有顯著功能。

第三，布洛卡認為，說話功能源自一種特定才智，與運動技巧無關，純粹是智力上的功能。布洛卡以醫生和人類學家的威信，幫助延續這種對語言的偏見，即使在進入十九世紀前，早已由他的同行否定了該偏見。

布洛卡和他的團隊開始的腦研究，正值機制與技藝如此鮮明地並列的歷史時刻，一直延續到網絡空間的時代。這時，幾乎每天都有新的理解產生，它們要麼建基於或要麼推翻了舊理念。

隨着更多人居住在城市，自然的藝術復興便出現了。市政府資助的博物館、建築、芭蕾舞團、交響樂團，還有對美感和藝術的公民自豪感為之蓬勃發展。然而，布洛卡對語言的強調，掩蓋了他正身處的藝術、視覺和音樂世界的現實。

語言偏見的持續

世界各地的家長們都同意，藝術、音樂、舞蹈和社交玩耍豐富了孩子的教育經驗，激發了他們的卓越表現。可是，我們的學校堅持強調死記硬背的教育，代價是犧牲了創意。即使有充分的

證據顯示，右腦跟左腦有着同等重要的素質，右腦是不那麼重要的信念依舊持續。

研究顯示，語言的進化使我們可以討論經驗，而不是取代經驗。然而，西方社會仍然是偏重於左腦，強調閱讀、書寫、數學的3R教育（Writing, Reading, Arithmetic），而不是體驗式教育。繼續這樣強調是弊多於利，尤其是在當今的教育實踐下。隨着西方文化對平衡有更多的了解，我們會看到，教育中的卓越不是一個非此即彼的情況。

這種對學習的單側看法強調學業成績，繼續歪曲和機械化我們的教育體系。事實是：眼睛不只是一架相機，心臟不只是一個泵；腦子不只是一台電腦。事實上，現代腦研究告訴我們，對我們活着的、在探索的、有着激情的身體，語言腦只是一個工具。我們越多以新的、有意識的方式運動，我們便學習得越多。

腦子是經驗化為肉身的產物，它的可塑性只受制於我們的不運動。診斷為腦損傷的兒童可以長出新的神經路徑，因為腦子召喚其他部分去接管受損區域的工作。腦部有着高超的適應力，即使要動手術切去一側腦半球，往往另一側腦半球都可以把工作接管過來。

直到這種新理解滲透進去我們家長及教育工作者的覺知中，我們將繼續在孩子身上重複舊錯誤，試圖通過語言去教導和評估他們，而其實我們可以聘用孩子內在的各種資源，令真正的學習變成可能。

所以我們看到，在現實中人類的腦子是一個動態系統，由相互聯繫的區域組成，大自然設計來共同合作，在我們尋求結構和秩序

的過程中，幫助我們學習和成長。本質上，沒有哪一個腦區域比其他的更重要。隨着每個人遇上生命中的不同經驗，腦、心、身動態地互相影響而不斷變化和發展。

藝術遺產

我外祖父亨利‧埃利希外號「亨利爸爸」，外祖母麗貝卡‧埃利希外號「麗貝卡媽媽」，由德國逃到美國這政治自由、充滿文化和教育機會的地方。他們帶着一名兒子和六名女兒來到紐約。他們的第八個孩子就是我母親，她於一九一零年在紐約市出生。

亨利爸爸和麗貝卡媽媽致力於追求卓越和美麗。藝術是他們全情投入的熱忱，是他們的生命氣息。他們孕育着一個有才華的家庭，但認為只有通過嚴格的紀律和長時間的操練，子女才會有所成就。孩子長大後，都成為了專業藝術家：一個畫家、一個雕塑家、一個鋼琴家、一個歌劇演員、一個芭蕾舞演員、一個室內設計師和一個好萊塢編舞家。

我的求學時期，從六歲直到大約十六歲，我非常幸運地在藝術、音樂和舞蹈的社會環境中成長，這是因為我的父母就是丹尼遜牽線木偶團的製作人、導演和木偶操作師。在青少年音樂會中演出，怎可能缺了我哥哥彼得和我的份兒。我們當時沒有丹尼遜健腦操®，但我們在藝術的背景下學到了設計、玩耍和運動。

我們樸素的家因為藝術而不斷轉化。舞台佈景在我眼前演變，從裸木到小飛俠的夢幻島或西北國皇保羅‧本仁（Paul Bunyan）的

森林。通過我父親的靈巧木工和我母親那些令人回味的壁畫，這些精彩的佈景鮮活起來了。

母親有着熟練的工藝，木塊、混凝紙漿和塞滿了的襪子，可以成為一個三英呎高的牽線木偶，如鐵鈎船長、貝貝藍牛、穿着紅鞋的西班牙舞者，還有滿頭金髮的芭蕾舞演員。很多次在我已經上床後，依然聽到媽媽的縫紉機開動到深夜。翌日一早，穿了充滿想像力的衣服的人物像客人一樣出現在我們家。當我的父母正在與新的木偶排演對白，與他們翩翩起舞和做出各種動作時，這些人物在我們的客廳中帶出活靈活現的故事。

雖然我當時沒有這個領悟，原來我們丹尼遜家族是以動態的全腦生活的，運動是所有事物的中心。我們做着前額葉皮質的角色，構思、設計、規劃和執導着製作；故事、音樂、藝術，以及媽媽賦予每一個牽線木偶的性格是中腦，這種情緒的背景為故事帶來了生命，令觀眾席的孩子着迷；舞台、場景、鋪排和木偶的牽線是腦幹，是故事的背景，亦是監測和掌握行動的地方。我們家庭對卓越的承諾，灌注在劇本和舞台指導裏，顯示了整合的額葉在運作中。

對我們來說，沒有東西可以阻礙到我們創造藝術。我們不會減省縫紉、繪畫、排練的時間，只會做到滿意為止。我們從不質疑回報多寡：我們覺得每一步進程都有帶領。當演出時，前排兒童的全神貫注，臉上的驚訝和喜悅，已使一切都值得。

上：保羅‧丹尼遜在波士頓
居住時的嬰兒照片。

下：保羅一年級的照片，一
名害羞的六歲男孩。（照片
來自丹尼遜家族檔案室。）

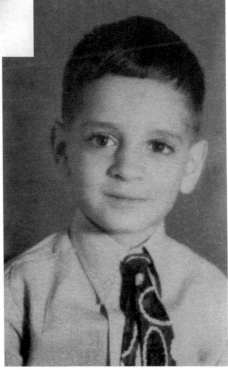

上：保羅的父母約瑟夫（Joseph）和海倫・丹尼遜（Helen E. Dennison）在波士頓地區創立布魯克林丹尼遜木偶劇團。

下：這兩個手工製作的木偶分別是小飛俠和達林夫人，屬於丹尼遜製作的小飛俠劇目。（照片來自丹尼遜家族檔案室。）

保羅的母親海倫·丹尼遜（Helen E. Dennison）手持巨人的妻子，是她為丹尼遜製作的傑克（Jack）和魔豆（Beanstalk）劇目創造的木偶。

六年級時，保羅十二歲，戴着眼鏡，開始找到作為學者的成功。（照片來自丹尼遜家族檔案室。）

上：保羅沒有出外環球講學時，平時居住在美國加州的文圖拉縣。

下：保羅和他的妻子、藝術家兼運動教育家的姬爾‧丹尼遜（Gail E. Dennison）二零零二年的照片。一九八零年代開始，他們就一直合作，合著書籍。（上圖是索尼婭‧諾登森Sonia Nordenson拍攝；下圖是柯琳‧默里Koleen Murray拍攝）。

通過故事和音樂觀看腦部結構

腦部的主要系統包括左右大腦皮質、中腦（又稱邊緣系統）和腦幹。正如我們在第三章中所討論的，皮質前部名為額葉或前額葉皮質，這部分的皮質使我們有能力去覺察，以新的方式運動，做決策，以及最重要的產生自我覺知。

額葉是腦部進化的最新發展，讓我們擁有「觀察者的自我」，可以自我反思，預期成果，延遲滿足，讀懂情緒和社交互動，並辨識文化或全球事件背後的模式。

這一切是如何在現實生活中呈現出來的呢？

在《告訴我一個故事：敍事和智慧》（ *Tell Me a Story: Narrative and intelligence* ）的書中，作者和科學家羅傑·尚克（Roger C. Schank）舉出了一個強而有力的案例，顯示了講故事的價值。我也認同這些引人入勝的故事有着巨大價值；從童年起，故事豐富了我們的想像力，加強了我們的智慧。

當我還是個孩子時，最喜歡的牽線木偶劇目之一，是著名的「彼得與狼」的故事，其精彩的音樂是謝爾蓋·普羅科菲耶夫（Sergei Prokofiev）在一九三六年為莫斯科兒童劇場所寫的。

我們可以想像彼得，和代表着他的弦樂器，就是右腦半球在運作。你可能還記得，旁白員（讓我們視他為「語言的左腦」）開始時告訴我們：「有一天清晨，彼得打開大門，走進綠色的大草甸。」

娓娓道來、如詩如畫的旋律，邀請我們去想像彼得的玩耍和舞蹈，享受着他的感官和持開放態度面對的新經驗。旁白員繼續（還是像左腦一樣）以文字描述經驗，為經驗賦予形態、結構和事件的順序。模仿鳥鳴的長笛歌曲，歡快的啁啾和吱吱喳喳代表了前額葉，總以快速的感知、敏銳的眼光和預測未來會發生什麼的能力，提供着反饋。

鴨子的形象，以她雙簧管的低音，由流動的、慢慢移動的水樣方式勾畫。此形象讓我想起有着較慢和較為扎根節奏的心臟。鳥兒和鴨子爭論誰可以飛，誰可以游泳。跟前述一樣，鴨子扮演中腦「游」在情緒的深海。我們看到了腦和心的古老二分法：有腦的鳥能飛，但不會明白一隻能游的鴨。

這個質疑身體技巧的抽象爭議，使「前腦」的鳥和「中腦」的鴨沒有留意到貓的靠近，由聽來是鬼鬼祟祟的單簧管聲音傳達。貓比較活在身體內，提供了本能運動的形象，或許可以代表儲存在腦幹的發育反射。

現在，切分節奏的巴松管，堆砌出緩慢的步履蹣跚，宣佈了祖父的到來。當然了，祖輩總是比喻為帶着古老腦幹的傳統和界限。為了安全和生存，我們需要了解這些限制，並立新其上。

杏仁核應對危險

哎呦！那是什麼？當狼出現，並追逐鴨子（像中腦在搏鬥或逃跑反射中），鴨子跳出平靜的水面，翼忙腳亂地試圖逃跑，杏仁核和交感神經系統便接管了，由圓號作出宣佈。

　　狼令我想起未整合的腦幹會帶來的危險。它會徵用所有其他腦區，以服務求存下的即時反射的需要。它是內在的掠食者，狩獵着心臟和慢生活的樂趣。

　　狼抓住他的獵物，只一口咽下鴨子（心）。狼的出現太霸道了，恐懼和悲傷覆蓋着劇院裏的觀眾。

　　旁白員事實性地為我們指出其餘角色的位置，幫助我們重新建立結構，以便繼續。然後他逐步詳細說出，彼得如何使用他的套索捕捉到狼的尾巴，令我們覺得，我們也可以擊敗那狩獵着我們活力的掠食者，如果我們需要的話。

　　現在我們聽到什麼？獵人（由銅鼓宣佈）拿着步槍來營救他們。我們聽到，調節我們運動的小腦，被均勻的步態和「交叉爬行」的莊嚴步操節奏激活了。

　　彼得說：「停止。」（現在轉移到額葉，撤銷了杏仁核和交感神經系統想要開槍的反應）「停止！不要開槍！小鳥和我已經抓住了狼！」

　　我們的英雄（在小鳥的覺察技巧協助下）的行動，令我們返回大局和正常狀態。副交感神經系統（所有樂器的協奏）作出反應，放慢我們的節奏和呼吸，使我們重拾平衡。

　　丹尼遜的版本是，鴨子被完整地吐出來，於是歡樂回到山谷，平衡已經恢復。在彼得帶領下，所有角色凱旋回歸般橫過舞台。通過他的冷靜觀察、鎮定和由衷的反應，彼得的決策能力成熟起來了。

腦幹問：我在哪裏？

　　腦幹是「舊腦」，掌管身體，是第一個在子宮內和在嬰兒期發育的神經區域。腦幹是我們所有的感官覺知、自主神經反射和一些功能如呼吸、心跳、運動的所在地。我認為腦幹發育以回應「我在哪裏？」的問題；這問題面向感官來發問，因為是由它提供龐大和連綿不斷的貢獻，以豐富人類意識。

　　這個問題描繪了嬰兒首次尋求結構時的情況。他覺察到子宮的環境，然後是母親的心跳和身體。當他的嬰兒反射動作（如抓握、轉身、吸吮）讓他繼續活着，並知道在他的脆弱中如何自保安全的同時，他便問這個空間問題。腦幹的進化是根據我們的感官，和對環境的感官反應。本體感覺對「我在哪裏？」這問題的回答，讓我們知道我們的形狀、大小和我們的運動模式，還有由個人疆界定義的位置。

　　每當我們身處新情況時，我們都會重新審視腦幹「我在哪裏？」這問題。這時候，我們的感官覺知會提高，周圍的聲音、光線、色彩和運動便更大力地衝擊着我們。直到我們在周圍環境中覺得較為自在，否則我們將會繼續找尋自己的位置，而不能走下一步邁向成長。例如，如果我們進入一個新教室，我們會選擇有利的座位，方便看、聽、參與，免於分心或其他困難。相反，我們可能傾向坐在後排座位的安全中，覺得不太顯眼，但卻不能夠充分參與。彼得並不怕狼，進入草甸追尋新經驗；祖父則快速地退到安全疆界內，鎖好了門，避開危險的現實。

一直在警覺下，腦幹接收感官信息，使我們有能力自保安全和臨在當下。腦幹保有反射的能力，要麼投入、參與，要麼退出、僵直、隱藏，直到系統感知已沒有任何危險。直到這個系統判斷出我們的位置之前，我們互動或參與的能力始終是被抑制的；至少最低程度滿足了「身處何方」的訴求之後，更高級的腦功能才可以發揮。

中腦問：它在哪裏？

我用「中腦」這詞來指腦部有關情緒及認知的邊緣系統。中腦問：「它在哪裏？其他的在哪裏？」不論主題，腦子會問，相對於自己，它如何定位。其意圖是要找出我們個人疆界內外的感受。在平衡狀態時，通過心的諧振，中腦搜索對方的韻律，尋找連通感和歸屬感。

擁有其關聯能力的這個腦中心，成為我們感受自己情緒的部門，例如我們的喜悅、恐懼、挫折感、憤怒、悲痛。由於其關聯的過程，中腦是記憶的基礎。甚至抽象的或聯想性的思維，都取決於中腦的情緒和感受，因為這是我們心的諧振核心。

由此，中腦與通往心臟的神經路徑緊密相連，是我們的情緒中心。這中心的活力，對我們伸手出去建立人際關係的能力非常重要。我們作為社會生物生活在群體中的能力，發育自心的韻律，它使我們懷抱玩耍和合作的喜悅，與他人交往。當我們接觸人和物，同時也在操作我們的世界（有關建立、探索、創造），我們正在回

答中腦的問題「它在哪裏?」。當腦幹保護我們安全,能夠把我們拖後時,中腦已準備好伸出、互動、參與。感到安全之時,中腦是冒險家來的。就如彼得和鴨子一樣,如果閘口打開了,他們已準備好接收身體和情緒的經驗。

如果我們的空間受到危險威脅,緊密連接到杏仁核的中腦邊緣系統,將激活交感神經系統的搏鬥或逃跑反應。這種情況出現時,我們與他人聯繫的能力,將被舉拳動武或口角爭論的情緒反應打斷;或者我們會拔腿逃跑,或退進一本書或幻想中,飛到另一個時空去。因此,我們返回腦幹,直到再次感覺安全,可以出來玩耍。

對負向緊張的反應

幾乎所有進入我辦公室的人,即使是小孩子,都會談及緊張、憂慮或恐懼。置身於思考型和生活步伐急速的現代世界裏,負向緊張已成長期難題。緊張使個人倒退到更原始的腦功能狀態,自然也令我們的社會倒退。

緊張對腦部產生深遠的影響。正如我經常告訴學員,在脅迫下不能產生真正的學習。負向緊張觸發搏鬥或逃跑反應,激素會充滿整個身體準備即時反應。在我們進化史的早期,免於環境危險的保護較小,搏鬥或逃跑是一個必要的救命反應,但今天它只會令人衰弱。我看到很多個體(包括兒童),處於近乎永久的緊張狀態,很少能夠擺脫搏鬥或逃跑反應。

　　緊張反應理應遇到真正危險時才產生，但對大多數人來說，危險是在想像中創造出來的，而非存在於現實裏的。除非我們是在某些特殊情況，如戰爭，我們很少處身迫在眉睫的死亡危險。我們的身體構造並不能處理慢性創傷。科學告訴我們，極度的緊張會產生激素，破壞了負責學習和記憶的神經元。在反應觸發之後，這些激素可以仍然維持在高水平一段長時間。例如，緊張激素皮質醇是在肝臟中降解的，可以在爭吵後八個小時才完成過程。

　　當我們緊張時，我們往往會倒退到較早期發育的腦區。如果我們退到未整合的中腦，我們進入了情緒高漲的搏鬥或逃跑反應；如果我們退到腦幹，我們會處於情緒真空時的搏鬥或僵直狀態。分別源於中腦和腦幹的搏鬥是不同的。當搏鬥是從中腦產生，便會像小鳥和鴨子爭執般激情，充斥強烈的感受；若搏鬥源於腦幹，會更冷血、無情、計算的，像狼追鴨子。

　　負向緊張帶我們退回中腦，再進一步退到腦幹，把我們切換到自動駕駛模式。然後，我們再不是充分地連接到新皮質的額葉，額葉負責意識、觀察和作出選擇。

連接腦幹和中腦

　　如果沒有這些生存反應面對危險，人類或許沒能存活下來。現今我們應該學習如何更正向地使用中腦和腦幹去成長。促進腦幹正向活動的元素，是我們的各種覺察能力，並與心的素質如愛、善良和慈悲齊心協力。當這些元素合作時，搏鬥 — 逃跑和搏鬥 — 僵直反射只有在適當時候才會被激活。

當真正的危險威脅到來時,我們需要搏鬥或逃跑反應以求存。如果我們踏進巴士的前行軌跡上,腎上腺素分泌的飆升會驅使我們跳回人行道上,這便是適當使用我們的防禦系統。問題是,在當今世界,甚至在沒有適當刺激下,我們可能近乎永久地處於搏鬥 — 逃跑的緊張狀態。

當我們被堵在高速公路上,而且要遲到時,沮喪和焦慮可能把我們推入相同的激烈緊急狀態中,即使我們的身體並非危在旦夕。在搏鬥或逃跑反射時,能量會從人體的重要器官走向四肢,讓我們準備好搏鬥或逃跑。但在今天慣於久坐的生活方式下,這種能量通常沒有宣洩途徑,而且人體的設計並非用來應付長期緊張的。

慣性又不恰當的腦幹反應是非常難改變的,這是因為從腦幹指令的行為模式,可能是由於各種不同因素,如受傷、營養不良、化學中毒,或未完全掌握的運動。丹尼遜健腦操®的其中一種好處是,運動教育可以影響這些模式。也就是說,丹尼遜健腦操®活動可以到達這裏腦部深處的自動化行為區域。如果我們能夠在這裏製造真的轉變,那麼我們可以在行為的最深層水平上改變行為。

當行為沒有改變時,往往是因為我們未能把思維、情緒的經驗連繫到身體上,只是把思維的表面區域平靜下來。除非進入身體,否則我們便不能糾正最深層次的自動化行為。在丹尼遜健腦操®課堂內,我們教導:「學習就是改變了的行為。」直到新行為可改變且不斷成長的腦子所用,新學不會產生;有的只是文字、感受和信息。

在丹尼遜健腦操®的社群中,這種情況的最有效、最著名、最受喜愛的補救辦法是掛鉤,我在第二章已介紹過。當我們做掛鉤

時，我們把注意力集中於身體的中心，這裏是核心姿勢肌和重要器官的地方。舌頂上腭以連接中腦和腦幹，深呼吸通過舌骨韌帶激活前庭系統，使腦部進入連貫狀態，以便思考，覺察什麼事情正在發生，並用上額葉。

做掛鉤就像給自己愛的擁抱，把所有東西聚攏，連接所有的電迴路，降低血壓，並放慢一切（如心跳）。當發生這種情況，我們開始走出腦幹的搏鬥或僵直狀態，並再次感到安全。交叉臂、手和腳，在促使前庭系統尋求平衡，使兩側額葉的運動皮質整合，並抗衡交感神經系統的作用。彼得對我們說：「不要開槍！」我們知道一切都在掌握之中，所有事情都會順利得出結果。

腦部浸泡在充滿情緒激素的化學液體裏，從感官獲取新信息，審視後，恢復我們的調和及平衡狀態。

這繼而創造了機會讓我們投入到新的生命經驗，這經驗是建基於我們已做過的事情的結構和熟悉度。例如，無論我們是在學習寫自己的名字或捕捉一頭狼時，每次我們能夠覺察，就是當我們握筆或丟出套索時，便和額葉連接起來，我們磨練出更精通的技巧。如果在中腦水平上我們覺得有足夠安穩，這個玩耍和關係的中心會允許心所帶動的情緒表達出來。

通過皮質的右額葉，我們覺察正在發生什麼事。信息被發送到左腦，由它運用語言、系統和規則來完成編碼。在皮質完成信息編碼那一刻，這信息便浮進意識。這時，盲點不再存在，我們轉而能感受到運動模式，或在我們腦海中看到這個過程的影像。

在我們到達成年時，曾經掙扎着做的行動，不少已成自動化。習得的運動模式已在腦幹保存，由習慣操作，而左右腦半球的資源

已被釋放,以掌握更高的精通水平。之後,腦幹牽涉進來,以整合和深化新學,和提供生存反應。我高興地看到,研究人員終於認識到小腦(小腦是腦幹的一部分,運動模式皆源於此)對學習和行為的重要貢獻。

腦幹和性格的建立

這些年來,我的導師都是我敬佩的人,他們有熱忱,又有勇氣在生命中活出自己。我稱這個素質為「性格」,就是挺身而出來堅守自己的信念和選擇的能力。我曾以為,這樣有性格的人天生如此。從個人經驗和幫助許多學員發現生命目的的過程中,我現在看到,雖然不能把性格給予他人,我們可以教他們如何通過成功的運動經驗去培養性格。

我們很多時稱之為有性格的案例,恰恰是出現在測試我們極限、犯了不可避免的錯誤、看清什麼是可做和不可做的生命經驗中。身體上,良好的性格首先來自簡單的能力,只是曲膝準備推進和踏前。這個基本動作是冒險的出發點。那個俄羅斯的小男孩彼得,毫不猶豫地追狼顯出了他的性格。以沉穩又計算好的步驟,他投身風險中,為的是他知道這事需要完成。

每次我們不計代價地冒必要風險時,性格便得到發展。只有放鬆包含搏鬥或僵直生存反應的護腱反射時,腦幹的整合狀態才會變為可用,讓我們能夠向前推進。這種把人後拖的反射可以首先徵用神經系統,因為神經系統視生存為最重要的。丹尼遜健腦操®計

劃，旨在再教育這種直腿鎖膝、以護腱反射把人後拖的姿態。當我們困在它的掌握中，我們僵直了，畏縮得希望保持不被看見。當我們勇敢地表明立場時，我們會腳踏實地，兩膝放鬆，令我們滿有力量地向前推進，有韌性地冒險。

性格可以比作正向的自我控制，是一種自律的素質，使我們變得可靠。當我們追隨自己的真理時，我們根據自己內心的指南針運作，不管世界怎樣看，這就是性格得以最佳彰顯。

當我們倒退，感覺受外界動搖，不確定我們的立足之地，我們可以永遠記得做掛鈎。這個簡單的丹尼遜健腦操®運動（在第二章已介紹），就像鑽進一個繭：它把散落的能量沉澱在身體的中心，給我們一個鞏固的感覺。由此呼吸加深了，腦電波放慢了（脫離了搏鬥或僵直反應）；心律和血壓下降了，血液離開了肌肉返回重要器官。我們可以感受到身體的重量（我們的實質）和自己任何的細微動作。

現在，我們可以很容易地回答這個問題：**我在哪裏？**那感覺是**我已經找到自己的位置，知道腳貼地上，坐（或站）在房間裏，感覺到安穩**。在這種狀態下，我們更加與自己的思維、感受和感官在告訴我們當下正發生的事同在。這臨在是性格的一個維度。

小腦和平衡感

所有學習和行為的關鍵，是遍及整個腦部和身體的其餘部分之間，發育出多個神經連接。這些連接依賴於運動和平衡。小腦

是腦幹中負責運動表現的調節部門，在這些神經路徑上扮演着重要的角色。作為生命第一年及所有以後學習的發育基礎，小腦參與了所有的自動化行為。它儲存了各種從嬰兒反射到更高級認知模式的記憶，每時每刻在新的但惹人聯想的情境下，我們賴以作出適當反應。

小腦配合前庭平衡系統，協調腦部和身體其他部位傳入和傳出的信號，確保運動輸出是準確和受控的。小腦在無意識層面工作，當我們坐起來、尋找平衡、保持姿勢、走路、跑步時，監察肌肉的本體感覺。這些基本功能深刻地影響以後的腦部發育和我們如何學習或不能學習。在理想的情況下，我們發育了穩定感和平衡感，作為定向運動的參考點，這將成為我們閱讀和書寫活動的基礎。

通過卓越的電腦成像科技，每天都揭示出有關腦子的新資料。通過這種成像，腦神經科學家能夠看到，成功的學習者腦部顯示小腦有活動，在學校費勁地學習的兒童腦部則沒有。過去三十年學員向我展示的真相，已得到科學驗證：在嬰兒期最初學習的基本運動，是成熟認知過程的先決條件。

小腦除了指揮運動，亦錯綜複雜地參與所有的元認知（譯者按：又名「後設認知」，指一個人對自己的認知過程的覺察和知識，可用於控制自己的認知過程）活動，如內心圖像、對時間和速度的判斷、感官模式之間的注意力轉移，以及所有的隱喻思維。小腦組織腦子，並影響它的全面發展，因為小腦把習得的、重複的、已熟練的身體活動自動化，使皮質的較高級腦中心有所依靠、感到安全和可以自由地在已學之上建立新學。

溝通和行為：個案研究

馬克（Mark）和格洛麗亞（Gloria）來見我時，他們想一起做一個調和，以改善他們的溝通技巧和關係。很快我們便發現，馬克在情緒波動中掙扎，而這正影響着他們的婚姻。無論是在家或工作中，小事也會使他生氣。

馬克很聰明，清楚地看到自己的行為是不可接受的，並意識到他未能運用憤怒管理課程裏學到的認知工具。當我們在皮質操作，更精確說是前額葉（良知和自我覺知的所在地），這些手段會特別湊效；但如我們在腦幹的反射行為裏操作，便沒有那麼好用了，正如馬克般。他並不能反思或預估自己的行動；在這種情況下，便完全不能接通這些技巧，就像晚上在樹林裏沒有手電筒，即使手持地圖也毫無用處。

當我們因為真正或假想的威脅而無法感到安全時，一旦受到挑釁，我們可能會立即坐電梯直達腦幹，突然做出舊習慣或不成熟行為，是我們平靜時不常見的。對大多數人來說，我們自己不能預測何時出現這種或那種的行為。我們常常容許生命中所做的好事為「捕獵的狼」所破壞，就是那搏鬥或僵直的內部反射。這種內部角力可以是惡性和具破壞力的；如果我們感覺安全，與我們的經驗有正向聯想，便不太會觸發不理性的生存模式。

馬克的情況是，緊張令他不勝負荷。在他可以把反應納入有意識控制之前，他已經進入受限的求存領域中運作。在腦幹反射的操縱下，他的習慣是先僵直起來，然後冷血地猛烈攻擊。

在我們的文化裏，僵直（經歷恐懼時出現的沒行動和癱瘓）在男人身上出現會被認為是不吸引的行為。馬克跟許多男人一樣，想表現獨立，即使在沒有幫助下仍能行動。因此，他盡力為自己作出防護，很快便訴諸敵意、憤怒，甚至謾罵，卻把自己的行為合理化為表達自己的感受，這恰恰是格洛麗亞經常要求他這樣做的。

用了丹尼遜健腦操®的技巧後，馬克的情況有顯著進展。通過調和程序，他學會了警惕自己一些早期浮現的徵兆，表達他在離開有意識反應而進入生存反射，便立即做掛鉤。他還發現一天中定時做「正向觸點」（見第三章），可以讓他保持放鬆，無論他是否明顯覺察自己已覺得苦惱。

我建議馬克和格洛麗亞輪流輕按對方的「正向觸點」幾分鐘，才一起共度高質量時光。因為當我們在生存反射時（無論是倒退到僵直或防禦模式，或在搏鬥或逃跑反射中行動），我們無法感受到愛和可愛。這個安靜的前奏活動，是我鼓勵夫妻間用來培養彼此接受愛的方法。

這樣一來，當馬克的神經血脈系統變得更加平衡，便可以同時感到格洛麗亞的愛撫。利用「正向觸點」得到鬆解，即使在緊張的情況下，我們仍可以保持額葉活躍，可以習得如何保持臨在，而不會進入搏鬥或逃跑反應，除非有真正的生存需要。因為愛是恐懼的相反，一段時間後，格洛麗亞和馬克的「正向觸點」調和開始幫助他們辨認出腦幹行為，並更容易由退縮的行為進入額葉的恩愛行為。還增加了他們的能力，使交談更愉快，更能表達他們的需求和感受。

現在，讓我們討論一下腦部的其他功能。

大腦皮質問：這是什麼？

皮質問的問題：「這是什麼？」大腦皮質是「新腦」，與邏輯、理性、語言的人類能力相關。根據情緒中腦和感官腦幹提供的經驗和輸入，大腦皮質讓我們思考、作決定、疑惑、想像。在皮質內，右腦半球縱觀全局、有空間感和自發做事；而（所有靈長類動物的）左腦半球按時間順序把信息排列。按時執行活動的能力，促進了手部靈巧和小肌肉運動技巧，以控制及操作工具、運用對生拇指和（對人類而言）有助發展語言。

神經學家埃爾科寧・戈德堡（Elkonen Goldberg）的書《執行腦》（*The Executive Brain*），解釋說人類的腦設計來不斷搜索秩序、規則、模式、結構和參考框架。「當生物暴露在來自外環境的新模式信號時，」他寫道：「突觸連接的強弱以分佈複雜的佈局慢慢改變。這就是我們今天所理解的學習了。」

在我們生命中的不同年齡階段，在不同文化中，尋求結構和穩定性可能有不同形式。我們需要在某種可靠的背景中運作，否則我們不能存在。戈德堡假設，在我們尋找參考框架時，兩個基本的子系統在不斷工作：編碼系統和接收系統。左腦半球把經驗以線性及順序的形式排列，使我們熟悉它，並可以一步一步地重做出來，學習當中的語言和行為模式；右腦半球掃描新信息，首先通過感官（開放接受新穎事物），然後通過玩耍和與物質世界的互動。

如果運動是安全的，系統將會開懷擁抱新鮮經驗。我們有多大程度運動起來，通過學習掌握我們的運動，從而創造新的神經

路徑，我們就有多大程度不斷開放於重構我們的腦子，最終再造我們的生命。

一旦有了身體經驗，腦子便會把它編碼為有結構的有序代碼。這樣，我們便創建了一個新結構，由此我們操作起來，並感知這個世界。我們看到的模式變為可見並且成為背景的一部分，使我們能夠更好地審視，並以安全、投入及探索性的方式去辨識新信息。

前額葉皮質

額葉佔了新皮質的30%，構建用以覺察和作決定的結構，並是有覺知的。以進化過程來說，這部分的腦子是後期出現的。腦研究員埃爾科寧‧戈德堡（Elkonen Goldberg）窮盡一生研究靈長類動物的前額葉皮質，他形容這裏的神經區域是對環境、大自然聯繫和社會背景都有意識的。

我們在這裏做的部分決定，牽涉到方便性和實用性的，是個人的，和自我有關；其他牽涉到價值和原則的，影響了其他人，甚至整個地球。當充分發育和接通，額葉會給我們文明的思維。因為恐懼和求生本能啟動了，便無法接通文明思維，我們可能變得暴力或情緒低落。

額葉連接到腦的其餘所有部分，並在我們成長的每個階段與他們一起發育，因此有大量的神經路徑從額葉生長到腦部的每一個其他部分。前額葉皮質在整合全腦起着重要作用。當我們的腦子帶着意圖和目的，圍繞前額葉組織起來，我們便能夠投入在心所指揮的行動中（前額葉皮質的更多信息，請參閱第三章）。

分析腦半球

把特定腦功能聯繫到左右腦半球的詞彙，現在已經普遍流行。你可能會聽到女人抱怨丈夫「太左腦」，意思是他過於理性和刻板。我不覺得這種標籤太有用。但在另一方面，作為動態腦的一部分去理解左右腦半球的功能卻是非常有用的。所以我寧願命名兩側腦半球為「表達／分析」和「接收／完形」。

「分析」的英文字analysis，源自希臘字「解散」（同義英文字是dissolve），這正是分析思維的作用：把整體分解成基本的元素，像水的溶解過程一樣，把物質分解成組成分子。分析思維線性地從一個構件移到另一個上，好像我們在地圖上繪畫路線，或計算支票賬戶結餘時。它首先看細節，然後從具體的情況得出整體面貌。一旦我們繪畫好路線，或計算好支票賬戶結餘，便對行程或財政狀況有了一個概觀。

換句話說，分析思維先審視每棵樹，才退一步看清整個森林。這種思維是批判性和判斷性的，而且考慮到時間。它以目標、語言、自我表達的方式呈現。就像一台電腦，它處理一小片一小片的信息，以便把信息逐一排好時序、條理。它形成語言中心，說話和理解口語信息的能力，就是產生和儲存在這裏。

完形腦半球

另一方面，完形思維由整體主義開始，即是先掌握整個大局，然後才到細節。「整體主義」這個詞是指一條理論，認為在大自然

中整體才是決定性因素，而整體比所有部分的總和更大。根據這理論，無論多少對細節的分析（檢驗樹），不能充分說明統管整體（森林）的原則。

因此，完形思維就是整體思想，記錄了背景和感受，而且是直覺的。例如，它感應到財政一團糟會對婚姻構成壓力；它先看整體情況，然後才考慮具體行動，譬如計算支票賬戶結餘。它首先着眼於整個森林，然後才留意個別樹木。

完形腦負責辨識面孔和其他長期視覺記憶，參與到空間定向、節奏與音調，以及身體覺知。當我們需要處理大塊大塊的信息，不需要分析或執行線性的按序操作時，便正正配合上完形腦的強項了。這個腦半球開放於新經驗，被動地接收信息，還包含了與我們身體、大自然、環境的聯繫。

腦半球整合的好處

棋手們可以很容易地理解分析思維和完形思維的功能差異，因為在棋局中都在使用這兩種思維形式。計算下一步的行動可以是一個純粹的分析過程。就像一台計算機，棋手審視每一步及其後果（更何況還有每一步後果帶來的繼發後果），直到弄清哪一步會帶來最有利的結果。這是分析腦在工作。不過，有時候有經驗的棋手可以看一看棋盤便立即知道最好的一步，這意味着整個形勢在他心中是一整個圖畫。這是完形腦在工作。

　　我們都知道社會偏好哪種思維功能。分析的頭腦應用於建築商場、寫法律簡報、捍衛邊界、製造汽車、從事政治、管理股票市場，並開發所有上述事情都依賴的長途通訊。

　　因此不意外，學校也是在反映這現象。數學、科學和分析法的教學佔主導，而代價是犧牲了完形活動如音樂、舞蹈、語文的創造性運用。在財政預算緊絀的時候，完形活動如藝術科，可能完全被剔除。

　　當鐘擺擺往一個方向時，會有傾向擺往反向的極端；我們可以觀察到這種現象在腦優勢裏出現。出言輕視「左腦」思維的人越來越多，因為它是緩慢、沉悶、老式、男性化的，是製造戰爭的來源；「右腦」思維是發自內心的、大局的、直覺的，以及女性化的，最近有較好的傳媒評論。然而，無論哪方面的偏頗都是問題。

　　太多的線性思維使我們變得鐵石心腸和欠人情味，但完形思維太主導卻是不切實際和衝動的。人類先天的構造需要兩種思維協同工作，相互合作下才能發揮最佳功能。

通過運動來整合

　　有人說，腦是經驗堆砌出來的肉身。腦部一直投入在躍進新體驗的舞動中，在腦海深處儲存經歷，並帶着它的新結構前往下一個未探知的領域。整合學習是從下而上發展的，憑好奇心和能力探索世界，首先投入在玩耍及具體操作中，以激活腦幹和中腦。這過程在後來才會在大腦皮質內編碼成為思維模式，如果會的話。

這種舞動也可反向進行,即走向瓦解,而不是整合。這是緊張、競爭和恐懼的後果,搏鬥／逃跑或搏鬥／僵直反應守護我們安全,但卻排除了新學的可能性。

運動對學習真的非常重要。首先我們要找尋在空間中移動的結構。前庭系統(我們耳內的半規管可以比作門廊或門口)給我們平衡感,而且永遠是我們尋找新結構的基礎,正如它在嬰兒期幫助我們在地球重力的牽引下活動。當我們做到在重力下的初步平衡,我們便會發現自己活在身體內。我們現在可以跑、跳、玩,並準備思維敏銳度,將物質現實翻譯為有用的代碼和符號,有利我們最終的安全、成長、發育。

如果我們的目標是積累信息和數據,我們可以由腦部開始往下發展,接受條件反射訓練、反覆操練及強迫來記憶信息。可是,遺忘率會很高。這種左腦發育,沒有好處給到右腦;即使是可行的,但用途有限。這樣做等如繞過感受中心和運動智能,只能導致基於搏鬥、逃跑或生存的反射行為。這樣的經歷,從來沒有真正整合到發揮功能中的自我裏去。

胼胝體是橋樑而不是障礙

兩側整合的人以兩側腦半球為一個整體系統來使用;兩側碎片化的人並沒有接通天生能力,在任何時間只能使用一小部分的意識。在嬰兒期,先天的設置是造就整合的,例如爬行就是刺激全腦的活動。很可惜,社會偏好線性腦功能,往往使我們失去了腦半球平衡的自然狀態。

大多數人沒有意識到，我們可以達致的整合水平實際上能有多高。我們好像機器一樣，傾向於以嚴控和僵化的模式操作，而不是經驗我們能夠活出的自發和喜悅的生命。許多智力和情緒的功能紊亂，只是沒有達致整合狀態的症狀。學會使用全腦後，症狀便會消失。

左右腦半球先天設計來合作的，由兩億條神經組成的胼胝體連接起來，以驚人的速度每秒傳遞40億個信息。胼胝體是橋樑，而非障礙，其最佳功能是連接而不是分隔人類的兩側腦子。事實上，我們的神經解剖表明，整合是腦子的意向狀態。

在嬰幼期生命的最初幾個月，我們發育了一個切換器的複雜系統。我們學習爬行和執行其他的類似行動，使兩側腦半球的信息調為同步。我們使用胼胝體去建立合作模式，設置為會繼續貫穿成年生活。

平行處理器

右腦控制左側身體、左眼和左耳的意識；相反，左腦則控制右側身體和右眼、右耳。正如我們一直在討論，接駁肌肉和感官的神經，由主導腦半球通過胼胝體橫越至對側。當一側腦子在控制，對側可能會合作，或關閉並阻礙整合。緊張往往會觸發此關閉的單側運作。在緊張下學習近距離技巧，或我們的發育階段未準備好我們這樣做的話，胼胝體是無法如大自然的設置那樣把兩側連接起來的。

我叫這種單側運作為「平行處理」，因為單側運作的人可以從一側腦半球移到另一側，然後再返回，但不能輕易地同時使用腦子的兩側。另一方面，整合的人在思維中會同時用上兩側。

在森林的比喻中，有一個人在直升機上而另一人在地面上，兩人都要發送信息到控制中心以整合雙方的觀點。對平行處理器來說，這種整合觀點是有限的：無論是從直升機或從地面，他可以分別收到信息，但不可以同時收到。他可能善於迅速地從一方切換到另一方，但在某程度上，他總是會經歷協調的問題。無論是影響到他的眼睛、耳朵或整個身體，總是有些碎片化，兩側大腦未能按照生理結構的原則，通過胼胝體一同運作。

例如，孩子在學校可能會關閉分析和語言的耳朵，集中精神用完形感知聆聽老師的語調，由此錯過了話中含義的所有感應。閱讀時可能會停用完形眼睛，從而可以拆解文字為個別發音，但未能連成一個個整合的單位，並儲存在長期的視覺記憶內。

平行處理器被雙側活動弄得混亂了。散步、游泳、奔跑或慢跑都可能需要增加有意識的努力和控制，而導致停用完形腦。這些活動本來應該是讓人放鬆和提升活力的，似乎反而令人感到進一步的挫折，甚至可能帶來受傷。人可能便傾向避免大肌肉活動，或反其道而行之，對身體定下高要求，從競爭或設定目標中爭取成就感，而不是從愉悅的運動中獲得純粹的、固有的樂趣作為回報。

當平行處理器在空間中移動，脊骨、顱骨、骶骨卻不一起配合移動。腦脊液應該從腦後面到前面滋養和冷卻全腦，現在堵塞起來了。平行處理器以比較生硬、封閉或控制的模式運作，還經常伴隨着最少的呼吸，從而更為抑制整合進過程。

平行處理下的思維大多源自腦幹。腦幹處理輸入的感官信息，基於這些感官信息產生運動作反應，亦是反射性生存模式的起源。採用平行處理的人可以通過反覆背誦去學習，並經常做得很有技巧。事實上，應用平行處理器的人依賴熟悉的自動化或條件反射的行為而興旺。但是，這種人往往沒法得到真正的學習經驗，未能成就自己的獨特創作或表達。

兩側整合

平行處理下的思維是一種功能失調，無論採用的是哪一側大腦。現在廣受青睞的「右腦」被認為有的素質，若右腦單獨運作，實際上是不會這樣表現的。完形腦本身是較為被動和接收性的，幾乎沒有能力對行為進行編碼，完形腦以身體表達自己，而不是口語。完形腦本身是非常受限的。同理，分析腦本身最多只可以比較、批評和反芻已吸收進去的信息。

人們欣賞的右腦屬性，其實是歸因於腦幹和前腦的整合，發生在共同整合區。整合的人會通過語言區，在背景襯托中表達自己。他知道自己是誰，相信他所說和所做的，而且流利地表達自己。直到行為者達到這個級別的整合之前，沒有任何行為（無論是繪畫、舞蹈、閱讀理解或任何其他活動）可以屬於他自己。

兩側整合的人兩個腦半球都一起啟動了，能夠同時處理信息。人可以同時運動及思考，以作家的角度閱讀，以聆聽者的耳朵說話，全人投入參與任何任務。事實上，腦整合的人會在新穎的、

自發的、創意的事物上興旺，即使是最簡單的計劃也會成為一個自我表達的樂事。

這就是創意的力量，是額葉在運作，活命於夢想的最遠邊緣上。放開需要知道為什麼，我們騎上激情進行創造，付出我們的所有。我們研究，我們學習，我們發問，我們成長，直到在掌握的欣快感中成就卓越。

第七章

熱切的心是我們的組織智能

教學是我的生命，我覺得能夠為教育他人作出貢獻是上天恩賜。當我與學員達到溝通或課堂同頻進行的時候，我認識到心在共振中的喜悅。

我記得小米羅斯拉娃，她是我任教的三年級班的西班牙裔孩子。英語是她的第二語言，她很努力去了解英語閱讀和拼寫的基礎元素。我把閱讀和拼寫兩個科目分為個別課堂教她，知道在她準備好後，自會以自己的步伐整合這些元素。

那一天終於來到了。米羅斯拉娃說：「不要把字詞告訴我，丹尼遜先生。我可以自己找出來的。」當我聽到那小女孩首次自豪地全憑己力閱讀，有一陣罕有的興奮在我的脊骨裏上下鼠動。我的喜悅來自看到她放下，從而脫出了思維的拼搏，醒悟到對心至關重要的知道感。

心是一種智能，有和諧、組織、玩耍的特性，知道事物在哪裏、它們到何處去和所屬的地方。當我們感受到足夠安全讓心接管時，心自會知道做什麼。不冒險和犯錯就學不會。事實上，心茁壯成長於「錯誤」中的摸索。

心直覺地領會各種關係。當我們留意到心的提示時，它會讓夥伴們知道如何像舞者般共舞。在教育肌應學的個案調和中，我曾經幫助了冷漠的丈夫和妻子學習如何一起運動，並重新發現他們的聯繫感。

我曾經聆聽一位準備放棄的父親，用緊張的嗓音告訴我，他的孩子因失能而不能學習。我亦見證到，在不足一小時後，這孩子與父母一起協調地運動起來，全家利用運動覺互相學習。

我有幸參加了在北美、澳洲、歐洲的教育肌應學聚會，當中三百餘人像是一同起舞般，萬眾一心。我也有參加了教育肌應學基金會的董事會議和教務理事會議，當中來自不同文化背景的人，有時甚至有兩極化的需要，也願意暫時擱置理性考慮的差異，一起走向共同目標，最終能夠達成決議甚至和諧的境界。

我們的情緒智能所在地

據說，人們的每個溝通中，超過90%的信息是非口語的，以臉部、身體語言、語調、呼吸頻率以及運動節奏的形式傳達。這種非口語的語言，為我們的口語溝通所潤飾和優化，是我們擁有的最強而有力的語言。

然而，這種有節奏的語言不能以思維接通。心是我們運動及諧波的組織原則，我們的情緒智能所在地。當我們入住這個心的地方，我們有一種歸屬感，可與其他也已入住的人連繫。

　　心與思維連接和分隔的現象隨處可見，例如在教師、政客、上班族和企業管理者身上。我還記得在高中畢業典禮上，有一位同學的發言對我有深刻影響。她說的話並不特別博學也不是很聰明，但不知為何卻迷住了我。我笑了，哭了，並投入到她說的每一個字中，感覺好像她面對面直接對我說話一樣。心可以帶來巨大的不同！文字有製造區分的能力，可以把我們分開，但文字亦能承載我們共同共享的經驗，把我們全部人在人性中連接起來。

心的科學

　　這種心有所感的溝通，現象背後的現實是什麼？部分是心帶着鮮活的、熱情的感受進入情境，而感受在人性中把我們聯繫起來。情緒像令內心騷動的樂章的背景韻律，為我們聯繫的共舞提供了一個重要的節拍或脈搏，而感受把我們帶進故事中。

　　美國電影製作之騰飛到超群的經濟地位，由於許多因素，其中之一是美國電影工作者完善了激發觀眾情緒的藝術。他們知道如何使用影像、音樂和普遍的人類經驗，去喚起愛與聯繫的基本渴求，甚至挑動我們不是那麼秀雅的情緒如恐懼、憤怒或報復的慾望。不變的是，他們總會把感受投放入故事當中，給我們一個媒介來接通自己的情緒。

　　在我們覺得心很重要的個人經驗以外，我們現在對心的作用已經有了初步科學認識。對心的科學觀點，首個突破在二十世紀七十年代出現。來自美國賓夕法尼亞州費爾斯研究所（Fels Research

Institute）的生理學家約翰和比阿特麗斯·萊西（John and Beatrice Lacey）做了研究，挑戰了廣受推崇的假設：「腦是身體內唯一的決策者。」

萊西夫婦查出，當腦發出指令到心，心並不是像一台機器般以反射做反應。更貼切的描述是，心對腦的喚醒信息，反應似乎根據不同情況而改變。萊西的研究顯示，有時心跳會加快，但在其他情況卻放緩，即使其他器官激烈地回應。萊西夫婦發現，心在接受信息的同時，**實際上有發自己的指令到腦**，而腦做出相應的回應。

自萊西的研究開始，神經學家已經取得了驚人的發現，原來心包含了生理上一個有形的腦，有四萬個神經細胞，數量相等於腦的某些皮質下腦區。每一種在腦中發現的神經遞質（負責傳遞神經信息的各種化學品），都能夠在心內找到。從神經學角度來看，心是有智能的，與腦持續對話，雖然他們並不是每次都有共識。就好像有一天當你高速駕車上班，想着擺在面前的緊密時間表，於是踩下油門時，但引擎的咆哮聲卻像對你耳語，輕輕提示你向南駛去，為了可以沿着海灘蜿蜒漫步。

心臟看來與全身系統以多種方式進行互動。由杜克·齊德瑞（Doc Childre）創立的心數研究所（The HeartMath Institute），做心的力量的科學研究超過三十年，由心臟病專家和物理學家一起合作。他們的出版物《心數解決方案：如何解鎖你心中的隱藏智慧》（*The HeartMath Solution: How to Unlock the Hidden intelligence of Your Heart*）。齊德瑞和他的共同研究者和合著者霍華德·馬丁（Howard Martin）描述了這個研究及方法，以生物反饋的技術連接頭腦跟心臟。

齊德瑞和馬丁的研究發現了科學證據，表明了心與腦、身體的其餘部分對話，會使用至少三種生物語言：神經系統（通過神經電脈衝的傳遞）、生物化學（通過激素和神經遞質）、生物物理（通過壓力波）；第四種暫時只是有可能的是能量（通過電磁場互動）。閱讀他們的研究，我們了解到除了心臟，沒有其他器官對我們的理智和所有身體系統的功能，也就是我們整體健康狀態和安康感，有更大的影響力。

我們發現心臟不僅僅是循環系統的器官，在人體內推送血液。心臟是自我管理的器官，與身體的其餘部分通訊，不僅影響我們的情緒及我們如何回應其他人和情況，並影響我們的身體健康，包括我們的免疫系統和神經系統。

在這高壓的世界裏，特別令人感興趣的事實是，心與杏仁核會交換信號。杏仁核是身體的警報系統，是腦部邊緣系統的關鍵結構。它負責所有反應性情緒處理，引發了我們的血糖、腎上腺素、緊張激素皮質醇。心比較輸入的信息和已儲存的情緒記憶，以評估事件的意義，特別是關於是否啟動我們進入搏鬥或逃跑反應。

實際上心臟在調解這個系統，有時會告訴我們（當我們在聆聽），我們經驗為威脅的，畢竟並不足以構成危及生命的緊急事故。

假設你在黃昏中獨自走在寂靜的街道上。當你看到似乎是一群十幾歲的黑幫男孩向着你走過來，可能會感到逃跑的衝動。這衝動是心臟和杏仁核之間一連串複雜交流的結果，而心臟似乎在主導，因為有更多的信號從心臟流向腦。

當青少年更為走近，你看到他們不是一個匪幫，而是一個團隊。他們穿着足球制服，很明顯他們正前往比賽。現在你覺得對他們友好……甚至被他們的歡笑和青春的情誼而感到活力充沛。你的心臟已發送「所有都安好」的消息給你的杏仁核，搏鬥／逃跑的反應已經消退，而你再次覺得安全。

心臟和性情

對心臟移植受者的最近研究，揭示科學家從未想像到的另一個心的維度：心臟可能是我們性情的實際所在地。有些令人詫異的事例，受心者獲得了捐心者的口味、追求及性格。

國際知名的作家兼心理學家保羅・皮爾薩列舉了很好的例子。在他的書《心臟的代碼：獲取心臟能量的智慧和力量》（*The Heart's Code: Tapping the Wisdom and Power of Our Heart Energy*）。

在捐心者和受心者都仍生存的這些罕見情況下，帶出了振奮的研究機會。你會問，這種事情怎樣會發生呢？當一個人的肺部已失去功能，他會接受一個已死人士的心肺，以提高移植的成功率，而他自己健康的心則捐贈給其他人。皮爾薩談及兩名男士的妻子怎樣牽涉在稱為「骨牌移植」的手術裏，以及經驗了她們丈夫的變化。

這些研究表明，心臟是自成體系的組織器官，因為心臟在移植後依然保留原有特點，並強烈地影響着新主人的行為。

連貫性的因素

在九十年代，韓納馥博士對「連貫性」的想法感到興趣，這在當時剛開始以心臟電磁場讀數作為指標，稱為心率變動（HRV）模式的。在她優秀的著作《喚醒童心：全球教養手冊》（*Awakening the Child Heart: Handbook for Global Parenting*）第三頁裏，韓納馥博士寫了有關心率變動模式：

> 當人充滿感激，或是身處歡樂和諧的環境中，或是沉浸於愉悅的工作、學習或冥想中時，研究者會觀察到一種連貫的心率變化。這些發現進一步表明，一個連貫的心跳模式（heart pattern）決定了腦部接收來自環境的感官信息的最佳能力。這種連貫的模式加強了人腦的能力，去吸收信息，從而建構出可理解的模式，然後把它們記住，從中學習，而且按照模式做出合適、有效並有創造力的事情。

連貫性意指當系統中各元素同步操作時，所產生的高效率能耗、相互協調的狀態。如果你有打籃球或觀看職業籃球，你便會知道這種現象。球隊有時會進入一個「區域」或「流動」中；當球隊在裏邊時，一切都像編好的芭蕾舞蹈般呈現。每名球員像一起舞動，有着自己的獨立個性，亦因為共同目的而聯繫起來。

我記得姬爾和我第一次前往丹麥任教。剛抵達哥本哈根時，長途跋涉和時差令我們累透。離開火車站，我們碰巧見到就在旁邊的趣伏里花園（Tivoli Gardens）正舉行音樂會。我們覺得花園好像向

我們招手似的，以活潑的音樂、鬱葱葱的綠色、閃爍的燈光、笑着及漫步着的人們，發出邀請。

我們剛好趕及獲得最後兩張站立的門票。這音樂會由祖賓·梅塔（Zubin Mehta）指揮，並由帕爾曼（Itzak Perlman）演奏小提琴。靠着牆，我們在這美妙的聲音中休息，全神貫注地聽着音樂跌宕起伏，飽滿又充滿活力的聲音一波一波地洗滌我們，激勵着我們，令我們如醉如痴。在整個音樂會中，我們着迷了，眼睛經常閃着淚光。

最後，當音樂指揮和演奏家站在一起，攜手鞠躬時，觀眾的回應好像一個個體，以一致的韻律鼓掌，我們從來沒有經歷過這樣。在這連貫的一刻，我心喜悅地躍動。姬爾和我知道我們經歷了不平凡的事，即使疲累，那美妙、療癒性的經驗起了提振作用，讓我們精神煥發。

不和諧的節奏，如顛簸的火車旅程、一整天太費勁思考或飄忽不定的談話，讓我們感到緊張、鬆散無序而且不同步；連貫的節奏，如優美的音樂、自然環境的聲音或景觀、人們一起表達喜悅等，都可以把我們帶回滿有活力、讓人心動的地方。

丹尼遜健腦操®的基本理念是，由簡單特定的動作喚起的自然節奏，是最可靠的方法之一，帶我們回到這種自然的連貫狀態。簡單說，當心臟是諧振的，腦部便可以最佳運作；而平衡的運動可以幫助我們鬆解緊張反應，重新與心連接起來。當思維和身體整個系統是平衡的，學習、創造和工作便進入最佳狀態，自然天賦便自由地展開。

思維和心的決戰

在理性、理智的腦，和直覺、智慧的心之間，互相挑戰不停，往往阻止了我們以最整合的方式運作。不平衡是眾所周知的，外顯為我們每天都面臨的各種戰鬥，如在繃緊或輕易之間的拉扯，戰略與流動之間，或創作的衝動和原訂時間的需要之間。當我們的抱負和理性抗衡感受和直覺時，我們必須擁抱這種張力。自古以來，這也是權力和愛之間的張力。

在親密關係中，我們大多經驗這種張力為兩性的典型化描述。很多時候，我們把決斷、霸道的特質，或接收、婉轉的特質，投射到我們的配偶身上。配偶讓我們想起自己的父母，然後我們站在對立面上，玩兩極分化的對抗遊戲。這場戰鬥也體現在生態上，控制和剝削對抗着滋養性、豐盛和最終是脆弱的大地母親。

理智怎樣排除心的身體智慧？我們每一個的內在小孩都想跟隨心。然而，由於社會高舉思維，心的信號被理智的比下去了。這是我們需要面對的挑戰，這意味着我們必須學會聆聽更微妙的信號。由習慣和生存策略主宰的腦，會更強烈地表達，讓人聽到。如果我們習慣了腦的支配，我們便很難聽到心的柔和音調。但是我們迫切地需要開始聆聽心的信號，以引導我們走出現今世界的混亂、暴力和緊張。

無論我們是否留意，心不能被迫噤聲。如果心不被直接聽到，便會找一些間接手段表達。即使文字歷史上都記載男人在專制管治，而女人大多採取順從聽話的態度，但斷言「女性是無力的」

並不正確,正如妄想「愛是無力的」也是錯誤的。愛是世界上最強大的力量。

在我十歲時,我的父母製作了聖經人物以斯帖(Esther)的木偶劇。以斯帖皇后嫁了給亞修羅國王(Ahaseuras),其龐大的王國跨越波斯和美狄亞,涵蓋127個省。國王的權力至高無上,法律規定在沒有傳召下,任何人(甚至包括皇后)不可以擅自來到他面前,違者可被處死刑。

在父母的木偶劇中,我對舞台上那些巨大而七彩繽紛的手偶十分着迷,他們的動作和大膽的嗓音戲劇化了表演。當以斯帖的堂兄莫迪凱請她向國王求情,要求停止即將發生在皇后所屬的民族的種族滅絕時,以斯帖冒生命危險去接近她的丈夫。然而她的優雅和勇氣,加上美貌和伶俐保護了她,她能夠說服國王,他的哈曼總督違抗了國王意旨,最後勸服國王收回成命,於是善戰勝了惡。

在木偶劇中,以斯帖憑着她拯救人民的熱情,讓作為觀眾的小孩們站在她那邊,為她歡呼打氣,又對邪惡和操控的哈曼予以噓聲。如果我們敏銳地留意心和思維的互動,便可以視這個故事為準確地呈現內在的戰爭,我們所有人總有時候需要面對的。

連貫性的價值

我們可以看到,把我們身體與思維系統的運動,帶進心的諧振連貫性中,是十分重要的,因為心引導我們的方式,是思維獨力時做不到的。當我們身體的運動和節奏模式變得更整合時,我

們感受到更多的關懷和對生命更欣賞，擁有更大的安康感，能夠在平靜中更好地聚焦和集中。我們的學習能力、創造力、理解力都會提高，無論在家裏、學校或工作場所，無論我們做什麼，都經驗到更大的樂趣。

感到更輕易是因為連貫的心率誘發連貫的腦電波，從而最佳化腦部的能力，以接收外界刺激，以及輸入、編碼最後整合新信息。回到籃球的比喻，球員似乎能夠看和聽得更好，接收的信息得到更好的協調。

心幫助我們成為，腦則敦促我們執行（至少左腦半球是如此）。頭腦盡量努力，但腦的反應廣度是有限的。然而，當我們連接到心的智能時，便可以看到無限的可能性。當我們斷掉連接時，即使解決方案就在眼下也看不見，因為我們用以找尋答案的氣力反而抑制了我們的視覺。當重新與自我組織的心連接上，解決方案經常會毫不費我們力氣地自動出現。

戈德堡告訴我們，左腦進化來編碼、記錄和熟悉化我們的經驗，讓右腦可以創造性地使用。左腦具有內置的「怎樣做」和「怎樣不做」機制，意思是說它的功能都有關於線性地辨識分別和分開。

但生命不是線性的，也沒有組織。生命是野性和混亂的，充滿悖論和神秘。我們需要皮質、左腦語言的抽象概念，去重構事物，用順序的方式思考，發展出符號和提示來提醒我們做什麼。然而，是尋求新穎的右腦的詩詞、歌曲、舞蹈，把東西重新凝聚在一起，幫助我們表達喜悅、玩耍、美麗、諧振和合作的特質。

學習和心的語言

我們怎樣才能重掌那聲音,說着熱心的語言?

當我們背誦一首詩,那深沉的節奏告訴我們如何以新的方式運動。我們所講的「用心學習」之意是,我們內化了跟文字相連的運動模式。最單純形式下的心的語言,以充滿詩意的嗓音說話。這嗓音的節奏和韻律,是直接來自身體的自然運動。詩詞帶我們回到心和熱情中,回到大自然的模式,並回到生命的奧秘。無論是詩句或散文的形式,這個整合的語言可以把我們送進心內,甚至觸動腦幹。

當我寫詩時,放手讓文字流動的過程令我讚歎。當我做丹尼遜健腦操®時所發生的情況一樣,詩詞帶我進入自己的感官和身體,然後進入我的心。有什麼事情發生了,我與房間的關係就是改變了。

無論是誦詩或寫詩,我們可以體驗詩文的特質,把兩組功能聚集在一起;一組是覺察和語言技巧(前腦和左腦),另一組是感官、感受及運動模式的覺知(腦幹和右腦)。

詩詞邀請我們聆聽我們內心和外在的節奏和聲音(心跳、呼吸、嗓音的語調和抑揚;步行或活動的節奏),和觀察在我們覺知內保存了這些特定運動模式的任何影像。對我來說,只有感到足夠的安全,讓我覺察到內心的體驗,才能寫出詩來。

當邀請學員去誦詩或寫詩時，重要的是，他們需要感到安全，並有機會覺察和與心相連，才能探索這種藝術形式。這是一個原因為什麼我在教導成人時，我會盡力創造體驗的環境，讓人們相互學習，而競爭不會得到獎勵。

在教室，獎勵或懲罰行為，傾向於造就一個嚴苛的競爭氛圍。這種緊張會降低心／腦的連貫性，使人們感到好像受到威脅，導致搏鬥／逃跑反應。

學員的反應不盡相同，但通常包括激烈的行為，如過度專注於學習資訊以取悅老師，或與其他組員對立爭論的行為，有時甚至怒火隨生或做出破壞性行為。逃跑反應的徵狀以退縮的形式表現：這些學員想盡辦法消失人前，避免被迫參與。

在任何情況下，獎罰的課堂氛圍會嚴重削弱個人能力，去保持與心聯繫，並接通奇妙的、有無限可能性的詩詞世界。

相反，課堂若包含了音樂、學習遊戲，以及大量的丹尼遜健腦操®運動，便設置了輕鬆和探索性的基調，幫助學員鬆解緊張，與自己的感受和感官保持連接。

無形的聯繫

緊張和競爭是會傳染的，因為人際的心和腦的連貫性，通過許多無形的聯繫而溝通着。當中部分成因是皮爾薩所描述的心電磁場，大致上可以延伸到體外平均約5米。

我們在家裏、學校、在工作時，往往習得了緊張模式，就是不連貫的心／腦節奏。鎖定這些模式其實很容易，這嚴重限制了我們學習、創造、合作的能力。努力、紀律、意志力可以在一定程度上抵消這些影響，但這種奮鬥違反了底層結構的紋理，使擴展和整合的功能進一步受到抑制。我發現，最有力的單一方式把人們送入心的連貫性，是通過運動和玩耍。

此外，韋恩‧穆勒（Wayne Muller）的《安息日：在我們的繁忙生活中尋找休息、更新、喜悅》（*The Sabbath: Finding Rest, Renewal and Delight in our Busy Lives*）是一本美麗的小書，建議我們每週預留一天休息和慶祝生命。作者強調，當我們筋疲力竭的時候，我們不能做出正確的決定。穆勒的著作鼓勵了我每天用五分鐘走到我的後花園裏，只為覺察看到什麼，而我在工作坊裏經常邀請學員做同樣的事。當我提出這建議時，我有時會看到人們眼中的恐慌。也許在我們的文化裏，已經完全失去了休息和放鬆的藝術，單這樣想已足以讓我們焦慮。習慣於緊張為本的運動模式很容易，請記住這個很有用的想法：即使是幾分鐘的平靜和美麗，可以幫助我們重拾更多的恢復性模式。

玩耍和暴力

玩耍將心帶進場景中。心原是封閉的兒童，會開始打開。在一段動人的視頻中，有一隻受創傷的北極幼熊封閉起來，但籠裏另一隻幼熊不停地與之玩耍，從不放棄。最後受創傷的幼熊敞開

了心扉，可以開始參與遊戲。教育應該如此發生的，無論是在人類或北極熊身上。

　　當孩子們放鬆，並處於真正的玩耍模式，是沒有暴力或競爭的。如果有搏鬥或輸贏，那全是遊戲的一部分，並非壞事。當緊張和社會條件反射驅使孩子回到腦幹去時，才產生有害的暴力。在腦幹，選項極為局限。當生命有危險，所有其他考慮都成次要，亦沒有時間進行學習或創造。正如前文所述，處於真正危險的情況下，這完全恰當；但熊能有多頻繁在漫遊中進入遊樂場？

　　直到最近，從丹尼遜健腦操®的角度來看，女孩比男孩更適應學校生活。她們顯然享受到更容易接通整合功能相關的愛和其他感受，而且她們有更優秀的語言技巧。她們可以透過與女性朋友或特定成人交談，以鬆解情緒緊張，所以她們並不經常出現低等動物反應。今天，男孩和女孩的這種分野變得模糊，雙方都未能得到必要的心的刺激，腦幹競爭也已開始統治女孩世界。

　　朋輩群組內的滋養性互動，如樂趣、玩耍、遊戲、觸碰，正在發育過程中逐漸淡出。玩耍變成了數碼、無生命、冰冷的東西。

　　在過去，通過打架去解決爭端的機率，男孩比女孩多出10倍。現在這個比例已經下降，25%的打架有女童參與。打架者的年齡亦在下降。我寫這書的這一天上午報紙頭版，報道一名不夠十歲的女孩被毆打幾乎致死。她處於昏迷狀態，大概有永久性腦損傷。一些孩子和一個母親目睹事件，慫恿行兇者捍衛自己的名譽，因為受襲者吻了她的男朋友。

善意的成人常常指責電視和視頻遊戲促成暴力增加。從丹尼遜健腦操®的角度來看，我們知道孩子的心沒有得到發育，這意味着孩子更多訴諸於腦幹行為，包括冷血的暴力。

當家長、老師或同事能夠把連貫的心／腦節奏帶進家庭、學校或工作環境時，人們是可以感受到的。我多次目睹，當相對少數的人習得如何進入思維和身體的協同平衡時，便啟動了一波的變化進程，使房間中正在發生的事情轉移。這種改變在更大規模時，可以轉化整個社會。

重獲連貫性

在聽過我以上分享的信息之後，很多人想知道，一旦人失去連貫性，怎樣重回狀態？如何培養平衡和開放？我該如何重新連接思維和心，以提高學習能力和生命享受呢？

回答這些問題，我提出以下兩個建議。首先，我們需要覺察到我們脫出了連貫性，這意味着首先是正視連貫性的必要。生命從來不會把自己硬塞給我們，反而是耐心等待，直到我們看到自己的需要，並且提出要求。只要我們設置一個明確的意圖朝向更高的腦／心連貫性，生命將回應我們的真誠願望，並幫助我們。這種情況會以多種形式出現，但我自己的焦點會放在一個容易理解的方式上，就是如何通過身體發生。

身體會回應我們的想法，這就是為什麼培養正向的療癒性想法很重要。當我們靜靜地表達，希望某種形式的改變，無論是情緒穩

定、生命中更多的愛（更大的內在連貫性）或其他任何東西，身體便會開始調動資源，投向願望的方向。

其次（這是真誠希望有更多連貫性的情況下自然發生的），不斷實踐這本書中所描述的丹尼遜健腦操®活動，我們可以重獲連貫性的狀態。

你將會在第十二章學習的丹尼遜健腦操®準備學習四式，會讓我們脫離緊張的反射，並幫助我們沉澱在由心的連貫性而生的較為放鬆的狀態。在本章中，我想邀請你體驗兩個丹尼遜健腦操®運動，可以幫助重建心的協調反應。這兩個運動尤其有效的地方，在支持我們扎根在身體內的踏實感。

這些動作對整個身體的健康亦很有裨益，因為他們幫助鬆解護腱反射和受觸退縮的僵直反應，於是降低了緊張反應以及任何緊張激素（如腎上腺素和皮質醇）的分泌，所以我們可以更迅速地回到心連貫性的平靜中。皮質醇水平降低，有「青春之源」之稱的脫氫表雄酮則升高。有着抗老化的效果，脫氫表雄酮滋潤身體系統，提高免疫功能，釋放混亂或沮喪的感受，讓思想和關注更清晰。

完成這兩個動作約花一、兩分鐘，覺察一下你經驗到的神經系統活動模式有什麼變化。

重力滑掌是一個關鍵運動幫助鬆解護腱反射，就是僵直或退縮的緊張反應。這種反射的鬆解，準備我們重新與心連接起來。

舒適地坐在椅子上，讓一隻腳交叉放在另一隻腳的腳踝上。保持膝蓋放鬆，向前方垂頭，從腰部舒適地彎身。雙臂舒服前伸，

重點是放鬆和在重力下滑
動，彷彿枕在空氣上，因
此探身向前至足以感到輕
鬆很重要。

「重力滑掌」

呼氣時，讓手臂和上
身向下稍稍滑動，吸氣時
讓吸氣動作推送你向上滑
動。向左、右和中間重複
這樣的動作，在每個方向
做滑下的動作之前，先回
到坐直的原位。然後用另一方式交叉雙腳，再做一遍。

如果你面對群眾時需要額外的信心，這個運動會特別幫到你，
例如演說。你會更容易由心表達自己，倍感自信。

有助平衡你的思維和
打開你的心的動作，特別有
用，令你更專注的也是。下
一個動作「弓步固基」有類
似重力滑掌的效果，也有助
你感到更加踏實和放鬆。

「弓步固基」

左腳指向正前方，右腳
指向右方，形成一個直角。
現在一邊呼氣，一邊彎曲右
膝，然後重新伸直右腿時吸

氣。保持臀部內收，並確保你的軀幹和骨盆校正，朝向前方，而頭臉、彎曲的膝蓋和曲腿的腳掌則朝向側面。請注意直腿的髖關節與大腿的內側肌肉放鬆程度。

心的知識

在繁忙的現代社會，每日都充斥着信息輸入。我們往往過量地活在頭顱內，如此使我們能接通到有限的分析性信息。另一方面，在身體內，我們可以接通到身體智慧，一種更個人化的內在知識，而且是無限的。

我們每個人與每一個別人，都在心的水平上有連接。通過心的連貫性，以洞察和直覺的形式，一切可知的事潛在可以變為知道。

看到科學和科技如何飛躍進步，我的印象是，宇宙的大智慧決定了：「好吧！現在是時候把這則信息增添給人類的成長故事，他們已準備好走下一步。」

一旦我們收到了這則新信息，我們仍然需要身體去整合到現有結構裏。事實上，就是這個啟發和整合的特定經驗組合，在我們學習時給出欣快感。

丹尼遜健腦操®運動激活兩側腦半球，並用心把它們倆連接，從而讓我們開懷迎接注入的創造力，使我們能夠處理和內化這些新經驗。

當我們問自己「**什麼是世界的真正奇蹟？**」，我們可能在思維中搜索答案：回憶看過的著名地方；我們認識或聽聞的人物；或我們閱讀過的事件。但是，如果先運動以進入心的連貫性，才回應同一條問題，我們可以立即重新與這些奇蹟連接：用自己的雙手觸摸；耳朵聆聽和接收；眼睛觀看和享受；還有心去感受、歡笑、愛。

第八章

運動和記憶

一九六三年，約翰·肯尼迪是美國總統，一級郵票的價錢是4美仙。當時我坐在波士頓大學的課室裏，應考美國歷史科的期末試，範圍是從經濟角度理解內戰到當時的重要事件。我需要寫一篇論文，要記得關鍵日期、重要的人名和地點，以比較和對比過去的政治事件與當代議題。

歷史系主任希爾博士是這四小時考試的監考人，恰好站在我的桌子後面。感到她的臨在使我僵在恐懼中了，不能把頭轉向左或右方。我的頭腦一片空白，就只能重複：「請遠離，請遠離。」直到希爾博士決定站在別的地方，我不能思考，記不起事情，不能寫下一個字。

是什麼造成我的思維障礙，使我不能思考或動筆，直到監考人走開？恐懼如何影響回憶？

我再花二十年，才能夠解開謎底，明白在漫長的大學歲月裏，什麼身體元件阻止了我的思考。我受護腱反射所箝制，導致了我的思維敏銳度的抑制，桃樂絲的鐵皮人便是典型例證。當我們不能放鬆脖子去轉動頭部，我們無法接通顳葉某些神經路徑，而這些神經路徑對記憶和語言功能卻是很重要的。

記憶現象是一個複雜的功能，涉及觸覺和運動覺等感官，也涉及我們的感受，例如在玩耍中引發的。記憶是一種能力，通過情緒聯想，把目前境況關聯到過去經驗，使我們重溫該事件，好像再發生一遍。簡而言之，記憶是一種思維狀態或有條件的聯想，由身體內部的感覺激發。

大多數人都明白嗅覺是一個記憶的開關，因為他們經歷過。每當我走進麵包店，嗅到熱蘋果批時，便記起在寒風刺骨的下午到訪我祖母在美國新英格蘭的家。凜冽的冬日和祖母溫潤的手，即時生動地活現。

沒有形成記憶，我們已經習得了嗎？如果我們無法重溫事件，並聯繫到我們生命裏，是否真的曾經發生？

用心學習

良好記憶力不止是成功記住測驗內容，死記硬背的遺忘率至少有80%。「用心」記憶，就像用心學習歌曲或詩詞，不止是完美無瑕地從記憶中背誦出來。這意味着與文字的意義諧振，和在身體內感覺到，使詩詞或歌曲成為自己經驗的表達。

創造新記憶是學習的核心。每次愉快的經驗，會在現有神經路徑的基礎上，建立豐富的新成長。我們的早期學習，是實質有形並和身體相關的事物。當我們第一次學走路，那運動覺學習儲存在腦中成為記憶，每次踏步時都可用上，讓我們不用思考便可以舉步，除非我們受了嚴重的傷。我們的早期運動是對世界的早

期探索，由此建立的神經路徑，為我們隨後在成年期的抽象思維過程提供基礎。

與某東西產生諧振，就是與它和諧地聯繫起來。當我們與周圍的世界諧振，我們能夠基於喜悅、探索和合作的感覺，用輕鬆的心進行學習，而不是基於緊張、恐懼或競爭。我們的腦是以緩慢的、放鬆狀態的 α 波來振動，那時會有一種流動感，而不是快速的、緊張狀態的 β 波。這些真正的 α 波和 β 波學習，其根源在我們與世界的一種內聯感。

通過運動很容易學會的字母，經得起時間考驗。發明了這些字母的腓尼基人知道是什麼東西整合了腦部，就是什麼構成了左右腦半球屬性的平衡，而運動是其中的一部分。我執筆手的寫字動作能帶給我平衡，正如任何其他運動都可以誘導我進入平衡狀態。

運動中的身體會參與每一個經驗，每個想法都涉及腦子的運動神經元，雖然身體運動有時是極細幅度的，像我們移動眼睛時。小腦調節了在嬰兒期掌握的運動模式，使我們能夠在時間和空間中發揮功能，延伸出去與環境接觸，並探索新經驗。我們的記憶建立在互相架疊中，從而創造了互相聯繫的矩陣，形成我們認識的豐盛生命。

短期記憶

在當今世界，記憶力減退已成為一種困擾。每天腦退化症和阿爾茨海默氏病在激增，加強了人們對這個主題的興趣。當親友承認自己失去了記憶力時，通常他真正關心的是短期而非長期記憶。

當我們不能記得剛說的，剛讀的，剛走進房間時的原因，我們跟運動模式斷開的程度，已經嚴重到只在用腦中被動及接受性的神經路徑；表達、規劃和意圖這些額葉的執行功能，已不可用。

我們的短期記憶是我們的工作記憶，或稱有意識的記憶，涉及我們的感受（把我們連接到一件過去的事件）、感官（把我們連接到當下），以及想法（幫助我們為預期的未來制訂計劃）。

如果我正為出門而收拾行李，我掃描上次出差的記憶，回想我穿了什麼、教學準備了些什麼，過程中重溫以前旅途的事件。當我現在看着收拾出來的東西時，和腦中清單核對，我也在預算未來，想像我到達下一個目的地時，需要哪些和不需要哪些。

我們必須建立新的神經路徑：在我們活出未來之前，先實在地在思維裏創造它。短期記憶是一種覺知，負責主動整理輸入的資訊以配合上長期模式，使我們可以邁向未知的將來。這是一個重組的過程，當中我們重新創造自己，並引進背景迎接未來的新學。如果欠缺富有表達力的額葉的活動和參與，我們無法用這樣的方式處理新的信息或經驗。

相反，長期記憶依賴身體為本的學習經驗。這是為什麼老年人經常重溫年輕時代的回憶，當時他們更活躍，他們走路、工作、下廚、體育運動，並揹抱自己的孩子；也就是說，當他們運動及鍛煉了肌肉。

我記得看過改善記憶的書，有關「記憶釘」、需要激活右腦產生腦海中的畫面，以及用想像力構思聯想來連接新信息。在當學員的日子裏，我跟身體和實際經驗失聯，而這些技巧使我輕易地存取令人印象深刻的大量數據。

　　任憑他們有技術和噱頭，這些方案是有限的，雖然可以用在某類型的學習裏，以及令朋友留下深刻印象。這些方案也確實讓我審視了腦子和製造有意識的情緒聯想的重要性，其中許多技巧仍然有人教授。然而，沒有使用花招，如何引出有意義的、真實的回憶呢？便是那些關於在具體現實中獲取到真正經驗的記憶，關於與我愛的人以及跟我玩耍的人的記憶。

「老年時」

　　每當我在課堂討論記憶，學員都會問為什麼他們可以很容易記住面孔，卻記不起面孔主人的名字。當我講故事的時候，我常常說不出關鍵字，或不記得一個城市的名稱。這個現象並不陌生，任何人不論年齡都曾有過這種經驗，被稱為「話在嘴邊」的經驗：我們知道想說什麼，可以明白和感覺到關聯，就是想不出這個字來。所以我們會選用另一個字，或停止搜尋記憶，轉而做別的事情，藉此等待這個需要的字晚些出現。

　　我們怎能在學習中更臨在、包容、注重感官，讓我們能夠主動聆聽，讓表達的額葉和聽覺的顳葉有更多參與，越來越愛上並越來越多使用語言的聲音，以改善我們的口語回憶？

　　同樣令人着迷的是首因效應和繼發效應的記憶現象，便是負責經驗事物的右腦天性傾向處理新穎並保留作較長期貯存，以及記錄近期事件作較短期貯存。在我寫這本書，希望列舉關於我作品的例子時，我記得最好的是一些與學員最早期分享的個案調和內容，當然也有最近期的。我們往往最記得第一次做某事情（我

們的初期體驗），以及近期經歷的事件，我們更難記起的是在中期的那些日、月、年。

左右腦特質的早期研究表示，記憶與右腦的聯繫更強烈，這已被當前神經科學對腦子的理解所證實。它強調右腦半球參與處理從感官和情緒送進來的新穎體驗，喚起好奇心和發現的喜悅。

所以我們看到，當我們把思維玩耍性地投入在新穎事物時，便會建立更多記憶。當常規變得過於例行公事，便也變得沒有那麼容易記住。這應該自然地引導我們問，我們如何能夠用更多新穎、運動和歷奇的元素，自己好好過生活的同時，也教導我們的孩子如此，使我們有更多東西可以記憶。

記憶不是貯藏於腦部的任何單一位置。某些腦模塊如海馬體對記憶是必不可少的，受傷或切除後便不能記憶。然而，腦子是全息的。當腦子圍繞一個目的或目標組織起來的時候，各個腦模塊便發揮說話、視覺、聽覺和觸感的功能；腦模塊之間的界面連接如何，決定了全腦記憶生成得如何。直至新學與過去的經驗作出對比之前，直至新學可以幫助我們想像快要發生的事情之前，它是沒有意義的。當我們可以完全活在當下，過去經驗為我們所用，以預計未來的需要時，我們才會有一個運作良好的記憶。

記憶的生化成分

我們已經接受了記憶力減退是生物現象，老齡化過程中無可避免的一個特徵。但在現實中，這個問題因為環境因素而大大惡化。

腦部和其記憶是以生物電和生化為基礎的，神經遞質在神經元之間傳遞電脈衝跨越突觸。由於記憶的這個生化成分，任何可提升腦部化學平衡的作為，都有利於記憶的長期健康。

通過讓身體重新發揮作用，丹尼遜健腦操®可以在記憶中扮演重要角色，方法是使用有意識運動經驗作為達致學習之門。身體活動有助腦部充氧，和協助各個器官的無數身體過程，包括製造任何所需的化學物質。這一切產生更清晰的思維。在教育肌應學裏我們觀察到，每天跟隨一個丹尼遜健腦操®運動計劃的成熟成年人，他們的思維活動比久坐的人表現更佳，而醫學在每日運動的價值上的最新研究，也證實了這點。

玩耍和記憶

我有幸與玩耍專家弗雷德・唐納森（Fred Donaldson）一起工作，他對兒童和野生動物的玩耍研究是國際公認的。弗雷德的著作《用心去玩耍》（*Playing by Heart*）曾被提名角逐普立茲獎，又撰寫了超過三十篇文章論述他設定的主題「本我玩耍」。他描述玩耍為「歸屬於及接觸一個與我們接觸的世界」。弗雷德還進一步說：「本我玩耍實踐仁慈，貫穿個人的所有關係。本我玩耍培養對世界的一份不斷更新的着迷感及投入感。」弗雷德已經識別出人類和動物共同的具體玩耍特點，還提供我們一個理解：玩耍的固有智能是普遍性的，廣泛存在於所有生命形式中。

準備好學習的時候是放鬆的，無論接下來發生什麼都準備好迎接，準備好玩耍。丹尼遜健腦操®釋放我們去自由玩耍，幫助我

們脫離競爭性的搏鬥或逃跑狀態，返回聯繫感和自穩狀態。孩子們喜歡那些運動，尤其是兩人一組的或是小組的。當丹尼遜健腦操®已成為他們日常生活的一部分時，如果日程表裏不經意間遺漏了，他們會要求補做。

有關玩耍你最記得什麼？在玩耍模式下，我們經驗一種輕易感、安康感和喜悅感。我們能夠朝着自我提升的目標持續努力，並很高興增加了新挑戰。當我們不怕犯錯，學習是很自然的，從來沒有以之為辛苦。當我們由這個創意空間投入世界時，我們在認知上躍進了。我們更在當下，但並不會太着意時間。在玩耍時，我們更加覺知到與人的互動，而非更專注於自己，在分享同感和對等承認的感覺下運動。我們很容易笑，在平和的狀態中互動。

運動刺激腦部的神經元生長，當中最佳的身體活動方式是讓人體中場有所參與的，有跨越視覺／聽覺／運動覺的中線。這些中線把身體分為鏡像對照的兩半，是連接兩側身體的橋樑。在這樣的身體活動裏，整體大於兩半的總和。嬰兒爬行，滾來滾去，以及後來學走路時，會作出這種動作。研究表示，這些普遍人類的共有運動模式，無論對孩子的神經路徑發育，或是對成人發揮最佳的思維功能，都非常重要。

為自己跨越中線

本書所描述的其中兩種丹尼遜健腦操®動作「交叉爬行」（見第十二章）和「臥8」（見第二章），是涉及跨越中線的有益運

動，從而整合兩側腦半球，加強了回憶和思維清晰度。慢動作做這兩項運動時，會刺激前庭系統，有助促進調和狀態和平衡狀態，以及視覺、聆聽和思維的整合。

如果你覺察到你需要活動一下，然而在工作中，或其他沒法做「交叉爬行」或「臥8」的環境時，我建議你做「轉頭旋頸」。

「轉頭旋頸」

深呼吸，放鬆你的肩膀，垂頭向前，讓你的頭慢慢地從一側轉到另一側，同時把繃緊呼出。當你放鬆你的頸部，下巴於胸前畫出一個平滑的半圓。

在日常生活中，許多體育運動如高爾夫球、網球和乒乓球，如果你以有意識的意圖進行，可以幫助左右腦的同時參與；甚至掃地時也可以用對側操作的動作跨越中線！當然，幾乎每個人每天都走路。做丹尼遜健腦操®動作中被稱為「想像交叉」的運動，你真的只需要想像一個X，然後走路時手臂從一側擺動到另一側跨越身體前面的中線。這個簡單的方法，便可以給你的神經網絡一個良好的提振作用。

「想像交叉」

尋找丟失的鑰匙

緊張與記憶是對立的。在家裏，丟失文件或其他東西是主要的緊張源。你可曾試過，約會快遲到但找不到車匙？儘管我們知道最後一次看到鑰匙在何處，但是我們心急地在房子到處尋找，並確信鑰匙已經從在地球上消失了。出現這種情況，是因為緊張已經關閉我們的整合腦功能，我們已經進入了搏鬥或逃跑狀態。唯一的機會是，我們在急忙中碰巧看到鑰匙；但即使如此，我們可能還是視而不見！

下次當你發現自己在此困境，即使你的每一個細胞都想離開房子，如你能夠平靜下來有足夠長時間來做掛鈎，這將會讓你恢復正常生理狀態，中斷了搏鬥或逃跑反應，你將會經歷令人意外的結果。很多時候，鑰匙或任何其他你正在尋找的物件的確切位置，會自動在腦海中彈出來。

這個丹尼遜健腦操®動作，把我們帶進冷靜的中腦和理性的皮質，在這裏我們隨時接通到相關記憶。信心有助於減輕緊張，讓腦部離開限制記憶能力的緊急狀態，去到一個更整合的全腦狀態。

記憶需要安全感

看待生命的一個方式，就是記憶的創造。學習的樂趣在於我們知道自己活過，並正在活着。生命的遊戲是與人一起生活，通過心率的音樂連繫起來，讓我們知道自己是誰，在我們的時機中出

場登上生命的舞台，也給予別人這麼做的機會。在講故事、一起唱歌、一起跳舞的活動中，我們知道自己是誰，而且真正互相看到。

希爾博士不知道的是，她幫助我明白到，測驗和回憶信息的要求，與真正的學習並無太大關係。當驚恐時，我傾向於抑制自己的執行能力，直到我再次感到安全。如果我需要作出「表現」，按指示接通記憶，以及與他人交往，那麼我必須先能夠聯繫上我認識為玩要的安全。

一個快速的方法來覺察你的平衡感

站着做掛鉤，腳踝交叉放在另一腳踝的前方，而手臂交叉放在胸前，對激活體內與平衡有關的肌肉尤其有效。我邀請你當下便花點時間去探索這項運動，你已在第二章學習了坐着做的版本。

在站立姿勢，平衡相關的肌肉系統是在動態放鬆的狀態，有參與但肌纖不完全收短。我們可以使用這種姿勢，來覺察我們的結構平衡。站着做掛鉤的第一步驟，簡單地容許你的身體左右晃動，覺察你更重用你身體的哪一側（你的兩側範疇）。你的眼睛、頭或整個身體扯往右或左側，或傾向回到中心嗎？你有否覺察到任何緊張、疼痛或不適？

現在讓身體上升，在上下運動中放鬆，留意你的守中。上升或下降，哪個姿勢更自然地舒適？也許，你能夠接通最高和最低點，亦同時找到舒適的中間地帶。

同樣地，讓身體前後搖晃，注意你身體的焦點。你的姿勢有向前拉或向後拖嗎？你可以隨時做出這兩個動作，同時又可以在兩個動作的中點停留嗎？

現在，閉上眼睛，簡單地及放鬆地做這動作30秒（約三至五次放鬆的呼吸）。睜開雙眼，兩腳與肩同寬，並將你的指尖互頂30秒。再次檢查三個動作：左右、上下、前後。請注意每次移動到中心的感覺。姿勢的張力有否轉變？你的舒適、放鬆或舒暢的水平有所差異嗎？

我們可以利用這個活動，支持自己脫離搏鬥及逃跑反射，那時候肌肉繃緊、腎上腺素水平上升；或是脫離搏鬥或僵直反射，那時候我們退縮，感到難於參與；從而開始帶領我們系統回復連貫性和正常狀態。姿勢上一個簡單的轉變，能從背部和軀幹給出更多的支持，還提供更多空間供我們運動和讓重要器官工作。

因此，只要每天花一分鐘做這個簡單的活動，我們可以使生活更健康和輕易，並遠離許多日常緊張和不適。

姬爾和我為最佳腦組織課程手冊研發了下列的指引，幫助學員去覺察思想、感受和感官的一致性。

我在想什麼？

覺察無論是平靜或緊張時的思維模式，是關注學習過程的一種方式，眼睛和耳朵是兩側平衡的另一個很好的指標。當我們用一

隻眼睛或耳朵去接收信息，抑制來自另一側的信息時，通常是因為有太多「噪音」的一種代價。由不整合雙側輸入所造成的噪音，可能表現為模糊、影像扭曲或感覺紛亂。「噪音」最終變成了背景，持續干擾思維過程。當兩側缺乏合作時，操作兩側技巧如閱讀或書寫，實際上只用單側而不是兩側的方式，是比較容易執行的，但這種抑制作用必須關閉全身運動。

在另一種情況中，抑制可能是由於缺乏視覺和聽覺渠道之間的整合，或視覺和觸覺渠道的整合，或一些其他未整合因素的組合，總之都會產生生理不適。

我感受到什麼？

覺察情緒表達力或緊張水平，是專注在感受上的一種方式，手、臂和呼吸模式也是情緒緊張的良好指標。身處緊張時，我們的本能是逃跑或搏鬥。我們失去了同時使用兩側來組織工作空間或物質環境的能力，變成由情緒指揮非理性行為朝外應對環境。只有當我們恢復平衡，讓感受浮現，並同時允許自己更理性地思考當下情況，才能夠感受到直接在身體中線的上下呼吸運動。這樣我們能夠沉澱進情緒當中，感覺到我們扎根的中心，就是我們的經驗。只有當我們由心出發，在當時正處理的事件中對自我和他人帶着關愛，我們的組織能力才會回歸。

在體內我感覺到什麼？

覺察有多輕易接通感官經驗，是體驗身體覺知水平的一種方式。覺察腦部功能和整體姿勢，是另一個良好指標。我們的注意力投向一個目標，提供了運動向前進入相關經驗的能量，而不是往後拖離開目標。身體能量跟隨特定意向，全腦行為由此得到力量及建立與生命目的的連接。當腦部和姿勢未整合，便缺乏專注，在身處情況中無法理解或找不到意義，有受限感或無法參與到社區中。

當思想、感受和感官覺知正常發揮時（基於有覺察便知道是如此），我們通常能夠體驗到平衡和全腦整合的狀態。若是有一個或多個上述範圍不可用以整合時，會出現緊張、繃緊、困惑、頑痛或全身不適，並且表現不是最佳。

接通天賦的空間

我們每個人都有某些日常生活活動，能夠以比較全腦的方式做出來。發現和承認我們在生命中擁有這些整合空間是很重要的；在這些空間裏腦部和身體其他部位的運動不是靜態的，我們正在不斷重組自己，以有創意的互動去應付任務中的挑戰。

當腦部和其相應的運動模式已經組織好來產生最佳表現時，我們的功能發揮得最好。我們經驗到流動的感受、協同、一切剛好的感覺。在藝術、體育、大自然、音樂、發明及其他潛在有創意的努力中，往往找到學習環境激勵我們生出如此活力。

閱讀和書寫要求近距離聚焦，有學習挑戰的人士卻經常在不需這樣做的某個活動中，如跑步或游泳，找到整合感。我鼓勵讀者現在花點時間，停下來並回憶一下，你在生命裏曾感到有活力、處身在流動中的時刻。無論什麼時候當你回憶到時，完全浸泡在這個經驗裏一會兒。這樣重溫全腦整合的豐盛，你便能夠以之為基，建立未來。

全腦學習的三個範疇

你可能還記得第二章，調和可以影響三個範疇，分別是兩側（溝通）、守中（組織）和專注（理解）。現在請覺察一下，你在這三個功能上，在做掛鉤之後有分別嗎？這樣一個簡單動作怎麼可能影響我們的思維能力？

當左右兩側的身體和腦部一起合作時，口語和文字溝通可以變得更清晰更生動。正如我們在第二章中所提及的，我們稱這左右兩側系統為兩側範疇。當兩側的整合改善了，兩側腦半球的溝通變得更自發。結果，系統的分析部分（通常是大腦皮質的左腦半球）與完形的一側協同地工作。像第四章的稻草人一樣，我們處理信息的方式，能夠由整體到部分來思考，以及同時從單獨的分析部分到整體來思考。

組織是守中範疇：由上而下。守中或核心反射取決於大腦皮質和情緒中腦之間的關係，也就是我們圍繞接收以及表達來組織思考過程的能力。我們像懦弱的獅子，我們的思想、說話或行動的組

織，取決於這些反射圍繞一個中心點的平衡和穩定感；這個中心點便是我們心的連貫性。

理解有關於專注範疇，也就是表達的額葉與接收的頂葉、顳葉、枕葉之間的關係。理解最終取決於我們是否能夠整合經驗和談論它們，把它們變成真正是自己的。像鐵皮人一樣，當我們能夠鬆解護腱反射，放鬆我們的身體可以向前時，我們便能更充分地參與，並更能夠預期、關注、集中在我們的閱讀、書寫、說話和與世界互動。

這些丹尼遜健腦操®的運動激活兩側、守中和專注範疇的整合，最初的研發重點是幫助學習遲緩人士，但已演變成適合所有人的有效學習工具，由運動員到學童到行政人員，任何人都可以運用，從而邁向精美玲瓏的人生。

第九章

課堂中的自然學習

學習困難不是病，而是連接孩子與他的世界的溝通網絡「連錯了線」。

——保羅・丹尼遜

《激活：讀寫障礙的全腦答案》

(Switching On: The Whole-Brain Answer to Dyslexia)

不到六百年前，西方世界在學習範疇裏出現了一個革命性想法，改變了社會結構與整個教育思想。這新的想法是：身體經驗可以編碼成為文字，然後被讀者「下載」，使讀者間接地取得經驗。自此以後的幾個世紀，這個想法越來越具影響力。

在一四五零年之前，所謂受過教育的人，是指懂得運用雙手精通某種手藝的人。他們當了學徒或學員，在某行業熟練掌握技能，如麵包師、裁縫、鞋匠、銀匠或壁畫畫師。

年輕人通常在早年追隨着老師，以老師為楷模，學習具體、運動覺的專業技能，成為他的終生事業。除非他是僧侶，否則這年輕人根本從沒需要閱讀或書寫。書籍還未出現，有的是一些罕見的手

卷，受着小心翼翼的保護，在精英圈子中一代傳一代。大部分信息是口頭傳播，這意味着講故事及聆聽是受到珍視的技能。

一四五零年，一名德國發明家約翰·古騰堡（Johannes Gutenberg）把一個木製的橄欖榨油機，改裝成把文字印刷在紙上的裝置。隨着古騰堡發明可組合的金屬字粒，便產生了新的學習方式。不久，受過教育的人是指能讀古騰堡聖經的人。隨着印刷術的發明，一個人的智能指標由掌握身體技巧，變為閱讀印刷文字的能力。這深刻的變化在今天繼續影響着我們。

讀寫能力的專制

經過幾個世紀以後，識字和閱讀、書寫和拼寫英文字的能力，由少數人掌握的專門化藝術形式，進展為施加於一般人身上的要求。學校建立為正規機構教育年輕人，隨之而來的是笨蛋的標籤、標準化測試、學習障礙、多動症、注意力缺乏障礙等。

閱讀被視為是天賦的能力，正如走路一樣。未能用與同學一致的步伐學懂閱讀的兒童，便會被家長和教育工作者評判為懶惰、不合作或智力有挑戰，教學理論退化為幫助教育工作者應付學員不能學習的系統。

儘管人類有着運動和活用身體的歷史，例如舞蹈、歌曲和在工作及玩耍時的社群合作，我們來到了一個新的孤立主義，以及隨之而來的脫離身體參與。教育工作者看待學習為只有理智參與的思維活動，教育的目標變成和依然是獲取和使用信息的能力的習得。在

各大洲的眾多文化中，學校現在是一個地方，當中學員學習如何在一個充滿競爭、等級和羞辱的世界中生存。

重新體現學習

想像一個認同學習是自然的身體能力的世界，涉及心和身體其他部位的內在智慧。

我們今天的學業技巧如閱讀、書寫、拼寫和算術，本來源自與物質世界的真實人們及具體物件的互動。人們曾經用數手指來計算；在現實生活場景中經歷了重量、距離、密度和體積。教育與身體的根基已經變得距離太遠了。

非常真實地，是生活創造了腦子，而不是倒過來。科學、算術、我們的思維方式，都根源自身體。感謝身體，使我們有數量感，可以組織思想，當終於明白了我們便看到或「拿到」了。

真正的學習是終生的過程，同樣涉及到手、心、思維和整個身體，並非組裝出來的產品，亦非要到達的目的地。孩子開始領會到自己的手指和數字的關係時，便開始明白數量。為了在掙扎的、經常不能學習的所有孩子，現代教育需要回去學習的根源。

玩耍的身體提供了理想背景讓我們重新發現，多個世紀以來在文化中流傳的身體代碼。在與世界的互動中，玩耍使學習者覺察到形狀、質地、觸感、感覺，與自己的眾多運動模式之間的相

互關係。通過玩耍，他能夠扼要地重述祖先的運動經驗，有效地重新發現自己的文化。

這種更自然的教育觀，強調的是智慧的發展，而不是信息的掌握。老師在問問題，而不是給答案。學習者與具體物質世界的玩耍式互動，讓他們體會世界各種屬性的直接刺激感，例如有關大小、重量、體積、距離、重力……等等，以及他們在這個世界的位置。

在這個理想的學校裏，教師強調合作、「我們」、團隊精神、可容的空間、整體性和相互尊重。他們模仿自然教育，因為他們懂得如何讓孩子們按照自己的興趣和創造性的好奇心，為了單純的樂趣而學習。

這所學校永遠不會與嘗試或努力工作扯上關係。當我們與目的保持接觸，並喜悅地發揮真正潛能時，「工作」一詞形容不了我們在做什麼，更準確的應該是「玩耍」。

「玩耍性學習」相對於「強制性學習」

今天的傳統學校在工業革命下產生。正如工廠制度有時間表、大規模生產和標準化，孩子們開始根據年齡和能力分組，進行測試和評分，彷彿社會的主要業務是出產外表和思想相似的畢業生。

有些孩子熱愛玩耍，有些喜歡音樂；有些傾向在安靜角落自己學習；有些寧願在攀樹和觀察大自然中學習；有些想靜靜坐着閱讀；有些偏愛活動和舞蹈；有些願意講故事，而有些則嗜好聽故事。

　　當我們把孩子都一樣地對待，他們會變成怎樣了？除非他們碰巧是吻合規定模具的那類型孩子（但其實沒有學員真正吻合），他們會變得封閉而且厭倦學校。走進任何一所美國初、高中學校的課堂你會看到，不投入的學員佔據了大多數，陷入了各種沮喪和憤怒的狀態中。

　　為孩子設置的環境，不會喚醒他們對學習的先天愛好，那如何鼓勵他們作出好表現？我們使用的是古老技巧：威逼（棍棒）利誘（胡蘿蔔），軟硬兼施。把孩子們放在跑步機上，鍛煉他們走向成功，在他們面前把獎勵晃來晃去，就是獲得好成績、有大學錄取和就業機會，並威脅他們以失敗的陰影。如果他們抱怨，便向他們保證，這一切都是絕對必要，而且都是為他們着想。

　　在我自己的生命裏，就是這句「為你着想」驅動我趕往成功。當我剛成為成人，回頭看自己在公共教育的經驗時，醒覺到自己一直被這系統騙了。被誘騙去追求那難以捉摸的胡蘿蔔，和避免棍棒的懲罰，剝奪了我的學習樂趣，那是我們人類的生得權。

　　在遙遠過去的那一刻，我有了新意願：迴避那外力主導的生命取態。我最終擺脫了那獎罰制度，重返更誠實和直接、反映了真實本性的方法。也就是說，我已經重拾了童心之中的部分真實，充滿好奇心地學習和探索，不需為胡蘿蔔而分心。

　　能做到這一點並非易事，我必須學會時刻留意胡蘿蔔的存在。我經常問自己朝什麼終點走：到底是否應該為求目的不擇手段？我是否應該對自己誠實？當我說我發現了更誠實的途徑時，我是

把誠實定義為情緒和理智的真實性，這是任何追求活出最豐盛人生的人的特色。

活命的價值在於過程，是非常個人化的追求，可以說是自選的課程規劃。我們來到生命中去體驗、學習和成長。誠實和真實的行為就是承諾了要達到這個目的；不真實的行為則否定了要這麼做。要行為誠實，他必須知道他自己是誰，對自己的生命負責，能夠評估自己的行為，並尊重他人做同樣事情的權利。目前的教育系統卻帶來了相反的結果：它試圖說服我們的年輕人，為了生存必須否認自己的真實本性。

孩子們知道他們需要學習什麼

在二十世紀六十年代，只要找到教育家約翰·霍爾特（John Holt）的著作，我都努力閱讀。這些書籍說明了很多以上的教育問題，例如《兒童是如何學習的》（*How Children Learn*），是有關尚未進入教育機構的學前兒童。

霍爾特在這本書中描述兒童在自然環境中，他們的好奇心自由發揮。他們沒有成人的失敗觀念，本能地知道「錯誤」實際上是新機會的墊腳石，超越了學習背景之外便沒有任何意義。無受阻於失敗的恐懼，他們評估面前的總體形勢，決定行動方案，並有條不紊地教導自己。他們信任洞察力以及邏輯，幫助他們理出頭緒。他們知道自己的局限，掌握學習任務的結構。當有足夠的動機時，他們的專注力能長久維持。

　　霍爾特所描述的學習錨定在動態運動上，與現今我們學校錨定在緊張上的學習形成對比。霍爾特的思想在公立學校掀起了改革浪潮，也滲透了在家上學的運動。他透徹理解到，只為觸發信息反應的課堂教學，就是以有所表現的壓力作為唯一學習動機的教學。這種教育，欠缺理智的誠實。

　　心理學家芭芭拉‧克拉克（Barbara Clark）在她的著作《優化學習：在課堂上的整合教育模式》（*Optimizing Learning: The Integrated Education Model in the Classroom*）裏闡述了同樣的主題。書中道：使用各種外在獎勵，造成的效果與我們希望見到的不一樣。有研究顯示，外在獎勵（不是該項活動所產生的自然結果）往往變成了目標。

　　提供機會給兒童經驗發現和解難的固有獎勵，是教育家最神聖的責任。兒童學習，是通過觸摸自己的環境、擺弄它，並在當中活動。做到身體上的精通，對孩子的自我概念或身份感，比起老師的認可重要得多。正如心理學家威廉‧格拉瑟（William Glasser）指出：「不管他的背景、文化、膚色，或他的經濟水平，直到人能首先在生命中某個重要方面以某種方式經驗到成功，他不會做到在多方面普遍性的成功。」

　　安全和一致的經驗為孩子產生信任感。此外，父母或老師信任孩子的學習能力，會強化孩子的真實性。在理想的情況下，年輕學員能感覺到老師的目標，是教導學員更加成為自己。這樣的老師會敏銳地處理教學材料，使學員可以把所學吸收內化，以及挑選在自己生命中重要及有用的內容。

　　這種老師願意做到的，是學員能夠基於真正興趣和個人研究，發展出自己的想法、意見及信念。老師不希望只聽到學員用老師的原話複述出來，而是希望學員明白到自己有能力做學習上的選擇、可以自由做出這些選擇，以及能夠為所做選擇帶來的無論什麼後果負責。沒有這種老師提供的益處，孩子們的決策能力可能永遠不會發展。

　　教育當局往往不會信任孩子或教師。教師表現專業不會得到肯定，社會嚴格考核後給他們證書，然後轉身給予他們最低的信任程度。醫生被認為具備應有的知識，是被信賴的，但老師卻要跟隨國家規定的教案和流水作業的課程規劃。

　　孩子們知道他們需要學習什麼，他們想活動、玩耍、唱歌、發明、大笑。他們高興於擴展自己的疆界，他們愛打扮假裝他人。你不需要是專業人士，也會知道真正的學習出現時，就是當孩子觀察並模仿周圍的成人角色：母親、父親、護士、消防員。然而，在你孩子的學校時間表裏，你最後一次看到「打扮佯裝」的活動是什麼時候？

　　問題一路蔓延至大學。我在大學一年級的第一天課中，一位教授向全班解釋學校的淘汰過程。「大家看看你的左右兩邊。」他說：「根據統計數據，你看到的兩位同學下學期時將不會再在這裏出現。」由於教授根據鐘形曲線為學員評分，無論今年新學員的實際水平和能力怎樣，這個預測的準確性是肯定的。

　　通過大學的四個年頭，跟通過更早期級別一樣。感覺好像得賣掉靈魂來換取分數。

當我入讀研究生，一位教授向全班宣佈：「你們都是A級材料，你們經過了學業過濾來到這裏，你們做到了！現在，你們可以獲得獎勵了：你們終於可以不用害怕失敗，盡情發揮創意！」這是否意味着，被淘汰的大多數，都是失敗者？我不這麼認為。

每個孩子都有成功的潛力，值得以自己的方式、以自己的條件去充分發揮它。我們的社會不能承受製造出更多的失敗了，跌進縫隙的人們用暴力宣洩憤怒和失望，部分人沉溺藥物，甚至絕望地做出自殺行為（現在甚至發生在十歲以下的兒童）。

不同的教育模型

在課室內競爭是詛咒，在外也是如此。當第一次在歷史課介紹「五月花事件」時，我想對孩子說：「如果船上的每個人都自私地爭先恐後，你認為會出現什麼情況？這些朝聖者一定不可以到達美國，就是這樣！」

同樣原理適用於課室。要麼我們全都成功，要麼我們沒有一個會成功。是的，就是這樣！這個學期全班都合格或是全班都不合格。

我可以想像，天才兒童會喘氣地問：「你的意思是，我失敗是因為喬治不懂數學？」

想像一下，如果這種做法着實執行，而且堅持下去。隨着時間，天分高的兒童會去幫助天分較低的兒童。學業成績優秀的孩

子可能會發現，一旦他們走進劇院、音樂室或是籃球場，他們變成需要幫助的一群。相互支持的遊戲為他們帶來樂趣，孩子們群體玩耍的先天傾向得以復興，他們的學校經驗將被提升到可以樂在其中的全新境界。

在這種情況下，同班同學在標準化考試中的得分中位數會上升或下降？如果家長或教育局官員問我這個問題，我沒有答案。跟我的教育理念大相逕庭的人，我不知道該說什麼。

催迫下我會說，非正式的證據表示，前衛進取的學校的畢業生跟傳統學校的畢業生，大概有一樣好的表現。所謂的「好表現」，我的意思是按照標準化生產線的規範。以非標準的角度說，我對成功的定義是過精緻生活，即發現自己是誰，立場是什麼，而且每一刻皆表達出來。

那麼，理想的學校採用的是專題學習，學員連同校外的社群，投票選擇想做什麼，各人分別扮演什麼角色。他們可能平整農地、為屋子掃上油漆，又或建造巴士候車亭。無論專題是什麼，他們需要通過和導師討論、在網上搜尋、在參考書中找資料……等等，找到他們需要知道的一切事情。只要給孩子足夠多的有趣專題，他們便會得到全面的教育。

在這個設想中，教師的角色是什麼呢？教師會和孩子一同學習，成為孩子的榜樣，怎樣解決問題，怎樣學習最好。教師是一種資源，回答同學的問題，或是指引發問者獲得需要的資源從而自己找出答案。完成專題的活動時，教師便協助學員寫出經驗。

教育應該是體驗式的。在高中階段的最佳教育，我們需要特別的教師，自己很喜愛所教科目的，懂得怎樣令內容變得鮮活起來。無論是美國歷史科或生物學科，同學需要實際地動手做一些專題活動，而不只是在書本上閱讀。這是讓同學自願投入學科的唯一辦法。

當我上大學時有幸經驗過這種教育。那時我被安排參加波士頓大學的一個傑出的先進計劃，名為通識教育學院。當中我們跟博士們同席，他們關心學生，以我剛剛描述的方法執教。我們討論項目，落實執行，和指導老師一起草擬論文初稿。指導老師會說出他對專題的想法，和啟發你做實際的事情。

這是一項整合的研讀計劃，所以你在一個專題中學到的，會與所有其他科目相對應。例如我們研究古希臘，我們會研究那個時期的一切事物：藝術、音樂、戲劇、歷史、政治、文學、神話、哲學、地理等等。這種方法匯集了所有不同的元素，使那科目在我的想像中活靈活現。那刻我突然想到，用了這種方法，我出生到那個時候已學懂的一切，其實可以六個月便學完。

正如以前討論過的，我們的文化視教育為以「答案」的方式提供資料給學員。問題是，我們不斷提供給年輕人的答案，相對應的問題根本沒有人在問！在教育中的愉快學習模型，教師會等待孩子發問，因為當青少年前來發問，這是他們最願意學習的時候。在回答問題時，聰明的教師只會提供足夠資訊，鼓勵他們進一步探討。開放的發問，而不是封閉的，是良好教育的象徵。

韻律教學

音樂家唐‧坎貝爾（Don G. Campbell）是《莫札特效應：以音樂的力量去療癒身體、強化思維和開啟創造精神》（*The Mozart Effect: Tapping the Power of Music to heal the Body, Strengthen the Mind, and Unlock the Creative Spirit*）的作者。他和教育家克里斯‧布魯爾（Chris Brewer）在他們的合著《學習的節奏：發展終身技能的創造性工具》（*Rhythms of Learning: Creative Tools for Developing Lifelong Skills*）中，寫了節奏對教育的重要用途。

根據布魯爾和坎貝爾，「韻律教學所採用的方法，會加強學習的多方面。嗓音的節奏和語調的變化，會改變聆聽能力和集中力。有韻律地重複信息，讓信息重溫，從而增加記憶能力。講授中的循環創造出有韻律的帶動。準備身體與思維系統建立一個警覺的放鬆狀態，而間中改變步伐的講授方式使專注力保持在最佳狀態。在白天，我們對時間提示的運用，可以幫助我們保持與他人的流程同步。所有這些韻律教學的技巧融合在一起，創造了教育活動同步推展的舞蹈。」

在生命早期已學會的能力，去觀察自己的內在狀態和清楚感覺到狀態的轉換，會在後來持續為所有學習提供內在錨定。理想地，察覺技巧的自然進化，是從試錯過程中的模糊覺知，到更聚焦的能力去對想法、感受、感覺作出辨識及反應。使用丹尼遜健腦操®，無論是通過個案調和或是上課，可以大大促進這個進化過程，因為丹尼遜健腦操®幫助傳授可以提煉我們覺察能力的語言。

丹尼遜健腦操®在校園

當丹尼遜健腦操®成為日常生活的一部分時，孩子和老師都愛回校上課。老師把丹尼遜健腦操®動作融合到教室的每日程序，會重拾教書的喜悅，這是他們擇選這個職業的初衷。健康的孩子在最佳的環境中學習，根本用不着強迫或控制。這類孩子知道何時運動、休息、開始學習、練習新技能。

我原先設計丹尼遜健腦操®課程為一系列在校應用的運動，後來在學校的環境持續取得成功。其中一個吸引之處是可以大幅改善各學科的成績，而且不會和學校已確立和執行的方法有衝突；它和現有的規劃協同，而不是排斥。即使大部分的教育制度已有自己的方向，教師在現有制度內很容易實行這種有效的工具，並立即得到裨益。

丹尼遜健腦操®計劃強調學習的身體技巧；當思維技巧充斥在課程規劃中時，就是這些身體為本的技巧受到冷待。在丹尼遜健腦操®中，我們認識到學習更多是關於「怎樣做」，而不是「又來什麼」。當孩子還不知道如何運用雙眼集中在一行印刷的文字上，而不會有重影或找不到原先在閱讀的位置時，知道正確的答案有什麼價值？當他們不知道如何寫「b」或「d」，拼寫測試還有什麼意思？

當學員認識丹尼遜健腦操®，他們似乎喜歡它、要求它、教它給自己的朋友，甚至在沒有任何教練或監督下主動融入他們的生活。當他們掌握了學習的身體機械力學，他們已經學會了信任自

己的身體，只需最少的指令或老師的輔導，他們便可以輕易地習得需要的資訊。當孩子們點燃了愛好學習的火焰，我見證過他們最快可以在一年內學會原設計是用九年才學完的學業技巧。無論是什麼科目和課程規劃，我親眼目睹了無數次丹尼遜健腦操®如何把喜悅帶回學習過程中。

文字代碼的知識

閱讀只湊巧是視覺的和語音的。當讀者在書的頁面上尋找結構時，他使用了不同層次的線索。所需的線索量跟他作為讀者的流利度是成反比的：他需要越多的線索，就越不流利。他越不流利，就越不安穩於相信自己在閱讀中找到意義和成功的能力。另一方面，他越是流利的話，他的閱讀則越受結構和意義所主導，印刷的文字線索只能成為對語文直覺的冗餘的正向反饋。

對以上假設有敏銳度的老師推行的技能計劃，將會是很有價值的工具，有助教師與孩子一起協作，而不是跟他們對抗。當孩子把結構內化時，技能計劃中的技能序列引導孩子免於做有關文字代碼的低效率概括。它給予孩子一個驗證標準，以核對他的語言能力告知他的東西。重點不在於「為什麼孩子在猜測？」而是「孩子需要什麼資訊來更準確地猜測？」

文字代碼的知識的確很重要。一旦內化了，這知識必須得到承認，位置在句法和語義的線索之後。閱讀計劃的教師、董事、協調人員和行政人員必須謹記，這一切方法背後的目的，是那個成長中

的孩子。教師需要培養的所有東西，只是孩子的自我概念：作為一個有價值的人，有能力解決問題、從混沌中找到秩序和自我教育。

大多數教育工作者相信，在我們學校的初級閱讀教學只是一種思維活動，當中孩子必須掌握文字代碼，不惜調整自己的身體以配合該任務。這種教學是建基於孩子的先天運動，以促進神經的組織，還是阻礙了它？我相信，對於每一個孩子來說，在閱讀教學開始之前，肌肉的本體感覺、姿勢的組織和視覺機制的一致性應該先建立起來。否則，學習者會習得視覺緊張及相關的代償習慣。繃緊、受傷，或身體姿勢的過早固定，都可以抑制孩子從學習中獲得自然喜悅。

多數個世紀以來，我們的祖先通過楷模、運動、親手做和模仿，以自然和無拘無束的方式學習。為了生存，人們不得不精通身體技巧來操控環境。有價值的技巧會世代相承，父傳子，母傳女，或師父傳學徒。口述傳統包括講故事、儀式和歌曲，讓歷史和教誨長存。藝術、音樂和舞蹈提供了視覺、聽覺和運動覺的背景，讓個體知道他屬於哪裏。

自文明之初，文字符號幫助人們把生活經驗向後人表現。符號對於我們的意識是重要的，無論在清醒和睡夢的狀態，它令我們的生命有了連續性和意義。然而，我們已經看到的是，隨着書籍和電子設備的流行，現代教育實踐本末倒置了，忘記了孩子必須有實際生活經驗，並得到允許重新創造自己的符號和語言。

教育家現在期望孩子學懂閱讀、解碼符號和掌握事實，卻沒有先開發一個提存資訊的有意義背景，事實上甚至沒有把眾多符號連接起來的具體經驗。

閱讀的高檔和低檔狀態

對於每一個學員，閱讀材料可分為三個層次：獨立閱讀、指導下閱讀、有挫折感的閱讀。在獨立閱讀的水平，我們完全熟悉詞彙和題材，屬於高檔狀態的閱讀，不太需要低檔狀態的思考。我們在舒適的背景中，添加事實性資訊，或享受新的情節材料。獨立閱讀提高我們的文字識別技巧和閱讀速度，過程是放鬆和愉快的，可是或許沒能挑戰我們發揮自己的最高潛能。

在指導下閱讀的水平，我們認得大部分文字，並熟知背景。我們很容易便進入高檔狀態，背景幫助我們預見內容的發展。當我們碰到新詞彙，運用作者的語言以及其他文字識別技巧，可以推斷出意思。當我們的眼睛在頁面上輕易地滑動，我們學習新詞彙，而不會丟失思路；我們能夠自動從高檔轉到低檔再回到高檔。我們享受到學習新事物和擴大現有結構的滿足感，而不會失控。這便是整合學習，在高檔的背景下，隨時可轉用低檔。

在有挫折感的閱讀水平，我們遇上太多不尋常的新詞彙，沒有足夠的背景和信息重構文字代碼成為有意義的語言。我們必須在整篇文章中每個字每個字進行解碼，沒有愉悅或滿足。這是負向緊張，在低檔狀態中的不整合。

太多學員在我們的學校裏經驗到的，是沒有獲得獨立學習和指導下學習的機會，有挫折感的學習則是常態。用低檔駕駛時不能轉到高檔的話，如果不是不可能，最少是困難的。在理想的情況下，我們開車時，總是意識到高檔的可能性。每當我們在低檔的時候，我們集中做我們的工作，尋找機會重回高檔，這樣我們在不同操作之間可以放鬆一下。

學校應該提供機會給學員轉入學習的高檔狀態，從而減輕持續緊張的負向生理反應；持續緊張使學員不能專注、理解或回憶。

全人教育

為了給青年人實現更多身體上的和自然的教育，我們必須從兒童的早期便給予他們全人經驗，如前文所述的音樂、美術、大自然中散步等。任何涉及運動和創意的追求，它的潛在好處是無限的。有人說，孩子一生中累積的所有知識，當中80%在七歲時已經在腦中硬連線了。所有後續的神經生長，都是建立在這些早期神經路徑上。

例如一個偉大的建築師，他的成功可能源於三歲時和叔叔所創作的玩具建築物。當時在他的神經迴路裏建立了一些體驗性的記憶，是建築學院裏的講授不可能提供的。我們願意給孩子們營造豐富的學習處境，以促進這種神經路徑的形成。過度重視分析、有序和常規，犧牲了玩耍和想像力，便無法實現這種處境。

速度、模擬及虛擬現實，已經取代了過去的自然世界，當中人們花時間唱歌、跳舞，彼此分享生活。當時的生活發生在具體的世界，充滿着玩耍的互動和真正的經驗。我疑惑於我們如何演變為把教室看成工廠裝配線，我們自己化作畢業典禮當天出廠的「製成品」。

美國聯邦政府規定的考試制度及其問責制，令學校變成了工廠。當教師、校長和校董活在惶恐中，害怕在標準化考試中有低劣排名，他們最終看重考試多於孩子。當父母恐懼他們的孩子未能於考試中有所表現時，他們向孩子施加不必要的壓力，迫使孩子成功及遵從規定，而不是創造適合的氛圍，以有利於孩子用自己的步伐來進行自然學習。

「配合考試的教學」是學校系統的作弊行為。給予孩子考試題的正確答案，只為了使學校看起來不錯，是作弊，尤其是那些問題是孩子們甚至沒有發問過的。遵從這些做法等如欺騙孩子、欺騙測驗評核員，最終欺騙了我們的社會。教育不應是培養出一批不運動、欠缺覺察，或不為自己思考的民眾。然而，目前的公共教育產出的孩子，是不懂解難、做決定、為自己着想，或提出代表有真正學習發生了的有意義問題。

理想的學校讓年輕人獲得經驗，而不是閱讀經驗。孩子天生就喜歡寫出他們做過的事，就像他們喜歡閱讀別人的有趣事跡。但是，如果學校的目的只是學習如何通過考試和填寫表格，而沒有唱歌、跳舞或創造性玩耍，孩子會看到足夠原因去參與嗎？他們被剝奪了真正的教育，我們則浪費了最寶貴的資源，社會這樣做會摧毀將來的。

運動就是生命

在一九七五年我完成了我的教育博士學位時，我已精疲力盡了，有迫切需要改變生活方式。同時在營運我的閱讀診所、管理研究工作及寫畢業論文，使我的身體惡化，變得過度專注、弓背和超重。我記得因為背痛看脊醫，做完手療調整後，他說：「不要動！」他的意思是我的脊骨穩定性已經岌岌可危，任何比較激烈的活動都會讓我的系統再度歪斜錯位。不出所料，只是從診所走到停車場後，我已需要再次調整。

很明顯，這情景有點不對。顯而易見，我需要運動。身體由肌肉組成，而肌肉需要互相平衡來運動，使我們的器官、肌腱和骨骼保持結構穩定和完整性。運動就是生命，靜止或運動受限，就像沒有了生命。

定義上，生物就是會走動、成長並繁殖下一代，無論是植物伸向催生葉綠素的光，或是在潮汐池內小海鞘的自我推動，以尋求其最適合自己的生存環境。運動是固有在生命的動態進化過程裏的，我們稱之為學習。沒有運動的地方，就沒有生命。

我們對學習的最基本理解，是隨着時間的推移而修正對刺激的反應。即使是在有和無生命之間的病毒，都在適應不斷變化的外在條件，從而學習。即使在退行處於癱瘓狀態的人，只要自主運動的某些特定系統如呼吸和血液循環繼續發揮作用，學習從未停止。因此，學習是生命的一個常數，但在心理學領域，它是人生的顯著特點。

研究顯示，子宮內的胎兒已經在學習外在世界的性質，獲取深刻教訓。新生兒就像一個瘋狂科學家，貪婪於感官輸入的數據，快速修正神經和其他結構以回應這些數據，並孜孜不倦地創建不斷發展的宇宙運作模型。隨着新生兒的成長和發育，玩耍成為在行為和學習上一個日益核心的部分。即使在睡夢中，嬰兒的意識仍在篩選個別和典型的圖像，不斷理解事物的意義，無休止地從混沌中建立有結構的秩序。

由始至終，除了少數例外（如果有的話），學習是人類生命的定義性特徵。在一個陽光燦爛的日子裏走到公園去，你會看到這個普遍現象在運作中。從小孩子在玩球到老人在填縱橫字謎，在公園的人群及（較低程度上）其餘的動物聯合組成一個巨大的學習系統。

觀察嬰兒爬行、學步幼兒走出第一步或小女孩在自行車上保持平衡，你是在看學習的奇蹟在進行中。從時間的起點開始，兒童和他們的成長模式從來都令我們着迷。但直到最近，我們才發展出適當技術，從神經學的角度解釋學習過程。通過磁共振成像和正電子放射斷層掃描技術，科學家現在可以追踪到人腦在學習時是如何運作的。

嬰兒出生時有着一千億的腦神經元，是成人的兩倍，這確保了腦子能適應任何條件或境況。隨着時間的推移，孩子失去多餘的神經元，只有那些通過經驗而強化的神經元才得以存活。孩子的某些關鍵學習時期一旦錯過了，永遠不能返回。視覺、語言、社交發育、音樂能力和邏輯／數學的發育，都在十歲前有着關鍵發育階

段，其中一些在五歲前。運動在所有這些階段裏，事實上也在餘生中，都是學習最重要的組成部分。

運動就是學習

我們大多數人都通過公共學校系統而成長。作為這制度的倖存者，我們已經被它標記了。我們相信，我們必須延續該系統，並教導我們的孩子符合這個毫無意義的傳統，當中教師提供信息給被動的學員。

所有學習，包括需要抽象思維的學習，都是通過運動而發生，因為抽象思維涉及想法的內部重置。運動是我們的一個主要方式，把學習整合成為表達性行動。由於兒童和成人的學習方式，是實踐和親自做事情、把知識轉化為行動，以及感受成長過程，我們需要讓我們最年輕的一代，用自然的方式做出運動覺的學習，而不是要求他們被動聆聽和死記硬背來學習。

兒童擁有一個健康的、身體的學習經驗，自然會去運動、大聲笑、呻吟出他們的不快、與同學們談天等。然而，作為一個公立學校的教師，我只看到那些被認定是資優兒童的，才被允許在課室裏有這些自由，表現稍遜的兒童往往無法享有。我們必須承認，所有孩子都有自己的天賦，有動機的、自我導向的學習者可以在任何進度上有着高度自尊。當我們信任孩子都以自己的方式學習，並獲得運動和做回自己的自由，社會整體上便有所得益。

為什麼不是所有學習者的才能都得到滋養和鼓勵呢？為什麼阻礙對學習過程那麼重要的行為呢？如果學習是人類本質的一部分（所以學習才是天生的愉快經驗），那我們的學校如何變成喜悅是例外而緊張和焦慮卻是常規的地方？答案是，我們把學習制度化了，而這樣做令制度變得比孩子更重要。很少人會問：如果我們設想所有孩子都是資優的，可以製造遠遠超出當下預期的學習成果，我們會用什麼不同的方法辦學？

如果神經學定義學習為改變了的行為，我同意沒有運動便不會產生學習。當我們在情緒上烙印了一些新學時，我們便改變行為，然後我們能夠做事更精準和技巧更掌握了。在腦內，運動跨越某些特定突觸，以連接行為改變所必須的幾個關鍵腦中心，位處後腦至前腦，上腦至下腦，右腦至左腦。

全腦學習是就着學習活動而發生的自發性互聯互通，把所有腦中心連接上。它涉及到身體、情緒和思維的過程，導致了技巧、態度、行為的永久變化，因為這樣的學習並不是表面的，而是充分內化了。

在一個簡單的層面上，你可以在動物身上看到，學習和運動之間的連繫。當小貓玩耍時，牠們會找出如何應對生命呈現給牠們的不同情況。牠們會跟着母親，在旁邊亂蹦亂跳，發現哪些行為是可以被接受的。牠們追逐着一個球時，在整合狩獵上的所有必要反射。

相同情況的一個更複雜版本在人類中發生。我們以為告訴孩子做什麼，他們就會做，然而我們了解到，事實並非如此。兒童需要

在身體裏感受到他們在學習的。他們需要玩耍，在玩耍中經驗由運動喚醒的神經網絡，首先會模仿他們看到的身邊人行為。然後，當行為的感受已在身體裏錨定時，便會積極地行動。

如果我們看進任何一個課室，我們將看到主動學習者是那些生動活潑、積極主動的孩子。他們用身體延伸出去以獲取資訊，爭取機會來表達自己。在他們書寫、翻書頁、與同伴相處時，在對知識的熱切追求中保持不了平靜。同時，那些學習時不會動的兒童，在學習時會出現緊張、被動和沉悶。在這兩種情況下，孩子們都不能隱藏他們對學習的真正感受。這些感受在他們的動作、神態、身體姿勢上是明顯的。

工廠式的教育

我們的學校遵循工廠模型的教育，起源於德國和普魯士，然後在美國工業革命時由美國教育工作者大規模引入。在這個模型中，我們複製的環境如同他們將來成人時會在工作場所遇到的，充斥着工作時間表和表現評估表的世界、許多的繃緊、缺少時間進行創作、自發活動或個性表現。走入世界的任何城市，在上下班高峰期的街頭，看看我們的教育系統完成任務得多好：人們穿同樣的衣服、同樣地擔心皺眉，繁忙奔波於那些互可取代的工作崗位的上班途中。

如果我們以這些標準來衡量教育的實效性，那麼我們已經完全成功了。但是，如果我們敢於夢想學習的絕妙快感，想看到兒童越

加連接上他們的真正創意本性，那麼我們就必須同意，對我們的孩子來說，這教育系統是非常失敗的。

我們把兒童劃分了年齡組別，這意味着所有同齡孩子應該做同樣事情。我們把不可分割的內容劃分成不同科目：閱讀與書寫分開、書寫與聆聽分開、聆聽與會話分開；但這只是個開始。圍繞這些不同的科目，我們還要進而設置時間表、課程規劃和分數等級。只是因為事情一直是這樣做，我們便以為那必然是正確的方式。

在這個違背常理的贏輸系統中，無論孩子屬於哪一類也不重要。取得高分的成功孩子們依然是失敗的，他們被壓進與所謂的失敗者一樣的模具裏。所有都是工廠範式的產品，給扼殺了創造力和最佳發揮自己的能力。他們受制於某特定形狀，直到他們與更深層的目的中斷接觸，隨之亦失去了他們的喜悅經驗。

有一個關於教育的古老說法：在小學階段我們教導孩子，在高中時我們教授科目。如果前者是屬實的話，對所有孩子來說，會是美好的情況。但是，現在的小學，我們在教授閱讀，並不是在教導孩子。學習閱讀比孩子的健康發展來得更重要，而成為一個年輕的信息儲存庫，比在一個安全、無緊張、滋養性的環境中成長更重要。

大學畢業的年輕人會有最好的成就（世俗的成功），如果他們有市場需要的技巧。我女兒最近從美國加州大學戴維斯分校畢業。由於她的主修科目沒有市場價值，如果她堅持從事與主修科目有關的行業，她便不會找到工作。她的另外選擇是，做最底層的工作，拿最低工資，或進入電腦行業，並立即獲得四倍多的人工（她選擇了前者）。這就是我們的學校正在創造的人：懂得如何使用電腦。

簡希莉（Jane Healy），《瀕危思維：為什麼孩子們不思考，我們能做些什麼？》（*Endangered Minds: Why Children Don't Think and What Can We Do about It*）一書的作者，就着這樣的情況發表了意見，別具洞察力：「學校需要接受的事實是，講授和『老師說話』通常佔了約90%的課堂時間，必須讓路給令同學更有效參與的課堂方式。今天的學習者必須成為知識建構人，而不是信息的被動接收者；接收信息的工作是最笨的電腦都可以做得更有效了。」

教育意味着引出一個人內在的最佳，如果教育要成為有樂趣，我們必須把學員置於對他們來講有意義和有價值的處境。這些處境所產生的學習，才可應用於課堂以外。

學習障礙

我的朋友、從前的學員、和同事瑪莉蓮‧布沙爾‧魯伽路（Marilyn Bouchard Lugaro），二零零四年完成了她沒有出版的博士論文，有關注意力缺乏障礙的，題目是《搜尋有關注意力缺乏／多動症的亨特神話——教育肌應學的角度》（*Hunting the Myth of the Hunter in AD/HD: An Educational Kinesiology Perspective*），引用了下文：

> 你好，我的名字是亨特，他們說我有注意力缺乏症。有時，當我不斷扭動，或在學校沒有端坐椅子上時，他們說我也有多動症。我不明白他們在說什麼，我不知道為什麼大家總是生我的氣。我爸說我固執，他可

以用拍打我的頭來糾正我。我媽媽說我懶,我只是不肯去試而已。我說我很好,我沒有任何問題!學校是枯燥的,就是這樣。我八歲半,有棕色的眼睛和頭髮。

當我聽到一個孩子說這樣的話時,我想哭;我不能忍受看到我們正在這樣對我們的孩子。僅在美國,數以百萬的年輕人正在服用注意力缺乏障礙的藥物,雖然專家估計,這些兒童中只有5%實際需要服用藥物。在任何情況下,注意力缺乏障礙不是因為缺少了「利他林」藥物!是沒有足夠能力集中注意力,可以通過整合身腦功能的程序解決。在丹尼遜健腦操®裏,我們用特定活動,以放鬆護腱的生存反射,以及幫助孩子感到體內的安全感,這樣便做到需要的注意力專注。

我想說的要點是:如果你或你的孩子已經被診斷患有注意力缺乏及多動障礙,請尋找另外的方法,替代太容易得到的處方藥物。利他林在美國是一種附表二分類的藥物,與可卡因、嗎啡、鴉片同分類,其可能的副作用包括抑鬱、煩躁、高血壓、胃痛、抑制生長、社交退縮、食慾不振,以及免疫系統功能低下。此藥物影響基底神經節和紋狀體,這些腦區有關於運動控制和時間感。

我應該在這裏略述讀寫障礙。我發現大多數有閱讀挑戰的孩子,都是混合優勢的腦組織模式(見第五章),在緊張下抑制了優勢左眼,轉而用了右眼,為了可以跟上線性的右手和右耳。右眼跟小肌肉運動控制有關,傾向於「盯着字不動」。混合優勢抑制了他們的視覺記憶能力,只可以看到文字的某些部分,所以他們口吃地吐出聲音來。因為往往發音和發生在閱讀者右腦和左眼的認字沒

能聯繫上，所以孩子着力朗讀「ta-er-toll」，而不是「turtle」（烏龜）。（譯者按：意思是每個讀音之間間隔太長太卡了。）

許多教育工作者相信，如果兒童朗讀文字足夠長時間，總有一天他們會自發地掌握閱讀能力。在我自己的經驗裏，他們不會，因為上述的讀寫困難症人士正經歷着在學習過程中的一種視覺／聽覺障礙。有時，只一節的丹尼遜健腦操®個案調和，已可以幫助這類人士同時做線性和認字的任務，從而克服閱讀障礙的讀寫困難症標籤。

閱讀、書寫和做算術的秘密

我們的孩子很少經驗學校為滋養的環境。一次又一次，我看到父母帶子女來做丹尼遜健腦操®個案調和時，孩子們的精神面貌都是支離破碎的，只能勉強發揮功能。

我多年來看到很多青少年在數學方面遇到的障礙，嚴重到他們甚至不能做簡單的加減，我不是在談論有特殊教育需要的兒童，他們的智力足以從$5.00減去$1.25的，但卻沒有具體的身體經驗，以發育他們的神經系統連線來如此做。這表示他們高中畢業時，仍無法執行基本生活技巧。

這些年輕人花了十二年的努力，終於達到懂得（用計算機）計算2Y=18的水平，但他們不懂計算銀行支票賬戶的結餘，或不懂很好地估算別人給了他的找續是否正確。在其生命早期只需花一點時間在玩硬幣遊戲上，也許扮作商販或收銀員做硬幣找續，令

高等數學更貼近現實，令他們在青春期更能運用上。這些都不是不尋常的學員；每年數以百萬計的青年人在離開學校時，仍然受限於這種數字能力。

在閱讀的領域也出現同樣情況。在美國，文盲率跟一些第三世界國家相匹敵，僅憑這一點已足以令人震驚。更罪惡的統計數據是，失去或從未培養出閱讀興趣的兒童人數。如果我們以全腦方式並根據小朋友的水平來教導他們閱讀，他們自然會享受看書。為什麼呢？因為好故事激發想像力，而兒童是無一例外地喜歡運用自己的想像力。

在公共教育中我們做錯的地方是，我們正確引導兒童跟從恰當的步驟培養出閱讀能力，但步驟的順序弄錯了。我們首先教孩子閱讀，然後教他們書寫，最後教他們寫出有關他們對世界的觀察的故事。全腦操作並不是這樣的。

事件的自然順序跟我們的做法剛好相反。理想的情況下，一個孩子先以她的思維、心和整個身體去觀察世界。作為這種觀察的一部分，同時還沒受閱讀和書寫的技術問題阻礙，她已經根據所看到的去創作故事。

接着她寫下她的感知和想像，通過她的口述而成年人替她筆錄。她講出自己想要寫下來的東西，然後學會閱讀她自己的說話。這樣，從一開始她的想像和文字之間的聯繫已經鍛造出來。

現在孩子學習書寫，是她說出想看到的字，然後老師把字寫出來回應她。她用手指追蹤這個字的筆畫，直到形成一個觸覺和運動覺的感覺，然後才寫出來。她繼續說出下一個字，再下一個，以逐

步加強自己的技巧。孩子的學習是從一個整全的概念開始，用細節來重構整體，而不是從細節（字母和音素或語音）開始，試圖從中堆砌出整體概念出來。

最後，孩子學習閱讀其他作家的作品，來表達作家自己的思想、情緒和觀察，由他們同學的文章開始。

另一種說法是，孩子由愛好出發，進而學習語音，而不是反過來。你不能從音素中創造愛好，但你可以把音素變成愛好的表達。當孩子用這種方式學習時，他們的閱讀、書寫和想像從一開始就連接起來，而原本應該如此。

附帶一說，當我們繞過講故事的階段，而直接跳到文字時，違反了社會進化的自然法則。閱讀和書寫在人類歷史舞台上出現的階段是相對較晚的。數萬年之前，人類以口相傳，信息從一代傳到下一代。正如一個發育中的胎兒看來在遵循特定的生物進化階段（從爬行動物到哺乳動物到人類），教育應該讓發育中的孩子跟隨社會進化的順序步驟。

戲劇和音樂的價值

戲劇（寫作劇本和演出話劇）作為把運動重新引入課程規劃的一種方式，有很大的價值。當年輕人置身在劇院這種寫實的、以運動為本的學習場景時，他們可以做到令人驚訝的事情。他們可以留校排練到晚上九時，而覺得完全正常。只有工廠模式的心態才寧願看到兒童被種植在他們一行一行的書桌後，被動地接收信息，就像一棵生菜吸收水分一樣。

音樂也應該是課程規劃的固有組成部分。音樂、韻律和歌曲整合腦子;我們用右腦唱出旋律,並用左腦維持節奏。音樂和舞蹈,節拍和韻律,輕敲聲音出來,發展主動聆聽力,同時接收視覺、聽覺、運動覺和觸覺的輸入,所有這些都建立了基本結構和神經路徑,並自動存儲在腦部,作為所有日後個人努力的基礎。

在課堂上使用丹尼遜健腦操®的實際建議

在美國和世界各地有數以千計的教師,已把某種形式的丹尼遜健腦操®引進他們的教室。我現在給你一些建議,讓你拿到感覺可以怎樣做。

如何把丹尼遜健腦操®引進教室的這些建議是基於豐富的經驗,並已被證明是有效的。然而,這些建議只是踏腳石;我鼓勵你挖掘更多的方式,在每天的課室生活中體現這個簡單而有效的系統。

請記住,當老師讓學員體驗這個實用工具時,在課室中每人都會經驗到更充實的一天。無論學習的科目是閱讀(拼音或整個字的教學)、數學、科學或體育課,如果課前做幾分鐘丹尼遜健腦操®,每個孩子的身體與思維系統將準備好吸收新資訊。

我建議按下列的順序把丹尼遜健腦操®運動引進課室中。這是簡單到複雜的順序,每一個運動在發育過程上建基於上一個運動。此規劃跟從一個每週的循環計劃,但可以轉為按月,或可以根據不同年齡、能力和個人動機而定。

第一週：丹尼遜健腦操®入門

　　　　小口喝水

　　　　腦開關

　　　　掛鈎

第二週：在中場觀看和思考

　　　　臥 8

　　　　正向觸點

第三週：通過全身運動去整合

　　　　交叉爬行

第四週：發現對側操作

　　　　丹尼遜兩側重塑

　　　　想像交叉

第五週：聆聽和說話技巧

　　　　翻揉耳廓

　　　　象 8

　　　　貓頭鷹

第六週：組織技巧

　　　　地開關

　　　　天開關

　　　　平衡開關

第七週：方向性和手眼協調

　　　　對稱塗鴉

　　　　字母 8

「臥8」

「臥8」的設計（見第二章）是視覺系統的重塑，就像「交叉爬行」用來重塑全身運動一樣。「臥8」教人於兩側視野都使用兩隻眼睛，因此對加強閱讀技巧非常重要。

「臥8」可以教授予任何年齡的兒童。教師先示範動作，以連續運動的方式去追溯無窮符號。學員在各種不同的表面上追溯「臥8」，以獲取不同的觸覺經驗。例如在地毯上、窗紗上、光滑的木製表面上。他們感覺搭擋在自己背上寫「臥8」，在「臥8」軌道上追溯「臥8」，或小孩子用手指沿木製凹槽摸索。追視着彈珠沿「臥8」的路軌滾動，訓練了視覺注意力及提高了動眼技巧，兩者均為閱讀所需要的。

無論是介紹初學者入門時學習寫正楷字，或要協助進階學員更流暢地寫潦草字，「字母8」都有助於促進學習的過程。「字母8」涉及在「臥8」所形成的圓圈內寫英文字母，只用小寫，在每個字母之後都先畫一個「臥8」。其目的是運動覺地感覺，字母是以弧線起始及在中線結束，或在中線的向下直線開始並向右移動。「臥8」是整體，而所有字母都是它的一部分。

「字母8」

丹尼遜兩側重塑

教師可帶領任何級別的同學做群體的丹尼遜兩側重塑（DLR；見第五章），頻密度按需要而定。若是人數眾多的班級，可能需要細分幾組來做重塑。在一節大約四十分鐘的時間內，全班同學都可以體驗重塑，是通過運動整合學習的程序。重塑的意圖是讓孩子在學習新東西時變得更自動化，同時更有意識，更覺知到反射動作並不助長學業成績。在學年較早期已把丹尼遜兩側重塑定為優先項目，讓孩子全年都可以得到好處。

對稱塗鴉

「對稱塗鴉」運動同時激活兩側腦子和身體，支持其中一側腦半球做主導，而另一側腦半球跟隨。同學愛用兩隻手同時畫畫，而對稱塗鴉讓他們熱身，準備他們坐在自己書桌後工作時提升課堂注意力。一個七年級的同學熱情地說：「哦，這東西很有趣！」這動作的輕易，及即時轉移到閱讀和書寫的身體技巧上，吸引同學參與對稱塗鴉的「遊戲」。做這個丹尼遜健腦操®動作之前，我可能會要求同學在自己的書桌上

「對稱塗鴉」

用一分鐘寫字。當動作完成後,我再次要求同學寫字一分鐘。然後,指示他們比較之前和之後的書寫樣本,討論他們看到的任何改變或差異。

丹尼遜健腦操®在中學

如果同學最初太注重自我形象而不願意做動作,我可能會先教導上文所述的「字母8」或「對稱塗鴉」。不過,在做動作之前,我先提供最近的腦研究信息,報告左右腦半球整合對順暢溝通的重要性。這些動作帶來神經刺激的背景資料,產生好奇心繼而是意願,令高中年齡的同學更投入去做丹尼遜健腦操®,從而自己覺察到這些簡單的運動和動作的回報。

丹尼遜健腦操®遊戲

兒童期盼着做丹尼遜健腦操®運動。盒子或袋內的丹尼遜健腦操®26式動作圖卡,可以放置在一個方便的地方。同學們每天輪流去抽取圖卡。同學四人為一組可以將一套圖卡放在他們聚在一起的共用大桌上,讓同學在任何特定活動之前,選出其中一張卡。或教師可以把圖卡分為三類:伸展運動、中線運動及能量運動,並在做課堂作業之前,邀請同學在指定類別中選擇。

在課室內的學習中心

在課室建立學習中心，可以每週參閱《丹尼遜健腦操®26式》（*Brain Gym Teacher's Edition* by Dennison and Dennison），其中的運動是按照技巧而得出類似上述的分類。這本書根據學員的需要，給予做哪些運動和活動的清晰建議。

有一個方法用在課堂上是很成功的，由同學們一起玩遊戲。課堂上大家聚在學習中心，老師拿着事前先弄好的一個立方體，可以用牛奶盒（或硬卡紙）製作。立方體其實是骰子，每一面都貼有一個丹尼遜健腦操®運動或動作，所選運動都配合該課堂準備培養的技巧。

例如，如果學習中心正在開發書寫技巧，「臥8」、「字母8」、「展臂鬆肩」、「屈足舒腱」、「弓步固基」和「能量哈欠」會貼在骰子上。每個到來中心的同學，都可以查看壁報板上的運動掛圖作為提示，所以當擲骰子有了結果，他或她便可以參考如何正確地完成動作。圍着桌子坐的同學輪流擲骰子，然後按照骰子的結果進行丹尼遜健腦操®運動。這樣大約花十分鐘，然後同學回到自己的桌子完成書寫作業。

小組調和

孩子們喜歡全組人一起做調和。他們喜歡看到自己為調和目標做了運動後，能夠改善多少。例如，做完丹尼遜健腦操®準備學

習四式後，讓同學寫一個段落甚或只是一句。做與書寫技巧相關的丹尼遜健腦操®運動，然後比較前後兩個書寫樣品。每個同學都一定會覺察到不同，無論是文字的整潔度，還是在紙上表達想法的輕易度。這種調和對體育課中的身體技巧也是很好的，我永不會忘記那些五年級同學調和後做側手翻的進步。

丹尼遜健腦操®故事

編造故事，混入丹尼遜健腦操®運動的元素。我喜歡邀請同學玩的遊戲，是由我說了故事的開始，然後每個同學口述來添加新的段落，每個段落都要包含一個或以上的丹尼遜健腦操®運動。例如，我在四年級教室說故事時，添加了丹尼遜健腦操®運動（寫在括號內），以下是故事的開端。

一隻大熊從沉睡中醒來（「能量哈欠」），並決定走到外面去（「交叉爬行」）看看星星。當他抬頭望遠時，看到頭上的閃閃星光（「天開關」）。在遠方的某處，他可以聽到貓頭鷹的啼叫（「貓頭鷹」），俏皮的小浣熊躲在大橡樹的附近（「地開關」）……

把你的指尖放在你覺得繃緊的下巴位置。做出低沉而放鬆的哈欠聲音，輕撫掃走繃緊。

「能量哈欠」

　　故事繼續，由同學加入自己的想法。如有需要，教師可以從旁協助如何加入丹尼遜健腦操®運動。當每個同學都說了一遍，或到時間轉入下一個活動時，故事便結束。用上丹尼遜健腦操®的這種小休「喚醒」腦子，讓同學和教師更隨意和更容易地開始下一個作業。

在一所小學量化結果

　　我的朋友兼丹尼遜健腦操®導師西西莉亞‧高斯特（Cecilia Koester），在她自己教課時發現丹尼遜健腦操®是一個有效工具，想驗證她一直在使用的技術，便在當地學校辦了一個小型研究項目。這是該實驗的敘述：

　　　　我曾在這個校園擔任老師的工作，日間特別班上都是有較嚴重學習挑戰的同學。我主動聯絡保羅‧亞布洛諾夫斯基（Paul Jablonowski），他是美國加州文圖拉鎮的薩蒂科伊小學校長（Saticoy Elementary School in Ventura, California），要求與他的一些同學進行這個項目。我取得了他的同意；將會參與的有12個班級，負責的12位主任老師張開雙臂歡迎我，以高度熱情期盼着開展這個項目。

　　這些教師同意以下的內容：

1)　整個學年每個星期一放學後會面一小時。

2) 每天總共做最少15分鐘的丹尼遜健腦操®運動；是分多次融入課堂的日常活動中，並非同在一節15分鐘內完成。

3) 每個教師選出幾位同學，每月有一次離開課室，由許可丹尼遜健腦操®導師帶領做半小時的丹尼遜健腦操®。

4) 一學年至少兩次邀請許可丹尼遜健腦操®導師做課堂諮詢。

5) 收集同學的考試成績進行數據比較。在其他班級的教師允許下，從學校檔案中抽取同等數量的同學分數，作為對照組。

在整個學年中，熱情和跟進行動保持高漲，所有上述的協議都得到落實。我們刻意安排了「家長之夜」，令人驚訝地吸引了多達120名家長到來了解丹尼遜健腦操®，並聽取說明他們的孩子是如何在課堂上使用。此外，參與項目的主任老師把丹尼遜健腦操®的材料張貼在牆壁上，指示孩子進行切合任務的丹尼遜健腦操®運動，並提醒他們在做家課前進行哪些丹尼遜健腦操®。主任老師先自己學了丹尼遜健腦操®練習，之後再教導他們的同學。

在項目進行了只三個月，當我路過學校的不同會社時，我看到同學們整天都在用丹尼遜健腦操®，即使沒有老師指令。那些在閱讀技巧上持續有困難的同學，會參加由許可丹尼遜健腦操®導師主理的二至四人小組。在這些小組中，同學進入個案調和，以解

決具體困難，如注意力及理解力、小或大肌肉運動協調、特定的學業技巧。

這個先導計劃的結果是驚人的：同學的自尊提高了；課堂氣氛變得平靜；同學報告他們的閱讀變得輕易多了；教師表達了深深的謝意，因為這個簡單有效的工具提升了教學策略。

我也收集了用上斯坦福第九測評的數據。在每個級別的同學中，做了丹尼遜健腦操®運動的實驗組同學，比起沒有做的對照組同學，考試分數高出一倍。

以下節錄自許可丹尼遜健腦操®導師與做了丹尼遜健腦操®運動的同學的談話：

一名三個年級同學說：「我希望能夠閱讀得更好。」在做完丹尼遜健腦操®後，她說：「我覺得很不同，就像已經準備好做事情；我現在更容易理解文字。」

一名四年級同學說，他想知道如何分拆較長的英文字。閱讀時他會指着每個字，但他並沒有讀完他已開始讀的字。做完丹尼遜健腦操®後，他說：「我感覺更容易閱讀。剛剛發生了什麼事？」

一名五年級同學說，她希望「閱讀變得更容易」。書寫時，她從下到上來寫出字母。做完丹尼遜健腦操®後，她說道：「之前我覺得眼睛在頁面上跳來跳去。現在，我感到我可以真正看着頁面閱讀！」

在各個時代中轉移

範式轉移可以定義為感知和思維的激進改變，從一個角度到另一種可能相當不同的角度。沒有一個範式的任何部分，可以預測下一個範式是什麼。人類社會從狩獵與採集，到農業，到工業化，經歷了很多轉移，不斷改變我們的生活和思想。西方世界曾經認為地球是宇宙的中心。因此，太陽系的哥白尼模型，描述行星環繞太陽運動，初時是激進的革命性思想。

在歷史上的每個時代，當鐘擺朝某個方向移動太遠時，便出現反向運動來恢復平衡。在現正發生的一個主要範式轉移中，丹尼遜健腦操®是一個重要的組成部分，便是轉移到以腦為本、以運動為本的教育，認識到孩子是一個自然學習者。

第十章

熱忱、目的和適合的生活

當時你可能不知道這些

終有一天（在你不知道的情況下），
你已經開始活在你那碩大的夢想部分。
而且，不知道為什麼，
你已經開始放開那原是緊握着的韁繩。

你曾告訴自己，你決不會放開的。

你不明白，有人告訴你你也不會相信，
終有一天你竟然會想放棄所有的掙扎，
和所有的深刻痛苦。

當時你可能不知道這些。
直到現在你才能夠開始信任，
在你身體的骨肉裏重力的奇怪臨在，

以及從你的腳底下升起的奇怪堅實感，

都是給遺忘的祝福，

它只會出現於當夢想家的熱忱臣服於夢想的奧秘時。

這不是我們希望事情演變成的樣子。

這是艱苦得來的成熟，

只來自對生命那緩慢雕刻的手和緩慢燃燒的火

的塑形表達認同。

——理查德·帕爾默（Richard Palmer）

我把目的定義為我們內在固有的東西，神聖啟發的東西。比起意向，它在更大的範圍內操作。例如，一個個體的目的可能是帶領別人，而他的個人意向是贏得地方選舉。從這個角度可見，生活成為了一種微妙平衡，發生在指導自己的生命和無阻於自己前進之間。

偉大的學者和神話學家約瑟夫·坎貝爾（Joseph Campbell），寫了關於容許我們的神聖目的得到彰顯的需要。他說：「我們必須放下我們現有的生命，以獲得正在等待我們的生命。」但我們不只是木偶：在我們必須讓神聖的計劃自然進化的同時，在我們的總體目的之下，我們仍然可以設置我們自己的目標和意向，從而指導我們自己的生命。」

可能性的無限感

在我們約十三歲的時候，除了青春期外，還有另外的事情在發生。

就我而言，在第二章中提到，我當時正在顱骨骨折的康復過程中。在醫院裏，我曾調動祈禱的力量，企圖加快康復。許多人前來探望我，甚至包括只是我們有時外出用餐的餐館服務員諾瑪，都來我的床邊坐坐。我有一個新的歸屬感，感激還活着，並保持與他人連繫着。我的父親總是說，頭部撞傷的腫塊對我有好處。他說，發生事故後，我終於加入了人類族群；我不再是那麼沉默的夢想家，離羣出走到自己的世界裏。

當我離開醫院，和離開與死亡擦身而過所帶來的短暫抑鬱時，學年已經開始。我遲了開始入讀六年級，充滿渴望要趕上我所錯過的，也帶上全新的興奮進行學習和探索世界。約瑟夫·皮爾斯說，十多歲時是額葉長出新神經網絡的階段；在他們用感官吸收這個等待他們征服的世界時，讓他們感到可能性的無限感。對我來說，這肯定是真的。

我急切地追趕要完成的課堂作業，並參加小組討論。我的同學們正在學習成人事業，以及在過程中研究各種職業。我湧身跳進去，不知道在未來的生命中我真正想做什麼，但知道我必須作出選擇。我讀了所有的材料，並沉思着當律師的生命，最後選擇了法律領域。我們對事業的探討，以每個同學各寫一篇有關成功的文章作

為高潮。在我們班級舉行的盛會中，我們許多人好像合唱團般站出來，並有節奏地朗誦我們的文章摘錄。

我記得，我曾迷戀一個嬌小玲瓏而不落俗套的女孩菲莉斯·約翰，她是班中最可愛的女孩。她華麗的文字與輕柔的嗓音讓我着迷，菲莉斯溫軟地吟詠：「成功是需要爭取並珍惜的。」然而，她的目標聽起來如此崇高和遙遠。或許這是我第一次實際地解讀一個沒有接通身體基礎的身體語言，即使在崇拜的心態中我仍在疑惑，菲莉斯是否知道自己在談論什麼！

到我已經進入了工作世界有四年，見證到父母的不斷奮鬥謀生。所以我在班級盛會中的貢獻是：「以犧牲和努力賺取成功。」不知怎的，我年輕的思維已經理解到，犧牲的概念為把夢想神聖化的過程。我知道我們需要作出困難的選擇，在找尋自己熱忱時需要捨棄一些東西，我亦斷定努力總要在某個點進入方程式的。

「我想我可以，我想我可以」

最終，我們不想全時間掙扎，但用心下適當的功夫通常是必要的，直到不再需要了。如果你在學習鋼琴，你堅持上課，直至精通樂器到你忘了在彈奏，而是純粹地享受音樂。如果你打算跑馬松，你刻苦訓練，謹守日程，以致在比賽當天，可以享受一種幸福感，你達到絕妙境界，毫不費力地流動。

生命是持續地從低檔到高檔的過程。低檔是在新經驗裏的適當狀態，當中我們有意識地、有條不紊地做任何需要做的事，以

學習，以編碼，並跟進到底。這階段是我們小心地攀山，直到攀山這程序被安裝在體內。最後，當我們攀登到高檔的頂峰時，我們享受着「我想我可以，我想我可以」的經驗，如同《細小引擎也可以》中所描述的一樣（此書為美國二十世紀四十年代著名的繪本，伴有黑膠唱片。當我還是小孩子時，我經常播放該唱片，直至把它磨花弄殘了。）

給努力蒙上污名的，是期望孩子們在沒有理由的情況下去努力，至少沒有孩子可以看到或理解的理由。當成人在家裏或學校未能培養孩子對學習的內在興趣時，孩子被迫以外在動機代替；這些外在動機以教育的名義吸納了靈魂。這種與自己內在目的和命運的脫節，一直持續到成年，導致了人所共知的「中年危機」，由內心對自己受挫的目的越加需要得到關注而觸發。

比利：一位年輕的音樂家發現如何閱讀

太多時候，我工作上接觸到的人有此假設，如果他們沒有成功，那是因為他們仍然需要更多努力，督導自己更嚴格，或給自己承諾更大的回報。如果他們的孩子在學校表現不好，往往對他們的後代採取相同假設。

比利來見我時他十五歲，就讀高中二年級。當他的母親李安妮首次致電跟我預約，她很快便告訴我一個充滿掙扎、挫折、屈辱和內疚的悲慘故事。

「我兒子討厭上學！」李安妮道：「他整天只是跟他的同伴們在車庫流連、練習吉他。現在我相信他在吸大麻。即使他上學，他也會逃課。今年他整年沒有做過五天連續上學，拿到的都是 D 和 F 的評級。我們已經竭盡所能，但他連嘗試也不做。他從來都不喜歡學校。」

李安妮繼續說：「比利在小學二年級時，他們說他有學習障礙，所以我們找了補習給他。比利開始在學校惹麻煩。當他五年級時，我們送他到昂貴的私立學校，但他卻被踢出校。有一年夏天，我們送他到閱讀營，但他沒有投入。我可以理解，因為我也有閱讀問題，但我在學校時還好。」

男孩的母親指出：「比利並不愚蠢，他知道如何維修汽車，和修復家中一些設施。他自學吉他，並沒有專門上過課。他也可以彈奏鍵盤，更自學讀樂譜和作曲。他的父親和我一直以為他年齡漸長，學習問題會慢慢消失，但每年都只是變得更糟。他現在長大了，我不能再罵他。」

我不需要知道個人史，教育肌應學的過程依然可以有效。但我有時發現，讓家長談談經歷可以幫助他們清楚自己對孩子（和有些時候也是對自己）的目標。即使父母可能需要談論，當我開始個案調和時，我盡能力放下所有先入為主的概念，以當下的實況作為起點。

至於在實際做調和時，因為比利的年齡和與他母親的互動模式，我請李安妮在門外等候。面談中我的首要任務是和比利建立信任和默契，令他願意跟我進入調和。我期望讓他知曉，教育肌應學不只是另一個不會有效果的干預。

「有什麼事情正在你身上發生，比利？」我開始。

「沒有。」他望着別處，回答說。

「如果你有一個目的、目標，即是你想要做得更好的事情，這過程會變得最好。」我提議。

比利另有所思地沉默着。

我問：「你想你的生命發生什麼？」

「沒有。」他又說了一遍，這遍向着我正視。「我不喜歡目標。」

我在尋找一種方式與他聯繫：「比利，目標並不代表什麼大不了的事，僅僅是讓腦子和其餘的身體部分可以有一個焦點。沒有目標，你可能在調和後仍會覺得更好了，但卻無法幫助你學習。如果我們不學習，什麼都不會發生。也許我們有一些生命中的樂趣，但我們沒有真正找到愉悅。」

比利靠後挨在椅背上，給了我一個疑問的眼神。

「讓我給你舉個例子，」我繼續說：「今天上午這裏來了一位女士。當我要求她選擇一個目標時，她說她希望能有更多的能量，我便問她：『得到更多的能量來幹什麼呢？』她想了一會兒，然後說：『我會用來唱歌。』當她聯想到唱歌帶給她歡樂時，她突然有了很大的能量，令她只能勉強留在她的椅子上。而且，你應該聽聽她在調和後唱歌！」

比利喃喃自語：「我真的很喜歡彈吉他。但我的父母不喜歡我彈，他們要我做我的功課。」

「如果我可以幫你，讓你能做功課，還能彈吉他，你會感興趣嗎？」我問。

比利好奇地看着我。

「比利，閱讀就是生命的全部。音樂家要閱讀音樂，閱讀樂隊中的其他成員，和閱讀一個房間。這就像當你開車時，你必須要閱讀其他駕車人士。這就是所謂的覺察、覺知或調諧。無論你在生命中做什麼，在我們的現代世界，你必須能夠閱讀文字。我可以幫你成為你能夠做到的最佳閱讀者，在你生命的每一個部分都是。」

「好吧。我們該怎麼辦？」他問。

我叫比利大聲地讀五年級的書，聽到他以單調的聲線去勉力地讀出幾段，並沒有表達出明顯的興趣或理解。

「好吧，讓我們開始。」我說，我從他手上拿走書本，放在一旁。「比利，我直接地告訴你，你的閱讀水平大約為第四或第五年級的水平，你必須要在七年級的水平，才是一個所謂識字的成人。你是差不多的了。一旦你到達這水平，就可以教自己閱讀，隨着時日不斷進步。」

我測試比利跨越視覺中線，他出現了極大的困難。當他在左視野中看着一個物件（一枝筆）時，他的身體是穩定的，但當他的眼睛跟着筆跨越中線到右邊的時候，他變得混淆。同樣，當眼睛跟着筆回到左邊時，他再次失去了對物件的焦點。然而，由他能猜出他閱讀到的生字，我可以看到比利在讀音和符號之間的關聯上，已有良好的培訓（當然，閱讀是一種讀音及符號或語音的技巧，接着是解碼音素和字形的技巧）。

因為我曾接受發育視光師的培訓，我確信，即使閱讀主要不是視覺技巧，但一定的視覺技巧是學懂閱讀的基本需要。這些是指：（1）兩隻眼睛指向同一位置（稱為「雙眼視覺」）；（2）跨越視覺中線；（3）移動眼睛從一個地方到另一個（在教育肌應學內稱為重新聚焦）。同理，我確信視覺緊張會阻斷了語言上的成功經驗；如果真有某種緊張可以阻斷人的視覺技巧，人便不容易掌握抽象的語言能力。閱讀者的視覺技巧必須達到的水平，是成為自動化，而視覺不再成為問題。

我要求比利在紙上寫上他的目標。從他執筆和按紙的方式，可以看出他也有書寫困難。他的手眼協調用在雙手彈奏鍵盤或吉他是很好的，但是分化肌肉控制，轉用一隻手操作書寫技巧，卻給了比利相當的緊張。要他在紙上表達自己所想的，幾乎是不可能完成的任務。我都察看這些在學習過程中所涉及的身體技巧。

在大多數情況下，我在個案調和中遇見的年輕人都健談、聰慧和有知識的，並完全有能力從書籍和電腦獲得需要的資訊。但他們不知道如何用身體，或如何組織自己的眼睛、耳朵、手、四肢，和想清楚如何有效地溝通信息。這就是我關心的，我們作為教育工作者，很渴望以知識填補空洞的頭顱，我們把學習過程中所需的身體認為是理所當然可以發揮功能的。

在接着的三十分鐘，我使用了微觀干預，包括丹尼遜兩側重塑、「壓腿鬆筋」、「展臂鬆肩」、「臥8」和「字母8」。比利似乎活過來了，自動解鎖了膝關節，放鬆他的胸廓肋骨以加深呼吸，開始圍繞着他的閱讀目標，組織他的思想和運動模式，並以彈吉他的熱情作為更大的背景。

我再次測試比利的視覺追視，他現在可以跨越中線，彷彿他一直都這樣做一樣。我遞給他七年級水平的課本，他以絕對的清晰度和理解去閱讀，彷彿是他自己寫一樣。（我對閱讀理解的定義為，令作者的嗓音成為你的嗓音的能力。）

比利拿起一支筆，寫下他的目標，還加入他今天、明天、下週要做的事情，以成功地組織他的樂隊。然後，我們邀請李安妮進來聽他朗讀。

青少年有時不喜歡向他們的父母閱讀，但比利說：「這是很酷，媽媽。你應該聽我朗讀。」

李安妮顯然是因比利的態度改變而感動。在她聽的時候，眼睛流淚了。

我解釋了目標和一些我跟比利討論過的東西：「幻想一下，比利是一個專業吉他手，去上學為了得到他需要的技巧，可以在社會上獨立發揮功能。試想一下，放開比利是一名同學，愛好是拿着吉他到處胡混的觀念。」

「比利，如果你感到玩音樂得到充分支持，你會留在學校嗎？」我問。「沒問題。」比利回應。

這一切都發生在十年前。比利從高中畢業，後來成為一個世界著名樂隊的吉他手。最近他來見我，並帶了他的女朋友來做個案調和。

我引以為榮的是，比利信守對自己的承諾，發現了如何圍繞他「喜歡做的事情」來重新組織他「要做的事情」。

整合的 X

視覺圈的課程，是教育肌應學有關改善視覺的基本課程（姬爾參考我的提議而設計的），包括了一個我最喜歡的格言之一：V = T x S（視覺＝時間 x 空間）。我的意思是，視覺大於視力技巧；它是在遼闊的遙遠空間中，向着地平線對焦，涉及對時間（穿越這距離需要多久）和空間（包羅一切地覺知需要穿越的距離）的理解。

正如我在本書前述，我們今天的腦子是由我們祖先的身體活動所發展而成的，就是獵人和最終可以追到大多數動物的長跑運動員。人類有一個前額葉皮質，發育來圍繞着一個目標組織時間和空間。我們的視覺代表了我們目的的整體感，就是我們在這世界上如何運動和採取行動的背後組織原則。

智人入住的身體有着獨特設計來向前移動；奔跑的向前慣性是活出豐盛生命的良好比喻。其中我說的「奔跑」，可以指任何向前推動的活動，瞄準着一個焦點或方向，就是要走的路（例如踏步時交替單腿彈跳、騎自行車，甚至是一個跟着滾動的球來爬行的嬰兒）。在一個焦點內保持平衡，需要對時間和空間兩種元素的感覺。

當我們跨越了身體中線，以對側協同的方式運動我們的臂腿，並觸發連接我們兩側大腦半球的胼胝體這組神經纖維束的神經電衝動，我們在空間（較為右腦半球的對我們肉體的感知）中接通時間（左腦半球實時的運動）。可以這麼說，當我們在空間中同時覺知到時間，我們可以有節奏、放鬆和有樂趣地移動，同時有目的感。

當我們失去了時間感或空間感，我們打亂了腳步，也失去了整合。我們好像不在自己體內來控制活動，同時間只運用一側腦半球的功能，失去我們兩側的、多維的個人視覺感，以及在這個視覺內的逐步運動。當我們在身體所有其他部分的背景下運用全腦，我們在視覺上有了一體感，還有運動感和前進慣性，推動我們精緻的身體在流動中繼續向前。

然而，緊張可以使我們偏離目的。如果我們失去了空間感，我們的肌肉收縮。我們失去了的感覺和感受帶來的存活感，並和心分隔。我們的身體組織和肌肉本體感受器會反射地回應，不會有愉悅感的覺知，由運動、溫暖和涼爽、壓力和觸感等等帶給我們——這些東西都在告訴我們，我們活在身體之內。如果我們失去了時間感，我們因為太多感覺而不堪重負，不能序列我們的生理系統去採取行動，或是行動得更有效。

長跑運動員的整合的 X，甚至在我們靜息時也存在，正正在身體的姿勢核心上，跨越中線把對側的肩膀和臀部連接起來。當我們聚焦地跟從我們的視覺進入未知的未來，腳踏實地，全時間覺察着我們的頭和心時，是兩側的心臟連接，統一了時間和空間。

目的的力量

正如我們在第四章所看到我對「奇妙地域」（The Land of Ahhhs）的討論，目的是大於我們的意向。意向的力量，是我們的想像和響往，是我們設定思維盯住某東西，是我們相信自己做得

到。如果意向代表了目標，目的就是知識、正確和不可抗拒的力量，來自我們塑造、組織和整合自己的生命經驗。

目的重整我們，令我們正向起來。我們需要有自己的目的，成為我們活着的理由。否則活着只是為了取悅他人，生命可能成為空虛的存在，特色是苦差。我們來到地球都是為了一個目的，我們需要發現自己的特定目的是什麼，就是為什麼我們還活着，我們願意把精力投放到甚麼事情上。

如果一個人是為了別人（母親、父親或妻子）的目的而活，或如果一個女人全身貫注於養育子女而已失去了任何家庭以外的目的感的話，那麼這些個人都已失去與學習樂趣的連結。如果他們諮詢我，我會提醒他們從前那些覺得充滿熱忱的事情。當想起時他們往往會哭泣，此後不久，他們將再次重拾該熱忱，無論是山水畫、吹笛或在露宿者收容所當義工。

我用目標設定的過程（丹尼遜健腦操®個案的重要組成部分，我們將在下一章看到），去提醒調和人他們已經擱置了的夢想。我認為鑑別出自己的生命目的，已經是工作的一半或四分之三了。一種明確的目的感，會召集和抽取腦子和身體其餘部分的所有資源，這就是為什麼它是整合的媒介了。當調和人在完成個案調和離開時，是帶着新的目的感，以及對該目的有興奮感，我覺得我們的工作已經成功。

當我在美國進行個案調和時，其中許多人表示想賺更多的錢。這並不奇怪，因為這國家的文化是沉迷金錢和財富文化。但錢只是能量，吸取金錢的最好辦法，是圍繞自己建立磁化能量場。你可以自發做到這個，只要你找到你喜歡做什麼，和一頭鑽進去做。

同時有熱忱和技巧的人總是成功的，不需聚焦在金錢上。你可能在不會讓你興奮的領域有天賦；相反，你可以在你沒有天才的地方有熱忱。然而，每個人都在生命中的某個領域同時有熱忱和天才。如果你不相信這對你來講也是真的，只是因為你還沒有發現令你充滿熱忱的東西。很大機會，你依然固執地在相反的方向尋找！

目的和疼痛之間的連接

在我多年來做的個案調和裏，我發現了目的和疼痛之間耐人尋味的關係。當我問調和人選擇一個目標，而他們的第一反應是一些身體疼痛時，我鼓勵他們欣賞自己的身體，它居然找到用這種方式表明自己的需要。疼痛和目標往往是連接的，我重複見過多次，當人接觸到自己的人生使命，疼痛便立即離開。疼痛的存在有數不清的可能原因，因為疼痛是身體與我們溝通的最佳方式之一。

疼痛往往是在體內滯留的能量，是身體向你說，你沒有正常運動。不幸的是，我太經常遇見人們卡在搏鬥或逃跑反射，他們無法返回自穩狀態，即身體能自我痊癒和恢復自己的狀態。

如果我們的能量阻塞，是因為我們不是在生命中以正確的方向運動時，例如當我們與我們的目的脫了節，身體會呼救。它不以文字說話，其語言是感覺，疼痛是其中之一的信息。當從這個角度看，疼痛可以是我們的朋友。

通常的情況是，圍繞着一個目標而進行的調和過程中，人有機會放慢，安全地感受和梳理一些身體一直在發送的信息。而且

那令人高興的副產品往往是，調和會支持人從搏鬥或逃跑的狀態，返回到由自主神經系統支配的正常狀態。該系統有兩個主要部分：稱為交感神經系統的興奮系統，和稱為副交感神經系統的鎮靜及恢復系統。

　　一位參加了我的德國課程的本地醫生曾經評論說：「有一詞語可以用來描述丹尼遜健腦操®——有效！」他解釋他的信念，認為他的許多病人可以好轉，如果他們能夠找到一種恢復正常狀態的方法，當中副交感神經與交感神經保持平衡。他把教育肌應學的調和程序，以及我們對腦幹與額葉關係的實證理解，看為這種平衡的重要線索。

　　我會把交感神經系統形容為低檔狀態，當中我們的挑戰是更強度的工作；而副交感神經系統為高檔狀態，提供了日常活動的背景和動量。

　　幫助我們理解這個，我們要記住自主神經系統監督着據說是不隨意的身體行為，如心跳、呼吸、血壓、排洩、性反應、腎上腺素生產、消化和新陳代謝……等等。

　　當我們投入於一個創造性的努力，或一些身體上的追求，使我們得到精通感或成功感時，身體會自然地製造稱為內啡肽的激素，它的功能是止痛和增強快感。而當身體轉變到放鬆的反應時，我們的內啡肽生產也會自然增加。

　　當一個人抱有的覺知，是自己為整體的、神聖的和精神的一部分，從而開始活命，疼痛往往會消失。我看到人們發現疼痛消失了，對生命感到興奮起來，總是也高興起來。而且當人們連接

上真正帶來喜悅的東西時，有時我看到他們從疼痛一直轉移到快樂。當人們的生活豐盛，有時甚至癌症也呈現緩解，因為腫瘤只是另一個身體告訴我們有能量阻礙的許多方式之一。記住這個是有用的：一切都是能量；如果我們的能量諧振不符合生活節奏，我們便開始死亡。

莎莉：在疼痛中尋找信息

在三天工作坊的第一天，莎莉一拐一拐地進入房間，依靠拐杖作為支持。皺眉的表情蝕刻在她臉上。在自我介紹時，莎莉解釋說，過去幾個月中她已經經歷了兩次手術。在某一刻，連她的醫生也對她的生存機會沒太大信心。她經驗到每天二十四小時難以忍受的下背痛，形容自己活在地獄中。

鑑於她那明顯的苦惱，我沒多久便邀請莎莉作為一個示範調和的志願者。她欣然接受，並在開始時宣佈，她的調和目標是消滅她的疼痛。

「我不會建議那作為你的意向。」我告訴她：「生命中的一切都是有價值的。一切我們可以失去的，我們可以再找回！因此，我建議你以更積極的方式表達自己的目標。」

莎莉提出了一個新的目標：「我想擁有健康，能夠更豐盛地過活。」

「那是什麼意思呢？」我問她。

莎莉似乎有困難去制訂她的意向，所以我邀請她與我一起做丹尼遜健腦操®準備學習四式的活動（見第十二章）。莎莉然後再嘗試用幾個版本形容她的目標，並最終決定了：尊重我是誰，並知道我的界線。

在其他的學員旁觀下，我們就開始做調和。在莎莉評論她的目標時突然意識到，由於她的病情，她的生命徹底改變了。在過去的一年，她花了很多的注意力，讓她能慢下來，並能夠說不。

我問莎莉，究竟改變是否對她來說是如此不堪重負，讓她難以應付工作，所以要用生病來得到休假。莎莉謙和一笑，表示同意：是！也許她正以困難的方式來爭取休假。然後我再問她的痛苦水平，由1至10分她給了自己8分。

有關莎莉知道她的界限的目標，她的預習活動是，當我走近莎莉時她要說不。即使這是我們的角色扮演，明顯地她難以做到。我們選擇做了一些運動：包括「正向觸點」，把莎莉的覺知帶回她的額葉；一些伸展運動，讓她放鬆肌腱和重新運用肌肉的本體感受器；和掛鉤，幫助她回到平衡點上。

當到了複習時，我再次慢慢走向莎莉。這一次，我走得太近，她脫口而出說：「不！」她有力的聲浪令全班都嚇一跳。莎莉哈哈大笑起來，接着全部人都笑了！

我請莎莉以第一人稱的措辭重複她的意向：「我尊重我是誰，並知道我的界線。」莎莉以一個強有力的、清晰的嗓音說出這宣稱，表示該宣稱現已錨定在體內了。我問她現在的疼痛水平，她說，現在從8降到3了。

莎莉和我一起挑選了一些丹尼遜健腦操®運動，讓她在一個月內每天都做，就是所謂的「家庭玩耍」，幫助新學成為一個穩定的習慣。然後，她便回到座位。

第二天莎莉返回這個課程時，她走路明顯好轉了，她的心情也提高了。她說，疼痛只有1分了，現在只是輕微地困擾着她。

莎莉在工作坊的第三天也是最後一天，沒用拐杖，不必跛行，臉上掛着大大的笑容走進課室。這是四個月內的第一次，她是完全沒有疼痛，並能正常走路。

凝聚我們的意向

意向是目的的妹妹，也是丹尼遜健腦操®的關鍵組成部分。為了澄清意向在我們生命中的作用，我喜歡用湖泊作為比喻。試想像一個巨大的、水晶般清澈的湖水，充滿漂亮的游魚、七彩的水生植物和寶石。此湖中有一切你可能有的願望，而水本身是清甜可口的。

你來到湖邊，船夫早已等待着，隨時準備滿足你每一個需要。船夫頗有性格，他知道湖的一切，並可以引導你獲取任何你想從湖中得到的。但他有一個怪癖：他不會帶你去任何地方，或是給你任何東西，除非你提出一個明確的請求。

作為偉大一個湖泊專家，船夫絕對不會主動做事來試圖理解模糊的指令。如果你對他說：「給我所有湖中的好東西。」他將讓你乘船到湖中心，然後漫無目的地漂浮。他什麼也沒給你看，也不

會給你帶來什麼。如果你說：「我想要些魚」，就會發生類似的事情，你會信誓旦旦地說湖中肯定沒有魚。

另一方面，如果你的要求非常具體，船夫會驚人地樂於幫忙。如果說，「我要吃三條虹鱒魚作晚飯。」接下來發生的事情是，你會在最精確的位置捕捉鱒魚。你會看到牠們在水面下滑行，彷彿一直在等着你。幾分鐘內，你的食材便在水桶內躍動。

除了具體之外，你需要在每個請求都投入能量和熱情。試試向船夫說：「我想要一些鑽石。」但不是認真地說，看看會發生什麼。也許你不是真的想要鑽石，也許你想要但並不真正相信你可以擁有他們。無論如何，船夫都會完全不理會你，就好像你從來沒有說過話！

我可以在自己的生命中看到同樣的事。如果我對一個項目沒有全心投入，我通常會得到一個不好的結果。但如果我熱衷、有決心和明確，不但我能更聚焦地工作，而且彷彿整個世界已決定與我合作。合適的人會在正確的時間出現，意想不到的支票會郵遞過來提供我需要的資金，或有人致電說出恰恰是我一直在尋找的確切信息。

無論是什麼目標，明確、有能量的意向會幫助我們實現它。

親身經驗目的的力量

目的是我們生命中最強大的元素之一。轉述本章開頭詩篇的意思，當我們跟心分隔了，誤用或不用那些上天賦予我們去表達

目的的能量時，我們的能量停滯了，有時甚至會演變為身體或情緒的疾病。

我認為對自己說以下的話是一個錯誤：「**當我已經清除了這樣或那樣的困難時，我便會進入正確的狀態，去尋找和追求我的目的。**」我從沒有見證到過事情會這樣發生。我相信，奔向目的正正是我們尋求的痊癒力量。

讓我給你一個我自己生命中的例子。在我出生時，患上可致命的肺炎，從此我的呼吸系統一直是我的弱點。然後，當我還是個孩子時，某種發育遲緩影響了我的說話方式，特點是說話突然加速又突然拖慢的不尋常節奏；稱為「迅吃」，其實是口吃的一種，基於思考速度快於說話速度，於是嗓音無法跟上。有這種挑戰的人必須學習如何同時呼吸和說話。我無法完全把我的思想跟我的說話機制連接起來，這往往令人們很難理解我在說什麼。

彷彿有言語障礙還是不夠，生命給了我一連串的事件，確認我將永遠無法公開表演。我父母的職業是牽線木偶劇團，經常要公開演講。我記得當我四歲時，媽媽教我唱「加州我來也」，模仿着艾爾·喬森（Al Jolson）。她希望我在一大群觀眾前演唱這首歌。

當我的演唱時間來到時，媽媽塗黑了我的臉，握着我的手和我一起上台。我看着台下的觀眾，立即就恐慌了。我轉身把臉埋在她的膝蓋，背着觀眾演唱了整首歌曲。

後來我參加了童軍箭會，是童軍的國家榮譽學社。每個星期六晚上，我們在圍着營火的儀式上，玩着扮演各種美洲原住民的角色。一位前輩營友是我的學長導師，有點像大哥哥。一天晚上，他

病倒了，我被招募來接替他的位置。儀式裏我穿上纏腰帶，頭戴羽毛，要說一篇激動人心的講話。

　　我只有幾小時來熟記台詞。當儀式的時間到了，我很害怕，像以前一樣，忘了台詞。當我站在營火的旁邊，看着觀眾，我呆住了。我旁邊的人耳語提示我台詞，每次幾個字。這是屈辱的經歷。當我回到更衣室時，我代替出場的學長大聲呵斥我：「丹尼遜，你太差勁！」真是在傷痕上平添侮辱！我覺得我辜負了朋友，令隊友失望，那天晚上我淚中入眠。

　　要從這些早期經驗恢復過來對我來說需要很大的努力。在我二十來歲時，參加了語言課程想克服「迅吃」。下的功夫是要連接所說和所感的；換句話說，當我說話時，着實經驗身體的感受和感覺。直到那個時候，我並沒有意識到，我不能脫口而出地吐出所有想法，而仍然能被理解。

　　言語治療師要我反覆背誦一些應用某些音調的短語：例如「呵……呵……呵，我是聖誕老人！」當我快要去洛杉磯上任教學崗位時，治療師會問我：「為什麼你想去那裏？」我回答：「我想任教 。」他說：「不、不、不，你必須熱情地說。」

　　所以我會大聲練習：「我**想**任教：我想**任教**！」最後，我終於達到去洛杉磯的階段，在一所小學找到工作，以教師身份站在課室裏的我，第一天在所有孩子面前沒有僵住，沒有丟臉。

　　後來，當我的教育肌應學作品變得為人所知時，公眾演講變成一個更大的問題。講座令我需要面對更大群觀眾，工作坊雖然更小規模但有同樣嚇人的參加者；最可怕的是，我需要接受電台和電

視台的採訪，這些媒體會把任何人的瑕疵放在放大鏡下。當我看到電視攝影機鏡頭上的紅燈時，立即被拋回到那次令人羞愧的童軍演講。同樣，我覺得自己漸漸僵直起來。

在攝影棚時，我觀察着有造詣的電視節目主持人，疑惑着他們如何做到對什麼都熱情起來，充滿情感，甚至包括天氣。幸好，到我職業生涯的這個階段，我已經有工具來處理這種議題。我做丹尼遜健腦操®的自我調和，幫忙自己模仿這些電視專業人。

我做了一切我能做的，讓自己可以體驗到一次真正成功的出鏡接受採訪。我其中一個住在多倫多的學員，恰好是出色的電視節目主持人，才華媲美金拉里（Larry King），懂得令嘉賓放鬆及引出他們的本色。此外，她知道亦喜歡我的作品。我意識到，不會有一個更好的機會，創造正向的廣播經驗給自己了。所以當她邀請我上她的節目時，我抓住了機會。採訪進行得很順利，這創造了一個正向的「標記」，往下一個正向的標記進發，從而取代那童軍年代燒刻在記憶中的營火標記。

回憶我們「在靶範圍內」的那一刻，而不是糾纏在當下狀態，是丹尼遜健腦操®的一個重要特徵；同樣重要的是把上述身體記憶帶去新場景。例如，如果面對一個在擅長踢足球的男孩，我會請他去記起當他入球時的身體感覺。可能的話，我將在個案室豎立起臨時球門柱，並邀請男孩向我射球。然後我們把那流暢感轉移到我們正在處理的任何低檔情況裏。

以這種方式增加個人技巧精通度，是高度自尊的鑰匙。個人技巧精通度的衡量，不是人們對你如何好，或是你對自己有多少好的想法，而是你可以做什麼。如果我們不能學懂如何做得更好，或有

做得更好的經驗，我們不會理會別人對自己有多好，或他們會給我們什麼評分……我們總是會懷疑自己的能力。但是如果我們能夠實際做得更好，那麼我們知道我們是誰，就是知道我們技巧和努力的界線。這有助於我們更腳踏實地和準備好承擔未來的風險。

目的是一股激勵的力量，有驅動力、挑戰力，最終有痊癒力。今天，我不再害怕公眾演講。我的生命目的是教導人成為有效的教育工作者和全人，它驅動我處理我的恐懼，因為沒有克服這些困難我無法履行我的使命。我目的的力量帶我來到有所成就的地位，是那少數在我童年時代已經認識我的人無法預見我達到的。

大於真實中的大

在我們家的木偶劇中，父親扮演保羅・班揚（Paul Bunyan），是北方樹林的巨人樵夫，喬爸爸有183公分高，所以對觀眾中的孩子們來說，他看來是真正的巨人。

轟！轟！轟！轟！我們聽到台後的巨人在大步走。孩子們喘氣了，因為他們看到了保羅巨大得異常的腿，穿着大黑靴，威風凜凜地踏步上舞台，上身仍然被佈景的天篷遮擋着。

保羅的吼叫聲充滿了整個劇院，迷住了觀看的兒童。他說：「我是保羅・班揚。這是貝貝，我忠誠的藍牛。」

我母親設計了一個不常見的提線木偶，只是貝貝的頭。碩大的藍牛轉過來，在舞台的一端向保羅點了點頭。也是媽媽製造及

打扮的木偶角色，就是其他伐木工人和美洲原住民，在舞台上與保羅和貝貝互動，看上去像非常小的人。難怪孩子們相信保羅確實是一個巨人。

在舞台中間設置了一棵巨樹，由父親建成並由母親上色。在一個場景中，保羅和其他幾個伐木工人一起看到了這棵巨樹。保羅在舞台上躺下，頭枕在一個手肘上，觀眾看到的只是他的上半身。他另外一隻手的小指勾着弧形木鋸的一端把手，而站在舞台另一端的眾多木偶則是拿着鋸子另一端。那些個子小小的伐木工人，同步地呼吸和彎身，用上大力氣弄得似乎氣喘吁吁，跟着巨人的帶領，當他大叫「起」他們拉動鋸子，大叫「落」便輪到他拉動。

我最喜歡的場景是保羅跟碩大藍牛貝貝聊天。在這場景中，爸爸扮演保羅，坐在舞台上，在貝貝巨大而友善的臉前，為貝貝刷牙，令兒童觀眾好好學習。「上……下，上……下，不會左……右，一直上……下」保羅一邊唱，一邊拿着一個超大牙刷為藍牛刷牙。

當演出結束時，媽媽、我和弟弟彼得，身穿木偶師的黑色服飾，扯線讓75公分高的伐木工人和美洲原住民木偶，跳着舞來到舞台邊緣。孩子們在高興中得意地大笑，指着木偶，還在座位中伸手出去，好像他們能夠摸到他們似的。突然間，他們大聲喘氣，因為保羅·班揚出現，還跳下舞台。

現在他們第一次見到他站着的整個身體，心存敬畏地看着站在面前的人中巨人。父親用莊嚴又慈父般的嗓音宣佈：「記住保羅的這些話，照顧我們的母親和父親，在家裏和學校裏當乖孩子，每天晚上做家課，並幫助你的父母做家務瑣事，這樣你就可以長大

成為良好的伐木工人。而且不要忘了每天早晚刷牙，上……下，上……下，不會左……右！」每個孩子帶着發光的眼睛聽着。

在我成長時，父母在銀行沒有多少錢，但我們有無法比擬的豐盛。我們總有我們需要的：音樂、玩耍和想像力。我們的牽線木偶劇是上天的恩賜。能夠創造出這樣的經驗，並與他人分享，真是一個祝福！

我眼中的父親，比他真實中的大更大。儘管他已離開多年，他寫劇本及與我母親表演的熱忱，仍然是無價的遺產。這些童年記憶是一個寶庫，很少孩子能從他們的父母得到這些財富的。

富足的生活

當我參加觸康健®導師培訓課程時，其中一個要求是寫信給自己，釐定未來一年的目標。在信中，我說我會寫一本有關我心得的書（我當時稱為「教育運動學」）。這封信密封後，一年內都收藏好。當我終於再打開它時，我驚訝地發現，在這一年我履行了我對自己的承諾：我寫了我的第一本書，而且在培育這令人振奮的新行業的種子發芽成長。

幾年以後，在觸康健®的會議上，當時的國際肌應學院總裁謝爾頓·迪爾博士（Dr. Sheldon Deal），是一位鼓舞人心的勵志演說家。他鼓勵我們迎接這個挑戰：「你在生命中做事做得激情噴火，世界將前來觀看你燃燒！」

謝爾頓博士那天的話，一直影響我的生命。我開始冒險於做我所愛的事，而且為此感到興奮。其中一個結果是，我開始學習有關財務富足的事。

金錢是能量。對我來說，注意它只因有需要，但不是我的焦點。我不擔心金錢；事實上我很少去想它。然而，我從來沒有懷疑，我需要什麼就會收到什麼。如果你喜歡你所做的，而且做的時候喜歡活在體內（譯者按：開心到精神內守而不是神遊體外），自能吸引到你所需要的，因為你歡迎富足宇宙的饋贈。

我注意到，有些沒有足夠金錢的人，會關注不足，擔憂生計，而不是活在創意中，和只源自前額葉的廣闊可能性的狀態。這樣的人即使靠運氣獲得金錢，他們腦幹的生存取向可能會使他們不善管理，最終打回原形，如前貧困。

我們赤裸裸地進入這個世界，又赤裸裸地離開。我相信，我們在地球上擁有的所有富足，是借貸給我們的一種生命能量。我自己關注的不在於收穫金錢，而是貢獻自己為地球服務。我知道我做什麼最好，而且持續調和來更好生活、學習和成長，這樣我可以持續貢獻。

目的如何帶出富足

在過去二十五年中，我已經為人們做了數以百計的富足調和。我協助人們跟價值和信任的議題保持接觸，而放手不再固執於曾經阻礙富足生活的議題。通過自我調和我學到，相信自己所做的，承

擔必要的風險，由自限模式改變為自我實現的策略，以製造成功。我也從我的學員身上學習，在他們的智慧和愛心支持中成長。我絕對地百分之一百相信，生命是富足的，它會支持真心真實的作為。

要確定我們的人生事業，我們需要知道自己想向我們試圖服務的社區貢獻什麼。我們每個人都有獨特的天賦去付出，如果我們每個人在生命中都根據自己的內心呼喚去做自己的事，將會有較少誤解，減少破壞性競爭，而有更多合作。在我與客戶做個案調和時，我會支持他們在自己的疼痛、損失及傷口中，尋找自己的使命，把這些變成他們的熱忱。

你為錢工作嗎？如果你的回答是肯定的，你可能已遠遠地錯過了富足生活的最重要一課。你可以為錢工作，你甚至可以這樣做而得到一些。但是，這種金錢將不能滿足你，它不會給你帶來幸福，你甚至可能會失去它。

擁有金錢是一種手段，不是結果。這不是一個實質的目標或標靶，因為它不是身體能了解的意向。我們的身體愛做事，而不是擁有什麼！有效的標靶是富足的生活，因為當我們做我們愛做的工作時，金錢像能量般流動。找出你喜歡做的事，你應有的焦點，然後投入你的精力。富足，包括金錢上的，將會流動得如泉湧。

如果把愛傾注入你的工作，喜悅和滿足將以千倍回報。姬爾和我願意為我們收到的所有而表示感恩，方式是我們慷慨地付出我們的時間和精力予我們相信的事業裏。宇宙以美妙及令人愉快的方式來支持我們；通過把自己投入生命洪流，我們能夠接收生命恩賜。

我的第一次工作經驗

我八歲便開始工作。我認識的大多數孩子，會收到他們的父母零用錢。但我知道，如果我想花錢，我得自己賺。我在保齡球場做放置保齡球瓶的工作，在清晨天還未亮派星期天的報紙，把滑出路肩的車推回路上。在雨天，我負責以篷布覆蓋報紙。

十二歲的某一天，我在街角賣報紙，我們的房東停下來買我的報紙，當場便聘請了我當他的助手。我們的房東是一個百萬身家的房地產經紀，還開辦了房地產學校訓練經紀人。這個奇妙的老師教了我很多實用的生意技巧，現在我仍在使用。我為他工作的四年期間，他訓練我為他的郵購業務包裝圖書，甚至他會帶我飛往別處參與他任教的工作坊。作為他的助手，我學習了如何辦學。這位導師的影響，以後幫忙我設想一所培養許可丹尼遜健腦操®導師的國際學校。

聆聽我的內心呼喚

當我第一次開始開發將被稱為丹尼遜健腦操®計劃的課程規劃時，我有一個內心的呼喚。一個細小的聲音在我耳邊低聲說：「把這心得教授給這個世界。」我知道，我想跟隨這個聲音的敦促。

我可以走一段更容易的道路。我已經有了一個安穩舒適的業務，可以繼續維持我和家庭。我的閱讀中心已成立超過十年以上，並在社區中受到認可。通過口碑，新的學員不斷填補那些快畢業

的。我不需作出任何巨大的努力，我蒙住眼睛也依然足以繼續營運業務和收取酬勞。

然而，在內心深處，我變得煩躁，覺得無聊。我已準備好接受一個新挑戰，把自己燃燒起來。「經營我唄！」丹尼遜健腦操®計劃邀請着我。

丹尼遜健腦操®推動我面對我的「東西」。這意味着要在公開演講、國際遊歷、電台和電視上露面，並大獲成功。我是否已準備好這種更上一層樓的思維及存在？

我記得我曾為自己做過一個調和，目標是放下我的舊生命，踏進我的夢想。快感隨之而來，由於我發現：當然我可以做到這一點。我值得！我的心得是有價值的，我有重要的東西貢獻出來。已成定局的結論是，我的作品是絕對的成功。

營商就像做調和

在過去的二十五年中，我教了工作坊、寫了書、在世界各地發表了演講、營運了一家出版公司、提供了個案調和，並共同創辦了一個國際性非牟利組織。我可以毫不猶豫地說，我一直很喜愛我的工作。

我追求像調和一樣營運這些不同的企業。這意味着，我記得與三個範疇保持接觸：專注、守中和兩側，並探索它們如何影響我與員工、客戶和社區成員的相互關係。

對我來說，一個企業不會跟生命目的分開。兩者都不是有關金錢、權力或控制。這些元素可能有發揮作用，但實際上，在商業上和生命中，都是有關於我們有多能夠表達愛的程度。

當我們想起工作時，便可以覺察着專注範疇，並問自己：工作時，我可以輕鬆地向前嗎？我可以在此時此地於空間中找到自己的位置嗎？我可否按需要往後撤退，恢復自己，保持自己安全？我能否保有我的界線，保護我寶貴的東西？

同樣，我們可以察覺着守中範疇，並問：我有感受到踏實在我的心上，植根於我的熱忱嗎？我跟我的社區有聯繫嗎？我能夠互動，玩耍和感受愛嗎？我可以為我的信念、對我來說是真的東西而爭取嗎？我能「翱翔」，騰飛於我的工作裏嗎？

當我們探索和覺察着兩側範疇，我們可以問：我可以來回馳騁於整合高檔和低檔、在信息和隱喻之間嗎？我能否把更多的精通技巧，帶進原是無意識或反應性的東西嗎？相反，我可以把原是太努力嘗試的事，變成自動化嗎？

以下是專注、守中和兩側範疇的一些關鍵組成部分，同樣適用於營運業務及做調和：

1) 我們創建一個更安全的工作地點，真正聆聽我們的員工和顧客，並與他們建立信任。首先也是最重要的是，我們是身體內在智慧的聆聽者。當我們保持一個空間時，我們努力聆聽需求、想法、疼痛、熱忱和活力。

2) 我們以真實與人交往。在這個虛擬的、收發電子郵件的世界，我們要記得去接觸、擁抱、玩耍、建立，跟我們的員工和客戶分享麵包，建立夥伴關係。我們捲起衣袖用身體親力親為。我們讓促進智能的運動，如丹尼遜健腦操®運動，成為每天的一部分。

3) 我們愛我們的客戶和同事，跟他們作出心的連接。在教育肌應學的用語中，「守中」、「腳踏實地」和「活在身體裏」全都意指與心連接，不只是思維。當我們跟心連接起來，大家都感覺得到。

4) 我們有夢想，然後設立目標，記住能量跟隨意向。我們為什麼在這裏？我們必須知道自己的意向。

5) 我們把失敗用作預習，定期檢討我們的意向，修改那些無效的，更新我們的承諾。我們繼續前進，承擔風險尋求新經驗，以創造新的神經路徑。

6) 我們敬重他人以及自己，並在過程中敢於大發異彩。以敬重作為評價的主要方法。任何批評都要懷疑；只有高舉正向成就才是唯一的有效政策。

7) 我們創建社區，並通過慶祝令它充滿活力。我們花些時間肯定成長，並慶祝所有的變化，向達到里程碑表示讚賞。我們創建一個社區，熱愛一起工作、一起玩耍，並支持每一個成員的活力。

第十一章

率真的關係

我會令你失望

我要你知道我會令你失望
我膽大包天的行為令你不知所措

我要你知道我會離開你
無論是在死亡中或在我路過揚起的灰塵中

我要你知道我不能修復你
或解決你生命中的謎團

但是，請你不要斗膽抹殺我
我的兄弟、姐妹、父親、母親、愛人

我是狩獵靈魂的追踪者
回收所有遺落在路旁的心材
使之在聖火裏再度燃燒

——杰弗裏·沙雷特（Jeffrey Scharetg）©2002

我珍惜我與我親愛的妻子姬爾的關係。我們在一起超過二十年，建立了珍貴的寶石，照耀着我們的生命。它給予我們的意義，若是單獨一人我們可能永遠不能創造出來。

寶石有時是嚴師。但是，通過開放地接受它的教訓，我們學到了重要的真理，幫助我們的個人成長以外，還癒合那些如果沒有它便根本不會注意到的傷口。

大多數人的概念是，一段關係先經過蜜月期，真正的婚姻在蜜月期結束後才開始。姬爾和我覺得，我們共同面對和解決的每個衝突，給我們帶來的可能性是在更深層次重燃蜜月期。

姬爾卓越而有才，我今天仍然敬畏着她的奇妙及美麗。她每天都用她那魔幻的臨在跟我打招呼；每次我看到姬爾，甚至只是聽到她的電話留言，我又再次墜入愛河。像每對夫婦一樣，我們也有困難的時刻。然而，維持臨在使我們能夠不斷地互相發現，新鮮感歷久常新，保持鮮活。

我與自己的關係

我的第一個關係是與自己的。我活在我自己身體裏，做出自己的選擇，舒適嗎？在我生命中的每一天，面對阻力和矛盾、要求、疑慮和問題，安心嗎？

我有我喜歡做的工作嗎？我可以學習喜歡上我必須做的工作嗎？我知道如何放慢和放鬆嗎？我感到平靜和從容地呼吸嗎？我可以空出時間離開日間的瑣事，重整自己，令我可以陪伴另一半嗎？

我使用丹尼遜健腦操®的「掛鉤」和「正向觸點」幫助我沉澱下來，覺察任何我可能固執着的緊張，釋放那些並不真正屬於這關係的。只有當我跟自己的關係是好的時候，我才可以有空間容納姬爾。

玩耍如何恢復和深化任何關係

我們成人有時會忘記，玩耍對我們和對青少年，是同樣重要。一個成人玩耍的重要形式，是與我們的伴侶或配偶共享高質時間。當我們接觸我們玩耍的心時，我們會自發地伸手出去，跟另一半連繫起來。

我和姬爾每天都盡量玩一玩。我們的玩耍有一個奇妙的結構，是姬爾多年前學會的一個遊戲。我們兩個人都會輪流給對方十五分鐘的全神關注，期間受關注者有權要求任何想要的。姬爾和我玩這個遊戲時，我們要求對方做各種不同的事情，無論想起什麼。給關注的伴侶一般都希望滿足對方的任何要求，但仍然有說「不」的選擇權。

我可能要求足部按摩，或者兩個人花一些時間只是默默地坐在一起。姬爾可能要求我與她一起散步，或者只是傾聽她說話。有時候，我們會靜靜地聽另一半述說，有關欣賞及珍視自己的什麼素質。

有時候，我們其中一人會要求整個十五分鐘一起合唱，其他時候我們共舞。我們經常做教育肌應學的調和。我們通常會在黃昏前

後做這些交流，姬爾和我都期待着。有時我們太享受那樂趣了，甚至超過了預算的時間。即使有時我們嚴肅起來（在衝突或爭拗時），在那十五分鐘過去後，我們通常已經製造出玩耍的感受。

重要的是，姬爾的時間是她的，我的時間是我的，我們不會把它們混合起來。姬爾要求我聆聽她說話時，我學會了全時間只是聆聽。當輪到我表達時，我知道我亦不會被中斷（這是人類交談中罕見的事！）

當我們在這些特別時間說話時，我們盡力只用第一人稱，只談自己的感受和體驗。我們避開責備、羞辱，或「你應該……」，重點是我們各自有什麼事情在發生。這種聆聽和分享是我們共同的承諾，維持及幫助我們覺知對方的需求，尤其是具有挑戰性的時候。

單對單時間對兒童也有良好成效

姬爾和我真希望當我們孩子還小的時候，我們已經知道玩這個我們最喜歡的遊戲。現在，我們的五個孩子都已長大了，幸好我們依然能夠實現遊戲的其中一些最佳目標，通過花一些特殊時間陪伴每一個我們的孩子和孫子。

韋恩·穆勒牧師（Reverend Wayne Muller）是《安息日：在繁忙生活中尋找休息、更新和喜樂》（*Sabbath: Finding Rest, Renewal, and Delight in Our Busy Lives*）的作者。他在一次精彩演說中道出了一些令我難忘的信息：「我們可以認真地告訴孩子，我們愛他們。然而，要孩子們明白我們「愛」的意思，唯一的方法是我們花時間

與他們在地毯上玩耍。」這位好牧師指出，玩耍、探索和真正花時間與我們愛的人在一起，是所有關係的營養。

假設你只有四分一小時可用。你可能疑惑，有什麼大事情可以在短短十五分鐘內完成。然而，我曾經參閱過一項研究的發現，家長給自己的孩子，平均每週只有二十分鐘的高質時間。

當我們的孩子跟我們在家裏時，看起來我們給了他們整天的時間。但是，也許我們只是在看一眼的片刻回應了他們，並沒有真正地傾聽，或與他們聯繫。因為我們忙於我們的工作和責任，即使當孩子們要求我們傾聽和注意時，我們家長往往只用半隻耳朵去聆聽，用半隻眼去看。完全停止其他一切的承諾，十五分鐘內完全臨在地陪伴，對孩子來說就是一切，將有助於建立終生友誼，引導孩子由青年步入成年。

我記得的感情聯繫，是在我兒子湯姆還小的時候培養出來的。當時我給他洗澡，他在水中玩玩具，我進入了他的想像世界。在其他的時間，我們散步到附近的動物園去一起觀賞喜愛的動物。我依然覺得與我的孩子情繫最深時，是我們單對單的時候，近來通常是在午餐的時候。對我來說，預留這種時間是有價值的方式，與我生命中重要的人表示敬重和連繫。

付出和接受

我們在關係中需要付出和接受。不僅僅是婚姻關係，也適用於子女、父母、兄弟姐妹、朋友和同事的關係。然而，往往出現「付出者」和「接收者」的角色，阻礙了雙方進行充分交流。

當我是孩子的時候，我學到不應該自私，施比受更有福。然而，在十幾歲的時候，一個重要的導師教我一些相反的情況。他確信施比受更容易，成功關係的真正關鍵，是學會如何尋求幫助、徵求意見，並接受愛。

這位導師最喜歡的格言，我從來沒有在其他地方聽過是以這樣的方式表達的：「我們熱愛我們服務的人，鄙視那些服務我們的人。」從那時起，我已理解這句格言擁有超出其簡單用詞的深層含義。

你有沒有碰見過你自己愛的意向適得其反，變成疼痛和怨恨嗎？我遇過很多次。你可能是一個慷慨、奉獻、有愛心的人，喜歡支持別人。因此，你付出、付出、付出，自然地你期待愛和感激作為回報。你也許會奇怪，為什麼他們不愛我呢？看看我為他們做的所有事情！

在生命中，事情不是用這種方式運作的……無論如何，如此做最少是不好！我們都需要學習如何接受，以及付出。人類的和諧關係，必須要有付出和接受的，即是互相的給予和接受。我們喜歡幫助人的這類人需要建立的連繫，是我們容許對方愛我們，倒過來幫助我們，出入、收支大概對等。

如果想要人們對我們反感，並最終厭惡我們，我們只需要不停地照顧他們。當我們發現自己照料別人，停下來問一下自己是有用的：這個是為了誰？我們需要反思對方如何接受我們的言行。

作為照顧者，我們可能真正在尋求的只是滋養、指導或幫助他人的樂趣。這些活動可能提供了很大的滿足感，我們有沒有允

許接收者有空間作出回饋、回報或給我們禮物作為我們犧牲的交換呢？如果我們不容許自己接受，那就值得考慮：我們是否期待一些回報，付出是為了控制其他人，或想令他或她對我們有所依賴。

單向關係遲早會造成困難。我們的關懷和做得過多，經常發送的信息是我們不相信對方的能力。我們越多為所關懷的人代做事情，他們越難學習到相信和依靠自己的天賦和強項。如果我們真的想幫助別人，我們需要讓他獨立站起來，或者讓他跌下再自己爬起來。我們可以奉上鼓勵，但重要的是我們沒有嘗試代為修復事情，甚或將事情接管。

在每次的調和中，我喜歡教客戶的是，我們給予別人祝福時，也讓他們回報給我們。通過調和，我教人打開心扉接納愛、聆聽別人、尋求長輩的意見、探問建議，並優雅地接受別人的慷慨。

因為付出比接受容易，對於我們中的許多人來說，學習去接受是維持關係的真正目標。

非語言的溝通

運動、手勢和身體語言，是我們通過非語言的溝通來表達自我的方法，對婚姻和其他關係產生深遠的影響。在一起生活和工作的人們，學會「閱讀」對方。即使沒有說話，也可以感受到和諧或異議。當我們在心的空間裏，我們的口語和身體語言會相匹配。當有不匹配出現時，交流變得撲朔迷離，關係中的雙方都感到不舒服，因為我們所說的被我們的不同步信號所掩蓋了。

在每一次互動，不管它是連貫或不連貫的，邊緣腦和搏鬥或逃跑系統會首先閱讀當下情況，然後才開始說話。假設我跟一個朋友在一起，站着時我鎖膝，又在自己面前緊握拳，同時望着窗外。我朋友的邊緣系統會自動地閱讀了我從姿勢中散發的態度。到情緒的中腦做反應時，它會發出一個信號到大腦皮質，形成一個有意識的想法：保羅在生我的氣。

同時，朋友的中腦杏仁核發送信息到前額葉的運動皮質區，那是擬定行動計劃的地方。當肝臟中的皮質醇增加生產，其他往內分泌系統的輸出會改變緊張激素的釋放，而這可能會影響一個人的身體狀態達幾小時甚至幾天之久。

因為他的直覺告訴他，互動的結果可能是一場搏鬥，而他的生理狀態需要作出準備，我這位假想朋友的邊緣腦會指示他的腦幹增加心率，促進血液循環到達臂腿。這一切都發生在眨眼之間。

當我跟他說：「我不是在生你的氣。」並解釋說，我的邊緣系統驅動的姿勢所散發的態度，由於剛跟一位很難處理的人談完電話。雖已解釋，我仍然有可能幾乎一樣多地威脅到我們的友誼，像我真的生我朋友的氣一樣。在這種情況下，如果我先花時間做一些丹尼遜健腦操®運動，讓屬於我工作的有關緊張留在辦公室，相信會更好。

這樣，一個非口語信息相比任何口語信息，同樣可以令一段關係同樣程度地失衡。對我來說，婚姻關係意味着，我願意覺察我的生理狀態和返回我的心的空間，在每次互動之前都先把自己守中和踏實起來。

真正的對話和交流，包含的東西超過所說的話。談話的英文字 conversation，意味着「與其他人合寫詩句（verse）」；當中我們用有節奏的語言、有意義的停頓，並通過協調我們的運動和呼吸，來互相關聯。如果任何時候姬爾和我不能做到這一點，我們知道是時候做一些丹尼遜健腦操®的動作，並重新連接到我們的心了。

如果任何時候姬爾問：「有什麼不對勁呢？」而我不承認地回答：「沒什麼。」這便是時候我要停下來，並覺察一下我發生了什麼事。在這種情況下，我需要追溯到斷掉聯繫的地方，方法是調頻進入我的身體智慧，並問自己我在感受到什麼。一旦我重建對自己的連接，並從那個地方溝通，姬爾接着也可以明白我的處境，為我而展露自己在我面前。

不堪重負或被忽視的感受

有兩大主題經常在人際關係中重複出現，可歸納為被對方壓垮或遺棄的兩種感受。對我來說，感受被忽視甚至遺棄，有些時候是一個議題。我沒有歸屬的童年經驗教曉我，必須確保自己不會被忘記或冷落。

當我記得腦幹是我們最重要的生存中心，參照空間和範圍而發揮功能，對我有很大幫助。當我們與同住的另一個人協商大家的空間時，這類問題如：**我在這段關係中有什麼位置？和我們關係的界限在哪裏？**便經常會出現。認識到這一點，我變得更加覺知到我發出去和接收回來的微妙溝通，內容有關於專注範疇和當中的參與。

當我看到一個人退縮時，我已經學習到將這種非口語信號閱讀為更多空間的需求，有時或許是一種不堪重負的感受，一種非口語的信號，要求澄清界限。當我感到自己處於平衡狀態時，我可以放慢腳步，將自己的時間和空間作為禮物贈與該人。同樣地，當與我在一起的某人說話開始加速時，有點緊迫感，我學會了區分這人在要求更多空間而發出的防禦，或是在要求我的時間和注意力。當這樣的非口語要求沒有得到承認時，它們有時會升級為更加極端，表達出要吞沒或拋棄對方的感受。

我們大家都需要互助，來協商、釐定我們的空間，好讓我們各自發現，對自己來說，與他人聯繫的真正意義。

愛終會出現

我們的現代西方文化，是歷史上首批文化中之一，讓男女性的婚姻結合，純粹因為他們想在一起，沒有其他原因。在過去，婚姻是被安排的，無論是因為經濟、政治和社會方面的原因，或者只是因為父母不相信自己孩子有能力做出明智選擇。當我們問他有關其他文化的盲婚，我在波士頓大學的經濟學教授總是說：「愛終會出現。」人們先結婚，然後，如果他們幸運的話，愛終會出現。

在現代世界中，頌揚浪漫愛情走到前台了。我們因為浪漫而結婚，以後真正的愛才出現。當內啡肽大量分泌的浪漫吸引力達到峰值而後下滑（它總是那樣）時，關係的更深層目的便自動浮現，便是互相療癒對方的傷口。

由子宮內開始，每一個我們經歷過的傷害，一定會在親密關係中被重新刺激。越親密的關係，越有更多的東西我們必須處理。事實上，我們可以把浪漫看作一個神聖的誘餌。沒有了那不可抗拒的吸引力，誰會簽署文件，把自己掛在真正婚姻的鉤上？

婚姻不是一種妥協，而是一個活着的、有呼吸的實體，建基於雙方的充分自我實現上。理想的情況是，因為結合而創造出神聖的伴侶關係，雙方的個人綻放得到提升。如果任何一方必須自我妥協以適應另一人的話，婚姻會失衡，逐漸萎縮。

夫婦當然有時會就着小事而協商，討論不同的選擇，如度假目的地或新沙發的顏色。這些談話是一起生活的要領，但不應該犧牲任何一方的率真本性。

姬爾和我牢記這一點，旨在滋養彼此的夢想，保持它們的神聖。我們可以看着對方的眼睛，並由心而說：在一起，我們已經創建了更美好、更充實的東西，是我們單獨時永遠不能實現的。

心和邊緣系統的部件

我們都知道腦和心的某些特徵，透過更佳理解可以幫助我們改善關係。在我們考慮進入一個新關係時，我們已經準備好照顧自己的需要，以及留下陪伴對方嗎？在當今社會中，因為經濟上和社會上允許離婚，出現了驚人比例的夫婦不能越過浪漫階段，結果可能是家庭結構的災難性分崩離析。

兒童以自己父母為模範來學習，這種模仿是根深蒂固的，載入腦子的核心位置。我的朋友約瑟夫·切爾頓·皮爾斯（Joseph Chilton Pearce）是世界著名的倡導者，主張以心為本的做法撫養孩子，如此尖銳地在他的書《魔幻兒童成熟了》（*Magical Child Matures*）中描述，幼兒感知他們的父母的信息，不僅通過五種感官的媒介。他們還會通過邊緣系統學習了態度、信念和情緒，這種與父母的心連心，像一條無形的臍帶連接着親子雙方。

正如約瑟夫所說，如果我們要在成長型關係中生活在一起，我們就必須學習如何與心的智能的諧振保持接觸。這是我們所有人與生俱來的，只是等待着被接通。

腦與心的連接

人類意識的定義性結構是情緒的哺乳動物腦。像所有的哺乳動物一樣，我們誕下活生生的嬰兒，以充滿愛意的照顧撫養他們。培育後代，與他們玩耍，是父母的本能；這本能是一個更大的生物衝動的一部分，其他部分包括尋找伴侶的能力和留在關係中。這種本能是心腦連接以及中腦的基礎，在這本書較前已討論過。如果我們不能在兒童期已學習到連接、保持關係和玩耍，我們往往沒準備好於成人期在愛中生活在一起。

在進化上更古老的、更多生理功能相關的、更少情緒功能相關的生存腦，是更接近蛇、龜或鳥的世界。典型的爬蟲類動物具有很強的繁殖本能，但一旦生了蛋，便馬上結束親子關係，滑行而去。

任何培育或愛的本能都不明顯。蛇會看着自己後代的死亡，而沒有特別興趣，除了評估把捕食者變成獵物的機會外。在爬蟲類動物裏，同類相食是一種常態。

我們每個人都有蛇的部分在，表達為不惜一切地保護自己的反射。沒有了生存反射，我們不會學習運動、站立、設定界限、說「不」、知道什麼時候我們感到安全。

物種繁殖和生存的需要，在地球上比哺乳動物更早出現。腦幹這個生存系統調節自主功能如呼吸和吞嚥，還控制性功能。據保羅‧麥克萊恩（Paul D. MacLean）和喬‧皮爾斯（Joe Pearce），這個人類腦子中更古老、更為「爬蟲類」的部分，甚至比中腦更為基本。皮爾斯解釋說，我們需要開發腦子的所有方面，使我們可以接通我們本性的最高級部分，成為充滿愛心和創造性的存在。他解釋，當幼兒探索求存的感官－運動世界時，母親是如何為幼兒提供了情感的中腦。因此，在我們發育的每個階段，我們的導師或老師可以預測我們快要走的下一步，來支持我們。

有別於爬蟲類動物，哺乳動物會保護他們的幼獸，有時甚至以自己的生命為代價。他們會跟他們的後代玩耍，教育他們，並與他們以聲音溝通，直到小傢伙足夠強大和有才智去謀生。六千五百萬年前，當第一隻哺乳動物在地球上踏足時，生命向前大步飛躍。

進化不容討價還價的要求是，每個新一代裏有足夠多的成員，存活足夠長的時間，以便繁殖。爬蟲類動物用統計學的辦法滿足了要求：生產足夠多的後代，在大多數已經餓死、被吃掉、凍死或熱死後，還有些倖存下來。

當哺乳動物出場時，美麗的事情發生了：玩耍的連接取代了純為掙扎求存的數量。情緒這種生命新元件的神經表現，導致了心腦連接。

人類是整個哺乳動物進化過程之花。像我們的祖先一樣，我們是情感的動物。正如所有哺乳動物一樣，人類的邊緣腦是情緒產生之處，它統領着我們生活的每一方面。

作為「理性的動物」，我們可能更願意相信我們受大腦皮質支配，它承載了較高級的思考、語言和理智。但是，我們最終必須承認，我們首先是情感的動物，必須總是以找到多少算多少的理性去平衡我們的感性。

如果你在一段關係中，現在花一點時間，挑選任何一個你傾向於對對方有強烈情緒反應。也許每次你看到伴侶把髒杯盤留在洗滌槽裏不理便忍不住爆炸，或嫉妒伴侶在派對上關注另一個人，或當伴侶向你說一個你認為是致命的批評時便怒火中燒起來。

一旦你找到了一個強烈情緒的習慣，嘗試想出一個辦法處理一下。很大機會你會發現，理智不是平衡你的感受腦的好方法。

為什麼呢？因為，我們的意識腦可能是強大和備受尊重的，但它在情緒方面卻只有很小的力量，邊緣腦才是在這方面統領一切的部門。只要我們喜歡，我們可以鼓起所有的意志力和決心，但是直到我們習得運動的新方式，每當我們的伴侶重複做出冒犯性的行為模式時，我們的邊緣腦將再被觸發。

當然，我們可以使用意識思維去阻止我們情緒反應的表達，但我們不能停止那個反應本身，只是外在表現可以抑制。此外，這種

抑制會引致一整套的新困難：在體內的生化湯已經加熱，現在卻沒有出口，可能會翻臉以疾病的形式對付我們。

約瑟夫・切爾頓・皮爾斯告訴我們，母親和嬰兒的邊緣系統以近乎魔法的過程連接着，稱為心的諧振。這意味着，孩子馬上覺知到他母親的情緒狀態，即使沒有正常的感官線索如皺眉、微笑或口頭警告。事實上有研究顯示，在第一階段的嬰兒成長期，他無法分辨出自己跟母親的情緒。

在一個著名的實驗中，嬰兒爬行到一個盒子的邊緣，那裏有一個樹脂玻璃的突出平台。他面對的是一個模稜兩可的情況，因為他同時覺察到危險和安全的信號。嬰兒看一看他的母親，由直覺知道她的情緒狀態。如果他看到警戒心，他停下來；如果他感覺到鼓勵，他會繼續。

通過心的諧振搭建的情緒連繫跨越物種的界限。例如，我的一個朋友可以通過自己的姿勢與他的狗溝通。當狗兒邦卡斯感覺到主人的感受時，牠自己的內部狀態也相應地調整配合。如果我的朋友雙臂交叉胸前和清喉嚨時，邦卡斯知道牠做了不對的事情，便靜悄悄地溜開，有時真是夾住尾巴走。當我的朋友回到家時對着邦卡斯張開雙臂，狗兒會跑過來跳入主人的懷裏。（順便說一下，研究已經證明，擁有寵物對人體健康是多麼的重要；因為獨居的人如果家裏有寵物，是明顯較少發生疾病和早逝的。）

愛人默然對坐，卻跟對方溝通了很多感受時，是心的諧振在發生作用。當婦女的月經周期變得同步時，也是它在發生作用；我們知道這是一個邊緣系統的過程，因為這現象比較普遍發生在家人和好友之間，而非只是相識的室友之間。

麗斯和彥思：尋求平衡的夫婦

我曾替數以百計的夫妻和家庭做調和。當心的諧振在家庭系統中恢復時，看到家人的恐懼、分離、疏遠和孤立消散時，總覺得很喜悅。通常，人們似乎是第一次看到和聽到對方。我想起的一個例子是我協助麗斯和彥思做的調和。

麗斯是電視節目主持人。她明亮的眼睛，充滿了抑制不住的熱情。她的男友彥思來自德國，是一位舞蹈老師，每天花幾個小時做日常訓練。他計劃終有一天開設自己的學校，但目前他正接受麗斯的財政支持。兩人都是三十歲出頭。

麗斯和彥思來會見我，打算改善他們的溝通。麗斯說他們有着一般情侶都有的困難：煩惱於聆聽對方，給予對方充分的關注；以及難以尊重對方單獨空間的需要；再加上猶豫於建立長期承諾。麗斯特別憂慮於覺得缺乏親密感，因為彥思並不善於表達自己的感受。好處是，他們都愛下廚，享受用餐時間，而且很好地一起跳舞。

首先，我讓大家一起做丹尼遜健腦操®準備學習四式（見第十二章）。在我們完成這四個簡單運動時，我覺察到我們都笑出聲了，呼吸變得容易，在一起感受更輕鬆。

我們討論了他們的一些目標，圍繞着關係和溝通的改善。我注意到他們沒多少眼睛接觸，所以我要求他們面對面坐着，做一個看着對方眼睛的預習。當他們做的時候，我叫他們只是簡單地覺察一下任何冒出來的想法或感受，但不去判斷自己或伴侶。

幾分鐘後，我請他們都覺察一下自己的身體姿勢（如第三章所述）。麗斯說她意識到現在感覺輕浮，無法安定下來和放鬆。我向她和彥思解釋，這種感受與上下的情緒守中範疇和心的諧振有關，部分取決於我們如何與重力互動，以及如何與支持我們姿勢的地面發生關係。

麗斯分享說，當她和彥思眼睛接觸時，她覺察到的感覺是有一個巨大的鴻溝在她面前。我解釋說，當我們沒有在身體裏守中時，我們往往會缺乏與世界連接的感覺；有時我們會從關係中尋求獲得這感覺，可能會通過語言而不是感受去使我們踏實下來，或依賴別人幫助我們產生歸屬感。

我問彥思他對身體姿勢有什麼覺察。我可以看到，他的姿勢是拉向後的，彷彿退縮一樣，他的膝蓋鎖住了，而且身體僵硬。彥思不斷朝着門看，說有時感覺被催逼做事，讓他感到抗拒而且不堪重負，甚至有點害怕，就像他不知道發生了什麼事。他不知道他應該做什麼，對房間裏發生的事無法集中精神。我跟他分享的是，不能集中注意有關於聚焦能力，以及向前、向後跨越身體參與中線的運動。部分的彥思想陪着麗斯，另一部分的他已經離開了房間。

兩人看着對方的眼睛代表了二人的親密關係。我幫助彥思去覺察，當他看着麗斯的眼睛時，他的身體開始尋找一種令自己感覺更安全的方式，就是退縮。我解釋說，鎖膝和退縮可能有助於他在以前的關係中生存下來，但代價是他不能接通平衡地專注的感覺和把關注給予麗斯。它還阻止了他接通平衡地操作兩側的感覺，這感覺令他可以說和聽得更輕易，以及為自己作出好的選擇。

現在，麗斯和彥思已經完成了預習，也有一個當他們連繫起來時他們在做什麼的身體經驗，我們開始調和程序中的運動部分。他們現在各自雙掌靠攏，十指互扣，大拇指交叉成一個X，穿過X看對方。他們同步地做「臥8」，同時凝視對方的眼睛。

當他們運動時，我鼓勵他們體驗身體的感覺，如果他們感覺想的話向對方表達自己的愛。麗斯說：「彥思，我愛你。」彥思用德語告訴她，他也愛她。話語中充滿着心意，他們開始哭了起來。

彥思和麗斯面向對方，四手握成兩對。他們現在做「對稱塗鴉」運動，由彥思領着做，然後輪到讓麗斯帶領。他們活動着整個身體，最後當他們站起來時演變為舞蹈。他們兩人都非常靈活，看起來像在海洋縷縷搖曳的海草。

當運動完成時，他們重複預習的活動，再望着對方的眼睛。這次，僵化的運動似乎已經融化了，他們交替在微笑和眼淚之間。

「感覺如何？」我問。

「很棒！」麗斯回答。「感受就像回到家一樣，好像有彥思在支持我。」

「彥思，」我說：「她是岩石，你是地面。給她所要求的甜美和滿足。所有的感受在這段關係中都受歡迎。麗斯為你保留了空間，但你要為她現身在場。」

我轉向麗斯說：「妳在家庭玩耍中要做的，是記住令自己踏實，方法是做「正向觸點」和「掛鉤」的運動。當你更踏實時，你

就更能保留空間給彥思，讓他感到安全。全人地踏前而不只是部分的他，那麼他就可以更接觸到他的感受。」

麗斯轉向彥思說：「我知道我是很能表達我的感受。也許我有點不耐煩了，期望你做一些我覺得很自然的事。」她把彥思擁在懷裏。

「這就對了。」我說：「你可以支持小孩的彥思感覺安全，成人的彥思自能感到安全。而彥思的家庭玩耍是做『伸展運動』，如『重力滑掌』，令你可以回應麗斯，而不是抽離或是反應過激。」

我期望，當彥思持續實踐以一個身體更向前的方式互動時，他將獲得內在方向感，並更多掌控自己的生命。」

從個案調和中，麗斯和彥思意識到慢下來的價值，與對方享受更高質的時間，並更愛玩耍。現在，彥思帶領着麗斯跳起一些舞步，旋動她的身體慢慢進入靜息的姿勢。

「你可以親吻新娘了。」我取笑着說。事實上，許多夫婦都說，像這樣的調和，使他們在身體裏感受到連接，而且解讀到彼此的非口語溝通，是任何其他儀式不能帶出的。

一旦我們把關係看成舞蹈一樣，伴侶都在幫助另一人達到平衡，我們看到了關係作為生命中一個真正美麗的部分。我們的行為沒有本質上的對錯……只有不平衡和成長提升到更高度平衡的機會。

當關係被看作是個人成長的機會，和一個讓美妙的合作經驗可以出現的背景，它便可以由腦轉移到心，從恐懼到愛。

第十二章

丹尼遜健腦操®在行動中

……我們最深的恐懼是，我們是無可估量的強大……當我們從自己的恐懼中釋放出來，我們的臨在自會也釋放別人……

——瑪麗安·威廉姆森
（Marianne Williamson）

讓我們現在仔細一看，丹尼遜健腦操®對生命和學習的處理方式，以了解它是如何幫助我們進入學習的絕妙快感。

正如我在本書的較早部分已解釋過，丹尼遜健腦操®是一系列簡單的運動，用以優化腦活動和整合身體和思維。它提供了26個不同的運動作為「清單」從中選擇，有些人享受每天做齊所有26個動作。但大部分人使用丹尼遜健腦操®時，只會選擇其中一些動作，有關於他們目前正想加強的任何能力。

這種新能力可以是幾乎任何東西，例如：他們願意提高的技巧如閱讀或溜冰，或願意提高個人品格上的某個素質，或一些最近不斷冒出來的情緒，是他們願意了解和整合的。

在一般用途上，特別是你剛接觸丹尼遜健腦操®，我推薦一個稱為行動調和的流暢序列，將幫助你從這個運動計劃中得到最大受益。很多人學會幫自己做這種調和，但為了讓你在這可能改變你生命的過程中拿到最佳效果，當你第一次體驗時，我建議你選擇你所在地的許可丹尼遜健腦操®導師為你做調和。

建立默契

當我開始與學員或客戶做行動調和時，作為調和導師的第一要務是創造一個安全的學習空間。在這個範圍內，調和人可以接觸自己的感受、需要和志向。我維護這個安全空間，使個人可以更客觀地看自己的議題；我也致力誘發信任，從而產生最佳的調和人與調和導師互動。

能量上，調和程序中的兩人以學習者的身份聚首，在同一點時間的單一背景下，聯手一起互動去探索可能性，直到雙方接觸到各自的活力，就是這把生命之火點燃了我們，也維持了我們的精神。我們通過身體智慧進行對話。我們每人敬重各自的獨特過程，拋開理智，進入我們的先天智能，以深入和體驗性的方式提醒自己真正是誰。這種步向率真的運動，是我作品的精髓。

例如，一個名為蘇珊的女士到我這裏來，因為即將搬遷到芝加哥而感覺焦慮。她的脊骨提供了大量信息，因為我覺察到，她的脊骨在恐懼搬遷中向後彎曲。我感應到她的情緒，她不得不放棄一切她熟知的，以實行這個生命中的改變。

為蘇珊或任何學員成功地做調和，與其說是由於技巧，倒不如說是我受訓於聆聽運動的語言，從而能夠在當下陪伴着調和人。

蘇珊說：「我老闆的新辦公室即將在芝加哥開幕，他確實需要我到那裏工作。我的丈夫說他支持我，但我知道他不是真的想要搬。他不得不尋找新的工作，孩子們將不得不在年中換新學校。」

我問：「在這種混沌的情況下，妳在哪裏？」

蘇珊的答案是向前傾並開始抽泣。在她搬到芝加哥這件事情上，這可能是她第一次真正地在身體層面被聆聽到（甚或是她第一次聆聽到自己）。我在這裏陪着她，帶着尊重和對她誠實反應的欣賞。當我維護着空間和充分聆聽她，調和已開始了，雖然我們還未開始實際程序。

進入沒事要做、沒地方要去和沒改變要創造的感受，蘇珊現在可以放鬆了。她看到，整個事情不只是關於她的丈夫和孩子，她必須也包括自己在內。她需要考慮到自己的精神，讓它成為舞蹈的一部分。

在這種安全的空間，沒有排斥、競爭或放棄能夠發生。當真我被允許綻放時，沒人能夠預告可能會發生什麼奇蹟。

見證到出現在蘇珊身上的事情，我慶祝說：「我看到你是多麼在乎，我也知道妳能做得到，因為我覺得妳已把妳的熱忱帶到這場景之內。」

丹尼遜健腦操®準備學習四式的逐步過程

杰森（Jason）是一個自由撰稿人。他來見我是因為他收到一項任務，要寫兒童故事，他感受到害怕和思路閉塞。

「這不是我的特長。」他解釋說：「我從來都是寫成人非小說類。當我嘗試燃起創作力和想像一個十歲孩子想閱讀些什麼時，我覺得自己老了，做這事乏味。」

根據丹尼遜健腦操®行動調和的慣常程序，我邀請杰森開始四個步驟的丹尼遜健腦操®準備學習四式，英文名稱是PACE，是首字母縮略詞，代表「正向」（Positive）、「主動」（Active）、「清晰」（Clear）和「振奮」（Energetic）。我們每人都有先天的節奏和定時，獨一無二是我們自己的，但有時生命中的緊張會震盪我們跳離這個自然流動。丹尼遜健腦操®準備學習四式讓我們重新連接到我們的內在節奏，讓我們朝自己在搏動的、熱切的心移動，好像我們是在放緩腳步，重回自己的內在。

做四個步驟的準備學習四式時，我們總是由「振奮」開始，然後倒序到「正向」。

小口喝水

要「振奮」，我們進行準備學習四式的第一式，是做很平凡和普通的事：我們喝一杯水。我們大多數人只會在口渴時才喝水，並

沒有認識到水對我們的腦功能、運動能力和一般性健康的好處。我們喝的水是一個媒介，增加了跨細胞膜的電勢，因此它對於神經網絡功能是必要的。

當我感覺能量低落時，不是給自己一杯咖啡或吃糖果，我會啜飲一杯純淨的水。等幾分鐘，讓身體吸收水分，然後我總是對效果印象深刻，因為我總會覺得更警覺，有更多能量去做接下來需要做的任何任務。如果我原是肚子餓，飢餓感通常會消退，因為很多時候腦子混淆了脫水與低血糖的感覺。

畢竟，腦子有90%是水。水不單只是一種惰性介質，承載真正行動在其內發生；它是腦功能發揮的重要組成部分，未被感知到的口渴是思維功能發揮不良的關鍵因素。我們很少人會喝足夠的水，主要因為口渴通常被忽視。所以建立我們每天有意識地喝水的常規，是一個好主意。許多教師，特別是那些知道丹尼遜健腦操®系統的，主張學員在自己的桌上放有水瓶，整天在學校都可以隨時喝水。

衛生當局建議我們每天喝八到十二杯水，取決於我們的體重。這是額外於任何其他我們可能喝的飲料，如瓶裝汽水，而且也應不計算任何含有水的飲料，如咖啡、茶和果汁。

你沒有可能會高估了神經系統對水的需求，弗朗西斯·梅瑟（Frances Meiser）和妮娜·安德森（Nina Anderson）簡潔地在他們有用的書《克服高齡時期》（*Overcoming Senior Moments*）中傳達了：

在腦中的礦物質會製造稱為電解質的觸發點。這些帶電的粒子負責從一個細胞傳遞信息到其他細胞。游向上游的鮭魚，當面對瀑布時，會在瀑布下繞圈子地游。這令魚兒吸收水下落時造成的電荷，並最終促進了牠跨過瀑布的神奇飛躍。如果電解質能夠這樣幫助一條魚，想牠可以為你的腦子做什麼。

不僅要考慮我們喝水的數量，質量也很重要。城市自來水必須始終被視為有嫌疑的，因為研究提示了氯與癌症之間的聯繫。

順便說一下，在營養的範圍內，我不會建議你等待科學去證明食物或水的添加劑是無害的；添加劑未被證明是有害的，並不意味着它是無害的。我喜歡選用常識的方法：如果自然的水是沒有添加氯的，我便不想飲用有氯的水。

相信大自然，而且不要太快信任人類對大自然的干預。儘管在上個世紀爭取到了不起的進步，科學在人體生理學上的理解還處於幼兒階段。

我發現，清純和富含礦物質的泉水，是完美設計來滋養人體的。不幸的是，購買泉水並不總是最好的解決辦法。對於一些人來說它是昂貴的，在某些方面又有污染的顧慮，可以是源自塑料瓶子，也可以是因為留在貨架上的瓶中微生物在水中繁殖。井水是一個不錯的選擇，如果它是純淨的。否則，我建議用五步驟的逆滲透過濾器淨化城市自來水。你可以為你的家庭購置這種過濾器，或在許多超市門外的櫃位取得過濾水。過濾水的不良副作用是，它缺乏礦物質；因此，你可以在喝它之前，添加微量元素到你的水中。

腦開關

杰森懷疑地看着我給他的一杯水，但一語不發地喝了。然後，我們做準備學習四式的第二式，它代表了「清晰」。在丹尼遜健腦操®裏，我們稱這第二部分的步驟為「腦開關」。要教這個活動，我告訴杰森如何將右手拇指和食指，放在他鎖骨下的胸骨兩側，以刺激位於那裏的反射點。

「腦開關」

做腦開關的目的，是鬆解受抑制的眼球運動。方法是放鬆頸後肌肉的繃緊，這些肌肉的起點在於視覺的後枕區。這提高了視覺感知，促進跨越中線的閱讀。

如果你想嘗試自己做，但不準確知道究竟如何放置你的拇指和食指，用自己的身體感覺來引導你。指頭按在大概正確的鎖骨以下位置，在胸骨兩側的軟組織上，一點點繞圈按揉，直到你覺得脖子有鬆解的感覺。如果你密切注意你脖子的感覺你會發現，當你找到按壓點，你會感到一個鬆開的愉快感覺。一旦找到了，用一隻手深深按揉，同時另一隻手放在你的肚臍上，持續30秒。

雖然腦子佔體重只有2%，但它耗用了身體氧氣的20%。因為腦開關直接在頸動脈之上，而頸動脈是供應新鮮的帶氧血液到腦子的，刺激這些點會刺激頸動脈更好完成供氧的工作。這繼而刺激腦子，促進左右腦半球之間的消息傳輸，從而導致線性、分析性的一側腦半球和全息的、直覺型的另一側腦半球有更高度的整合。

一隻手放在肚臍上，重建身體的重力中心，平衡了進出半規管（內耳的平衡中心）的刺激。這激活了耳朵的前庭系統，就是達致學習之門，和改善身體與思維的聯繫。

交叉爬行

下一步，杰森要做一項代表了「主動」的運動，因為它真的直接激活腦子。稱為「交叉爬行」的這個運動，是丹尼遜健腦操®中的基本。當左右腦半球同時一起工作，本動作協調了它們。這個同步的兩側腦半球活動，是身體與思維整合的重要方面，我們在第五章已經做了詳細的審視。簡言之，它幫助我們接通負責空間和宏觀的腦部分（右腦半球），令我們對新經驗開放，並促進我們學習，方法是在我們的行為中總結出線性過程，也就是左腦半球的強項。

動作的基本原理是，當一隻手臂活動時，身體另一側的腿部也動起來。對於初學者來說，最簡便的開始是，用左手觸碰右膝，然後用右手觸碰左膝，繼續交替從一側到另一側來做。

這種運動對身體來說是很自然的。我們在幼年時已經發現，通過爬行、步行和最後的奔跑，去交織我們對側身體的活動。專家提出理論說，這種稱為對側運動的運動，可以激活腦

「交叉爬行」

子的口語和語言中心。此外，右側的接收腦半球和左側的表達腦半球，它們的整合也是一個重要因素，因為這種整合促進了學習，刺激了想像力，激活了創造力。

當你做這運動越來越有信心時，你可以伴以喜歡的音樂，把它變為舞蹈。唯一的要求是，你交替地同時運動一側的手臂和對側的腿部，再運動另一側的手臂和對側的腿部。

掛鉤

被稱為「掛鉤」的運動，是丹尼遜健腦操®準備學習四式的最後一式。搏鬥或逃跑反射回應被感知為危及生命的任何危險；這項活動的設計原意，是誘發「正向」態度，容許我們離開該反射。「掛鉤」練習把電能轉移，從腦幹的生存中心到中腦和大腦皮質的推理中心，從而激活腦半球整合、提高小肌肉運動協調，以及加強正規推理。

第一步驟　　第二步驟
「掛鉤」

在情緒或環境緊張後，「掛鉤」的運動恢復平衡，激活額葉（腦子的「行政總裁」；以目標和運動為本），打開心扉。最重要的是，它使我們踏實在自己的身體內。結果是，我們覺得清晰、樂觀、和平。這是一個有關平衡的姿勢，充分激活前庭系統。交叉的手和腳刺激兩側腦半球的運動皮質，同時激活腦的所有運動控制中心，從而抑制一切的生存反射、緊張激素或交感神經系統的任何不適當反應。

我曾在第二章向讀者介紹了這一活動，但請讓我在這裏重複。這練習有兩個部分。首先，將一腳踝停放在另一踝的前方。接下來，平伸雙臂，拇指向下，左腕停放在右腕上，十指互扣，內旋到胸前。保持姿勢一分鐘，做深呼吸，閉着眼睛，舌頂上顎。（舌頂上顎刺激了邊緣系統，促進情緒處理；也刺激了額葉，促進既定場景的大局觀。）

你可能想站着做「掛鈎」，因為這種姿勢激活了內耳的平衡結構，就是前庭系統。但是無論站、坐、臥，其實它一樣有效。完成後，打開雙腿，腳踏地面，手置胸前，十指對頂，閉目再做一分鐘的深呼吸。

丹尼遜健腦操®準備學習四式是一組預備動作，設計來令你的身體與思維進入正向、主動、清晰和振奮的狀態，讓你在高檔狀態中學習。

目標的四個相關素質

當學員和我都已做好丹尼遜健腦操®準備學習四式時，我會問：「你當下有什麼事情在發生嗎？」

問這個問題的意圖是，為這次的學習訂立一個目標或焦點。我的策略總是把學員的心態轉移，從他們認為他們需要的解決、糾正或補救，到更豐盛地活着的喜悅和活力。學員需要重新連接到他或她的使命和目的，並用現在式的措辭訂立目標，就像目標已經在發生了一樣。

在現在這個個案時段裏，學員可以擁有自己的生命，看到自己在當下活自己的命，她在以後也能夠做到。做調和的目的，不是回到過去的較早時期，當中我們可以想像生命是較容易的；目的是通過連接學員的身體、思維和心，離開目前的場景，去到有更多可能性的空間。

下一步是確定學員希望達到的目標，評定標準是需要擁有「四個相關素質」，也就是正向、主動、清晰和振奮。設定目標與意向有關，而意向是丹尼遜健腦操®中一個關鍵元素，因為它會點燃一個人的生命，產生正向變化。當我們有一個明確的意向，思維和身體會衝過來援助我們；整個宇宙也會這樣做，它是內部狀態的外部表現。所以在調和中我們跟學員交談，直到我們從她的語調中聽到，並在她的身體語言裏看到，她已經設定了會令她由衷地興奮並願意努力去達成的目標。

在丹尼遜健腦操®裏，準備學習四式的活動，以及設定目標符合四個相關素質，令學員的思維狀態能表達她的意向，使她的思維、身體和整個世界都會回應。這兩個步驟把她安放在這樣的一個安全地方，令她可以選擇生命的改變，就像改變已經發生一樣，而不是推動改變，走出衝突或緊張。

當我請杰森去表達自己的目標，他說：「我想令自己有創意地不再遇上阻礙。」

「你能以正向的方式表達這意向嗎？」

「我希望寫一個好的兒童故事。」

「那樣的故事有什麼素質？」我問。

「活潑和有想像力。」

「你現在可以把這些組成一個清晰、正向的意向嗎？」

杰森深呼吸後說：「我的意向是寫一個生動活潑而富有想像力的兒童故事的提案，使我的出版商感到高興！」

這意向已很正向地表達出來，而且足夠地清晰，連孩子也會明白。我看到杰森的意向宣稱令他感到能量充沛，並準備好前進，所以我們現已準備好做下一步的「預習」。

預習

在丹尼遜健腦操®的調和裏，我們要確定哪些技巧已經到位，而哪些技巧還需要引出。為此，我們要求調和人執行某個任務，是涉及需要引出的技巧的。

在杰森的情況，我邀請他在一張紙上寫出故事的第一段。他靜靜地坐了一會兒，在深深的思考中，然後寫了以下內容：

> 在很久很久以前，有一個年輕的王子，想迎娶一位年輕漂亮的淑女。唯一的麻煩是，女孩是一個木匠的女兒，是皇上和皇后不會贊成的安排。

雖然從理論上說，這介紹性的段落可以發展成一個耐人尋味的故事，但正如前述，這是普通和缺乏才藝的。杰森是這樣看自

己的，所以他一直感到這麼焦慮。不知怎的，他一直無法接通他的創意及熱誠。

預習使我們能夠凍結時間中的某一刻，讓我們可以剖析杰森的策略，就是在壓力下寫作時他用的模式或過程。以丹尼遜健腦操®的術語來說，杰森跟右腦半球的想像力阻隔了，也跟心的特徵（激情與喜悅）斷開了。我們可以說他是硬連線了生存模式而不是創造性。這仍會是杰森的策略，直到他學會了把他的思維模式重新與歡樂童年的身體運動連接起來，這樣他的創造力就會綻放。

學習清單

我現在提議丹尼遜健腦操®的「學習清單」，給杰森作出選擇。我期望這些活動，將有助於連接他的腦和心，以及平衡他的左右側腦子。

學習清單是從丹尼遜健腦操®活動的主列表中抽取出來的一系列動作。選出此清單的目的，是激活調和人的思維和身體電迴路，去實現想要的目標。可以由調和人選擇，或由調和導師建議。

當你讀到這段文字時，如果你在做一個行動調和，你可以跟隨着杰森一起做，或憑自己的覺知為自己找到適當的運動。在丹尼遜健腦操®裏，我們稱這樣運用覺知的方式為「覺察」，來強調這個過程是正常的日常人類功能發揮的一方面。每個人都可以做到這一點，信任你的身體和你的直覺；它們是異常智能的機制。正如它們會告訴究竟你需要吃什麼食物，它們也會告訴你在你目前的狀

況下，所確切需要的丹尼遜健腦操®組合。以下是我選擇在這本書中論述的丹尼遜健腦操®活動清單：

字母 8 — 第218頁

展臂鬆肩 — 第65頁

腦開關 — 第285頁

交叉爬行 — 第95頁及第286頁

交叉起坐 — 第293頁

同側爬行 — 第95頁

坐式交叉爬行 — 第94頁

對稱塗鴉 — 第219頁

象 8 — 第293頁

能量哈欠 — 第222頁

屈足舒腱 — 第115頁

重力滑掌 — 第168頁

弓步固基 — 第168頁

掛鉤 — 第42頁及第287頁

臥 8 — 第30頁及第218頁

轉頭旋頸 — 第179頁

貓頭鷹 — 第295頁

正向觸點 — 第70頁

搖臀擺腿 — 第295頁

小口喝水 — 第282頁

想像交叉 — 第179頁

翻揉耳廓 — 第294頁

象 8

為了他的目標，杰森從主列表中選擇了「象 8」。

「象 8」

要自己做這個運動，先站着，微曲膝。將一隻耳朵「黏」在肩膀上，同側的手臂指向房間對面，聚焦在一個隨機挑選的位置，作為你假想中象 8 的中間點。你將在空中繪畫的一個橫臥下來的 8，運用你的胸廓帶動整個上身，你伸展出去的手是筆，向上然後向左畫弧，跨越中線，接着是向上然後向右畫弧。每邊做三次，先是一側耳朵然後是另一側耳朵黏在同側的肩膀上做。當你運動時，你的視線超過手指看往遠方，讓你的眼睛跟隨你繪畫的 8 字。

這個運動有許多好處，包括幫助我們聆聽自己說話的嗓音，這對成功寫作是很重要的。它刺激我們的注意力、感知和分辨能力，充分激活前庭系統有助於整合視覺、聽覺和全身運動。

交叉起坐

下一個動作杰森選擇了「交叉起坐」。我請他躺在有墊料的檯面上，雙手置在頭後，交替地把肘觸碰對側的膝蓋。

這項運動有利於整合左右腦半球,因為它有助提升學員守中,增強踏實感。人的頭腦和心連接上,創造力的通道便打開了。

「交叉起坐」

翻揉耳廓

杰森的下一個選擇是「翻揉耳廓」。這項活動是從頂部到底部輕輕地翻開你的耳朵,這刺激了四百多個穴位,有關於腦和身體的每個功能。其他好處也包括,它激活了網狀激活系統,保持腦的清醒和活躍。它也被認為協助整合的思想,當聲音、節奏、圖像相互交織時,

「翻揉耳廓」

文字的意義及聯想會變得更容易獲得。這項活動亦有助整個身體去聆聽和改善記憶,因為聽覺相比於視覺或大多數其他感官,與記憶功能有更直接的聯繫。

貓頭鷹

杰森選擇的下一個動作稱為「貓頭鷹」，貓頭鷹同時轉動頭和眼睛，而且能夠旋轉180度，讓牠的視野異常廣闊。貓頭鷹也有顯著的敏銳聽力，當我們做這項運動時，我們開發了感知廣度的相同特質。

「貓頭鷹」

搖臀擺腿

杰森的最後練習是「搖臀擺腿」，這項運動須要坐在穩定而且有墊料的地上（運動軟墊是理想的）。曲膝，提腳離地。往後靠，把體重放在手上。前後搖晃約30秒，以按摩一側臀部。避免體重落在尾骨敏感的位置上。

搖臀擺腿的眾多好處中，包括刺激椎管內的腦脊液循環，繼而滋養腦子，協助思維清晰，並連接腦子與身體的其他部位。

剛才所描述的練習是很簡單的。我們部分人受訓相信，不痛下苦功就沒有成就的情況下，似乎很難相信花費這樣少的力量可以產生顯著效果。（杰森花了約十分鐘做他的運動，其中沒有劇烈的。）但事實是，這些運動令人驚訝地有效。原因是，在大自然的設計中，思維和身體在我們感到輕鬆和安全時，原

「搖臀擺腿」

是連接起來的。丹尼遜健腦操®活動只是簡單地激活全腦功能，把系統從緊張中釋放，它便能夠按原設計的最佳方式運作。

複習活動

完成在學習清單上挑選的運動，現在是時候杰森做他的複習活動了。

複習活動是一個測量的方法，去看我們已取得多少成功在協助系統的改變上，達到更優化的策略或模式。調和人只是重複預習活動並注意變化。

在杰森的個案中，這意味着再次寫他的兒童故事第一段。我告訴他，他可以每個字每個字複製原文，也可以自由作出任何改變。

杰森寫了另一段，然後帶着微笑抬頭看我。他將第一稿大聲讀出，然後以旁人沒可能誤判的驕傲狀態，讀出如下的新版本：

> 從前，有一個年輕的王子愛上了一個美麗的姑娘。他想與她結婚，但父王說：「永不！」他的母后說：「絕對不可以。」甚至王子名叫蓬鬆的狗，也以牠僅有的眼睛表示嚴重不贊同的眼神（牠在狩獵事故中失去了一隻眼睛）。為什麼呢？因為姑娘是一個樵夫的女兒。當你是一個王子，樵夫的女兒是你應該跟她結婚的最後人選。

我相信你會同意他的改善令人印象深刻。與第一稿很不一樣，杰森的新段落很有娛樂性、創造性而且是三維的。故事中有感受，

敍述者有與眾不同的嗓音。這只是經過短短十分鐘丹尼遜健腦操®的結果！

杰森很高興，他感受到細膩的得意洋洋，因為面對了挑戰，工作做得出色。當生命的整個經驗全數集中在一個單一表現時，是用左側額葉來經驗的。他現在對寫出暢銷故事的前景充滿信心。

我告訴杰森，在接下來約一個月，他需要每天做一次這些運動。這是他的身體和思維充分錨定和學習新行為模式所需的時間。

我們做完調和的幾個星期後，杰森致電給我，非常興奮地告訴我，他已經完成了兒童故事書的提案，並已交給他的出版商，對方爽快地接受了。

同理心和其他生命技巧

丹尼遜健腦操®將在你生命中任何層面幫助你，僅舉幾例，如體育運動、閱讀、繪畫、數學和組織。此外，它可以提高許多可取的人文素養；當我們連接到自己的心時，這些素養都能夠為我們全部人所用。我想提供一個例子，丹尼遜健腦操®是如何能夠喚起最重要的人文素養之一：同理心，或心連心的情緒聯繫。

同理心的人是能夠感受到另一個人的感受，是這個黃金法則的基礎：「願意其他人怎樣對待自己，就以之對待其他人。」我們不能夠遵循這黃金法則，除非我們覺知到他人的情緒經驗。跟同理心的人極端相反的是精神病患者，後者沒有別人感受的感覺，因此對自己的行為只有很少的內在約束。想想世界將會有什麼不同，如果

大家都容許自己真正體驗到他人的痛苦！幾週之內，將不會再有戰爭和饑荒，社會不平等將得以糾正，人權將得到普遍尊重。

這是同理心可以帶來的最高願景，但它也能在一個更平凡的水平上創造奇蹟，因為它會促進家庭成員和親密搭檔的互動。對方的感受比起他的話語，是一個更準確的指標表達他和我們之間的關係，所以多注意這個領域，非常符合我們的利益。多少丈夫或妻子看着自己的配偶完全不理會自己而離開了，卻沒有收到這迫在眉睫的災難的事前徵兆？

同理心在職場也是一個很重要的技巧。在商業世界裏，情緒的作用通常是被低估了。在這裏邏輯傳統地有支配地位，但感受才是真正構成商務往來的基礎。例如，在銷售和市場營銷中，消費者的購買選擇受思維的影響遠低於心的，因此只有當競爭的企業還沒有成功地得到客戶的心時，降價才是一個成功的策略。在人事管理領域，情緒也同樣重要。那些感受被承認和理解的員工，比起那些純粹獲得高薪的員工更忠誠。我們是感情的眾生，當我們的感受得到認可和接納時，我們就會綻放。

輕易是你的生得權

幾分鐘的簡單練習如何產生如此驚人的結果呢？丹尼遜健腦操®如何幫助了海倫，使她發揮同理心的能力產生戲劇性的轉變呢？怎麼這麼快就解開杰森的玩耍感覺和創造性？這麼輕易的東西怎麼可以幫助我們實現我們的任何慾望呢？我經常聽到如上的問題。

答案是，當我們活在體內，與心連接，我們生命中各方面都會增強。當單單在思維中運作，而且往往只使用了一小部分（通常就是孤立的左腦），我們只看到情況的一小部分。因此，我們反應的可能範圍極為有限，就像我們在嘗試指揮單一樂手演奏交響樂。丹尼遜健腦操®實際上是帶回了整個樂團。當發生這種情況，我們可以工作、玩耍、學習、創造，並與他人連繫，而且用上我們存在的全部力量。

丹尼遜健腦操®方計劃花費很少的力氣便能實現這些，因為所有的元素都已到位。所有你所需要的智慧已經在你裏面，只在等待被引出。這就像你是一個豪華跑車的車主，擁有最優秀的發動機、散熱器、電池、配電盤和輪胎，以及一個注滿了高辛烷值燃料的油箱。然而，車子自己不會跑動，無論你想去哪裏，你要推着它去。有一天，一名機械師出現，並告訴你如何連接上電系統。這並不需要很長時間來做，但結果卻是驚人的。你轉動鑰匙發動，發動機開始鳴叫，很快你便開着播放機，一邊聽一些自己喜歡的歌曲，一邊在高速公路上飛馳。

大多數人在出生時，整個身體系統及各元件都各就各位：左腦、右腦、心臟和身體的其他部位。所有你需要做的只是連接這些元件，這本身不是一項艱巨的任務，但一旦完成將打開一個全新的世界，彷彿魔術一樣。這種輕易是你的生得權，其來源是玩耍式的運動，將重新連接你到自然學習中。

在我們結束本章之前，讓我們審視一下幾個案例分析，它們顯示了丹尼遜健腦操®在閱讀、體育、學習騎自行車等領域的力量。

凱蒂（Katie）

十五歲的凱蒂幾乎沒有讀過一本不是強行給她閱讀的書，都是英文課的強制性讀本。《哈利波特》系列是個例外：像百萬計的世界各地其他年輕人一樣（和許多心境年輕的成人），凱蒂發現羅琳（J.K.Rowling）的書有一種神奇力量，去喚醒哪怕是最休眠的閱讀熱情。

在進行個案調和的預習活動時，凱蒂拿着最新的《哈利波特》書，隨機打開在某一頁後，她抬眼看我等待指令。我點一點頭，示意她可以開始閱讀一個段落。她準確地大聲朗讀，毫無遲疑，但她的語調是平線的。她的聲音聽來彷彿正在讀一些隱約有令她反感的東西，例如是去牙醫診所的路線指南。她雙臂挺直地拿着書，像頁面有難聞的氣味。我看一看凱蒂的父親，他正堅決地要表現出對她的朗讀感興趣。我們三個人在閱讀結束時都鬆了一口氣。

我跟凱蒂做一些簡單的檢查，並確定她有一個混合優勢模式。在她多個混合模式的配對中，包括有左耳和右眼主導；因此，她沒有同時使用她的兩側大腦，任何閱讀對她來說都是緊張的。

凱蒂是一個非常高智能的女孩，有一個快速運轉的分析性思維。在學校裏，她可以輕易地做出閱讀的動作，好到足以胡混過去。然而，除了《哈利波特》與由羅爾德·達爾（Roald Dahl）寫的一些極富想像力的書以外，她已經無法在閱讀中找到喜悅。因為她尚未充分利用她的右腦半球和相應的左眼球，而這兩者是想像和感受的門戶，是為我們的努力添上色彩、令文字在身體內（因此也在思維中）活起來的腦功能。

我帶領凱蒂去做一個行動調和，陪她一起選擇丹尼遜健腦操®活動的學習清單。這些活動旨在平衡兩側大腦半球，這樣她就能夠以全腦去執行任務。這個過程大約需要半小時。一如往常，動作簡單易學。例如，我們在第二章中所遇見的「臥8」，涉及用左手追踪無窮符號三次，然後是右手三次，最後是雙手三次。

我可以看到凱蒂的父親坐在角落，能猜到他在想什麼：一個這麼初級而且沒有不尋常的動作，對我女兒那看來是終生的、根深蒂固的挑戰，哪能有任何影響？

當她完成了丹尼遜健腦操®活動的學習清單時，凱蒂朗讀了另一個《哈利波特》的段落。當她完成後，抬頭時露出閃亮的眼光。

「這次朗讀妳聽來怎樣？」我問

「好吧，我猜一下。」她說着，假裝若無其事。

可是凱蒂的父親按捺不住了：「好吧？你在開玩笑嗎？這是驚人的！當你在讀的時候，我可以在腦海中看到整個場景，就像一齣電影。就像在聽一個女演員在閱讀。」

凱蒂和她父親從我的辦公室駕車到機場。凱蒂要離開一年到瑞士當交換生。她帶上兩個行李箱：一個裝有衣服、一個小型的光盤播放機、盥洗用品、幾袋玉米片，以及留居國外的其他必需品；另一個旅行箱裝滿了書籍：代替了十一年級的英語課本，她的美國加州高中讓她在出國時閱讀二十本經典小說。我知道在較早時候，凱蒂的本來態度是，要她攀登珠穆朗瑪峰更好。

「我們買來了兩套書。」凱蒂的父親告訴我：「我也會看這些書，然後跟她在電話中討論。也許這能激勵她，我們的討論也會準備她寫好讀書報告。」

六個星期後，凱蒂的父親致電給我說：「我簡直不能相信！凱蒂已經完成了所有二十本小說，我只在讀第二本，我根本沒可能跟上她了，這是一個奇蹟！」

凱蒂的經驗顯示，要幫助一個雜亂無章的讀者成為一個思路統一的思想家並不困難。在我們的第一次個案調和的五個月後，當她回家過聖誕節時，我再次與凱蒂見面。她現在是一個不一樣的女孩了：機智、自信而且相當口齒伶俐。

對我來說，看到凱蒂的變化是一個感人的經歷。毫無疑問，她轉變的部分原因，是由於她的日益成熟和國外生活的經驗。但我知道，在很大程度上，轉變也是由於我們在她離開前花的那個小時。

加強體育運動能力

對所有有興趣於體育運動的人來說，丹尼遜健腦操®運動是一種自然資源。哪個運動員不會獲益於更活在身體裏和更聚焦？以及接通一個更大的感知範圍？以下的案例分析顯示，丹尼遜健腦操®如何能夠幫助一個需要提高能力的年輕人。

艾琳（Erin）

「我已經做了十餘年的運動員，參加過多種競技運動。我在競技運動的表現一向還好，雖然我從來不是明星級或突出的運動

員。在足球場裏，如果我們需要盡快入球，我不是那個隊友都傳球過來的人；在壘球場裏不是打出本壘打的人；或在籃球場裏不是壓哨的三分射手。

當我長大並增強了我的技巧，我在球隊的作用增加了，但我從來沒有真正經歷過明星運動員的壓力。然後，在七年級時，我發現了田徑賽，特別是跳高。第一次我參加了一項個人運動。

當我開始做丹尼遜健腦操®時，我的技巧得到提高。一個典型的個案調和是這樣的：首先，我會做丹尼遜健腦操®準備學習四式，是一個包含四個步驟的簡單練習活動，其中包括小口喝水。這些活動真的幫助我聚焦，做完它們之後我感覺到在裏邊有明確的身體不同。我的焦慮會淡出，胃中緊張感會消失，我的心跳會放慢到一個比較正常的速度。然後我會大聲說出一個正向目標，並做肌應檢測，看看這是否對我來說是最好的目標。然後，我們會模擬場景做角色扮演。我們會檢驗我在跳高的各方面，並討論我的目標，以及如何實現。

我的第一次個案調和，直接在田徑賽場上做，我的頭腦立即冷靜下來和聚焦起來。我試圖跳我在調和開始時跳的高度，這一次我輕易躍過了，那個分別使我感到驚訝。我繼而參加了美國華盛頓州跳高錦標賽。」

（丹尼遜健腦操®期刊，1999年7月）

迪恩（Dean）

在本書中，我說了很多有關平衡的內容，因為它是丹尼遜健腦操®的基本概念之一。一個平衡的人有一個真正的機會，發揮到他或她的全部潛能。以下是一個調和的小勝利，令一個小男孩在生命中製造了不同。

一個名為迪恩的小男孩在小學面臨的挑戰是專注、跟隨指令和參與體育運動。書寫是特別的困難。然而，對迪恩來說，最恥辱的事情是不能夠騎自行車。

迪恩在調和時，他的許可丹尼遜健腦操®導師集中在學習騎自行車這個最重要的目標。她和迪恩進行了騎自行車的角色扮演，和一些有趣的平衡活動。然後，他們使用丹尼遜健腦操®運動，包括丹尼遜兩側重塑和一些自發的玩耍，以協助整合他由恐懼引發的反射。

幾個月後，迪恩的母親給孩子的許可丹尼遜健腦操®導師發來這封電郵：

「你跟迪恩做了丹尼遜健腦操®個案調和的兩天後，他自己騎自行車踩走了。一直試圖教他騎自行車已兩年的父親，坐下飲泣起來了。你無法想像迪恩是多麼的自豪，而且仍然是。他向每個造訪我們家的人示範，他是怎麼可以自己騎自行車。他告訴他們，做了丹尼遜健腦操®之後，他學會了平衡。他提升了自尊，比以往任何時候都更高，這是他真正需要的。他現在在課堂上

表現非常好，他的老師說，他在專注，而不是做白日夢和坐立不安。我丈夫和我都非常高興。迪恩會要求做丹尼遜健腦操®，幾乎每天都做。只此一個表現，對我們來說已經是十分高回報了。」

當我看到像凱蒂、艾琳、迪恩這些體驗到學習樂趣的年輕人，我有一個甜苦參半的感受。一方面我很高興，丹尼遜健腦操®賦力予學員，讓他們輕易作出這樣的巨大轉變。另一方面我感到難過，我覺知到有太多的其他人，原可以一樣輕易地改變自己的學習經驗，如果他們接受到細膩的教育，得到適當工具幫助他們如此做。

迪恩的成功，像艾琳的成就，以及發生在凱蒂身上的明顯奇蹟，可以簡單地解釋。當人使用全腦來處理特定工作時（這涉及兩個腦半球的整合功能和整體大於部件總和的原則）；他們經驗到表現的戲劇性改善。人可以考慮用字，經驗它們，而且同時全部說出來。

在學校和整體社會裏，當這種理解廣泛流傳，它的應用成為標準做法，真正的奇蹟便會發生。

－ 完 －

參考書目

Adams, Marilyn Jager. Beginning to Read: *Thinking and Learning about Print*. Cambridge, Mass.: MIT Press, 2001.

Amen, Daniel G., M.D. *Change Your Brain, Change Your Life*. New York: Three Rivers Press, 1998.

———. Healing ADD: *The Breakthrough Program That Allows You to See and Heal Six Types of ADD*. New York: Berkeley Books, 2001.

———. *Healing the Hardware of the Soul*. New York: The Free Press, 2002.

Armstrong, Thomas, Ph.D. *The Myth of the A.D.D. Child*. New York: Dutton, 1995.

Ballinger, Erich. *The Learning Gym: Fun-to-Do Activities for Success at School* (translated from the 1992 German language edition). Ventura, Calif.: Edu-Kinesthetics, Inc., 1996.

Batmanghelidj, F., M.D. *Your Body's Many Cries for Water*. Falls Church, Va.: Global Health Solutions, 2001.

Baum, Frank. *The Wonderful Wizard of Oz*. New York: Modern Library, 2003.

Benton, Debra A. *Lions Don't Need to Roar*. New York: Warner Books, 1992.

Berman, Morris. *Coming to Our Senses: Body and Spirit in the Hidden History of the West*. Seattle: Seattle Writers Guild, 1998.

Bradshaw, John. *Hemispheric Specialization and Psychological Function*. New York: John Wiley and Sons, 1989.

Brewer, Chris, and Don G. Campbell. *Rhythms of Learning: Creative Tools for Developing Lifelong Skills*. Tucson: Zephyr Press, 1991.

Caine, Renate N., and Geoffrey Caine. *Making Connections: Teaching and the Human Brian*. Alexandria, Va.: Association for Supervision and Curriculum Development, 1991.

Carrigan, Catherine. *Healing Depression*. Santa Fe, N. Mex.: Heartsfire Books, 1997.

Childre, Doc, and Howard Martin with Donna Beech. *The Heartmath Solution*. San Francisco: HarperCollins, 1999.

Chopra, Deepak. *Quantum Healing: Exploring the Frontiers of Mind/Body Medicine*. New York: Bantam Books, 1989.

Cohen, Isabel, and Marcelle Goldsmith. *Hands On: How to use Brain Gym in the Classroom*. Ventura, Calif.: Edu-Kinesthetics, Inc., 2002.

Coren, Stanley. *The Left-Hander Syndrome*. New York: Vintage Books, 1993.

Damasio, Antonio. *Descartes' Error: Emotion, Reason and the Human Brain*. New York: Quill, 1995.

———. *The Feeling of What Happens: Body and Emotion in the Making of Consciousness*. San Diego: Harcourt, 2000.

Dennison, Gail E., and Paul E. Dennison. *Vision Gym®: Playful Movements for Natural Seeing*. Kirchzarten bei Freiburg, Germany: VAK Verlags GmbH, 1999.

Dennison, Gail E., Paul E. Dennison, and Jerry V. Teplitz. *Brain Gym® for Business: Instant Brain Boosters for On-the-Job Success*. Ventura, Calif.: Edu-Kinesthetics, Inc., 1994 and 2000.

Dennison, Paul E. *Switching On: The Whole-Brain Answer to Dyslexia*. Ventura, Calif.: Edu-Kinesthetics, Inc., 1981.

Dennison, Paul E., and Gail E. Dennison. *Brain Gym®: Simple Activities for Whole-Brain Learning*. Ventura, Calif.: Edu-Kinesthetics, Inc., 1985 and 1998.

————.*Brain Gym® Teacher's Edition*. Ventura, Calif.: EduKinesthetics, Inc., 1989 and 1992.

————. *Educational Kinesiology in Depth: Seven Dimensions of Intelligence*. Ventura, Calif.: Edu-Kinesthetics, Inc., 1984.

————. *Edu-K for Kids*. Ventura, Calif.: Edu-Kinesthetics, Inc., 1987.

————. *Personalized Whole-Brain Integration*. Ventura, Calif.: Edu-Kinesthetics, Inc., 1985.

Eccles, John C. *The Evolution of the Brain: Creation of the Self*. London: Routledge, 1996.

Freed, Jeffrey, and Laurie Parsons. *Right-Brained Children in a Left-Brained World: Unlocking the Potential of Your ADD Child*. New York: Simon & Schuster, 1998.

Glasser, William. *Choice Theory: A New Psychology of Personal Freedom*. New York: HarperCollins, 1999.

Goldberg, Elkhonon. *The Executive Brain*. New York: Oxford University Press, 2001.

Goleman, Daniel. *Destructive Emotions: How Can We Overcome Them? A Scientific Dialogue with the Dalai Lama*. New York: Bantam Books, 2004.

Goleman, Daniel. *Emotional Intelligence: Why It Can Matter More than IQ*. New York, Bantam Books, 1995.

Hannaford, Carla. *Awakening the Child Heart*. Captain Cook, Hawaii: Jamilla Nur Publishing, 2002.

————. *Smart Moves: Why Learning Is Not All In Your Head.* Salt Lake City: Great River Books, 2005.

————. *The Dominance Factor: How Knowing Your Dominant Eye, Ear, Brain, Hand and Foot Can Improve Your Learning.* Alexander, N.C.: Great Ocean Publishers, 1997.

Hawkins, Jeff, with Sandra Blakeslee. *On Intelligence.* New York: Henry Holt and Company, 2004.

Healy, Jane. *Endangered Minds: Why Children Don't Think and What We Can Do About It.* New York: Simon and Schuster, 1991.

Hinsley, Sandra "Sam," and Linda Conley. *Brain Gym Surfer.* Stuart, Fla.: Hinsley and Conley, 1989.

Holt, John. *How Children Learn.* New York: Delacorte Press, 1995.

Koester, Cecelia K., and Gail E. Dennison. *I Am the Child: Using Brain Gym with Children Who Have Special Needs.* Ventura, Calif.: Edu-Kinesthetics, Inc., 1998.

LaBerge, David. *Attentional Processing: The Brain's Art of Mindfulness.* Cambridge, Mass.: Harvard University Press, 1995.

Levine, Peter A. *Waking the Tiger: Healing Trauma.* Berkeley, Calif.: North Atlantic Books, 1997.

Lewis, Thomas, Fari Amini, and Richard Lannon. *A General Theory of Love.* New York: Vintage Books, 2001.

Madaule, Paul. *When Listening Comes Alive: A Guide to Effective Learning and Communication.* Norval, Ont., Canada: Moulin Publishing, 1994.

Marshall, Marvin. *Discipline without Stress, Punishment, or Rewards: How Teachers and Parents Promote Responsibility and Learning.* Los Alamitos, Calif.: Piper Press, 2001.

McManus, Chris. *Right Hand, Left Hand: The Origins of Asymmetry in Brains, Bodies, Atoms and Cultures.* Cambridge, Mass.: Harvard University Press, 2002.

Mendizza, Michael, with Joseph Chilton Pearce. *Magical Parent-Magical Child: The Optimum Learning Relationship.* Nevada City, Calif.: In-Joy Publications, 2003.

Montessori, Maria. *The Absorbent Mind.* New York: Henry Holt and Company, 1995.

Muller, Wayne. *Sabbath: Restoring the Sacred Rhythm of Rest.* New York: Bantam Books, 1999.

Neil, Alexander S. Summerhill: *A Radical Approach to Child Rearing.* Great Falls, Va.: Hart Publishing Co., 1960.

Ornstein, Robert, and David Sobel. *The Healing Brain: Breakthrough Discoveries about How the Brain Keeps Us Healthy.* New York: Simon & Schuster, 1987.

———. *The Right Mind: Making Sense of the Hemispheres.* New York: Harcourt Brace & Company, 1997.

Palmer, Parker J. *The Courage to Teach: Exploring the Inner Landscape of a Teacher's Life.* San Francisco: Jossey-Bass, 1998.

Pearce, Joseph Chilton. *Evolution's End: Claiming the Potential of Our Intelligence.* New York: HarperCollins, 1992.

———. *The Magical Child Matures.* New York: E. P. Dutton, 1985.

———. *The Biology of Transcendence.* Rochester, Vt.: Park Street Press, 2002.

Pearl, Eric. *The Reconnection: Heal Others, Heal Yourself.* Carlsbad, Calif.: Hay House, 2001.

312 丹尼 遜健腦操與我

Pearsall, Paul. *The Heart's Code: Tapping the Wisdom and Power of Our Heart Energy.* New York: Broadway Books, 1998.

Pert, Candace. *Molecules of Emotion: The Science Behind MindBody Medicine.* New York: Simon & Schuster, 1999.

Piaget, Jean. *The Grasp of Consciousness: Action and Concept in the Young Child.* London: Routledge & Kegan, 1977.

Pinker, Steven. *How the Mind Works.* New York: W. W. Norton, 1999.

Promislow, Sharon. *Making the Brain-Body Connection: A Playful Guide to Releasing Mental, Physical and Emotional Blocks to Success.* Vancouver, B.C., Canada: Kinetic Publishing, 1998.

———. *Putting Out the Fire of Fear: Extinguish the Burning Issues in Your Life.* West Vancouver, B.C., Canada: Enhanced Learning, 2002.

Ramachandran, Vilayanur S., M.D., and Sandra Blakeslee. *Phantoms in the Brain.* New York: First Quill, 1999.

Ratey, John J., M.D. *A User's Guide to the Brain.* New York: Pantheon Books, 2001.

Restak, Richard, M.D. *The Secret Life of the Brain.* Washington: Dana Press and Joseph Henry Press, 2001.

Shaywitz, Sally, M.D. *Overcoming Dyslexia: A New and Complete Science-Based Program for Reading Problems at Any Level.* New York: Vintage Books, 2003.

Schiffer, Frederic. *Of Two Minds The Revolutionary Science of Dual-Brain Psychology.* New York: The Free Press, 1998.

Shiller, Francis. *Paul Broca: Founder of French Anthropology, Explorer of the Brain.* Berkeley: University of California Press, 1980.

Springer, Sally, and Georg Deutsch. *Left Brain, Right Brain*. New York: W. H. Freeman & Co., 1989.

Sweet, Win, and Bill Sweet. *Living Joyfully with Children*. Atlanta: Acropolis Books, 1997 and 2002.

Swope, Sam. *I Am a Pencil: A Teacher, His Kids, and Their World of Stories*. New York: Henry Holt and Company, 2004.

Teplitz, Jerry V., and Norma Eckroate. *Switched-on Living*. Virginia Beach, Va.: Happiness Unlimited Publications, 1994.

Thie, John F. *Touch for Health: A Practical Guide to Natural Health with Acupressure Touch*. Marina del Rey, Calif.: DeVorss & Co., 1979 and 2005.

Tolle, Eckhart. *The Power of Now: A Guide to Spiritual Enlightenment*. Novato, Calif.: New World Library, 1999.

Trager, Milton, M.D., and Cathy Guadagno. *Trager Mentastics: Movement As a Way to Agelessness*. Barrytown, N.Y.: Station Hill Press, 1987.

Walsch, Neal Donald. *Conversations with God: An Uncommon Dialogue, Book 3*. Charlottesville, Va.: Hampton Roads Publishing Company, 1998.

Wilson, Frank R. *The Hand: How Its Use Shapes the Brain, Language, and Human Culture*. New York, Pantheon Books, 1998.

Wolfe, Patricia. Brain Matters: *Translating Research into Classroom Practice*. Alexandria, Va.: Association for Supervision and Curriculum Development, 2001.

丹尼遜健腦操®
中文書籍、相關作品及學員手冊

請瀏覽「身腦店」：brainbodycentre.com/shop

成為許可導師

成為許可丹尼遜健腦操®導師及顧問或許可丹尼遜健腦操®26式動作導師（中國內地、香港、台灣及澳門的標準）：

http://ikmms.com/kinesiology/educational-kinesiology/licensure-requirement/

找到你的導師

找到你的丹尼遜健腦操®導師及顧問或許可丹尼遜健腦操®26式動作導師（中國內地、香港、台灣及澳門）：

http://ikmms.com/instructor/find-your/educational-kinesiology-instructors/

IKMMS®
整合肌應學管理及推廣服務

Integrated Kinesiology Management and Marketing Services

 facebook

 WeChat

 Website

| Q ikmms2015 | Q ikmms-2015 | Q ikmms.com |